崖山暮光

南宋的临终岁月

张吉寅 著

宋朝往事 系列

主编 耿元骊

辽宁人民出版社

图书在版编目（CIP）数据

崖山暮光：南宋的临终岁月 / 张吉寅著 . —沈阳：辽宁人民出版社，2023.1

（宋朝往事系列 / 耿元骊主编）

ISBN 978-7-205-10558-7

Ⅰ . ①崖… Ⅱ . ①张… Ⅲ . ①中国历史—南宋—通俗读物 Ⅳ . ① K244.09

中国版本图书馆 CIP 数据核字（2022）第 165607 号

出版发行：辽宁人民出版社

地址：沈阳市和平区十一纬路 25 号　邮编：110003

电话：024-23284191（发行部）　024-23284304（办公室）

http：//www.lnpph.com.cn

印　　刷：北京长宁印刷有限公司天津分公司

幅面尺寸：165mm × 235mm

印　　张：16.25

字　　数：180 千字

出版时间：2023 年 1 月第 1 版

印刷时间：2023 年 1 月第 1 次印刷

责任编辑：贾　勇　赵维宁

封面设计：乐　翁

版式设计：一诺设计

责任校对：吴艳杰

书　　号：ISBN 978-7-205-10558-7

定　　价：58.00 元

总　序

宋朝的魅力，势不可当，有越来越多的人爱读宋朝故事，这从“宋朝往事”第一辑所受到的欢迎程度也可见一斑。10位青年学者，以自身长期积累的学术优势，通俗而不媚俗、讲史而不戏说的独特风格，赢得了广大读者的认同。也因此，在辽宁人民出版社的支持下，我们延续前缘，继续组织撰写了“宋朝往事”的第二辑。

关于宋朝的一般性概括，在第一辑总序当中已经说过了。说过的话，多数情况下，理所当然不应该重复。但是下面这段话，是我们两次编撰“宋朝往事”的共同圭臬，所以请让我再次引用孟浩然的这一句“人事有代谢，往来成古今”，因为它最能代表我们的心情和缘起之思。我们就是想通过人和事两方面，与读者诸君讨论宋朝的独特之处。宋的风雅、宋的政事、宋的富庶，都体现在人和事之中了。没有那些独特的人，风雅不可见；没有那些风雅之士的行动，政事不可知；没有那些百姓的努力创造，富庶无可求。想要全方位地观察宋、了解宋、欣赏大宋之美，就请和我们一起来回首宋朝往事。

面对浩瀚宇宙，面对苍茫大地，面对漫漫人生，我们的内心常常涌起一种深远庄严之感，不由得想去探究和思考。这就是人之所以为人的根本，只有人类才渴盼了解自身，试图了解自己的过往。而有着世界上最长久、最多历史记载的中华民族，也算得上是更愿意了解自身历史的族群之一。与过去的历史人物、事件建立起属于我们自身的沟通管路，唯一的渠道和办法，就是读史。读其书，想其人，念古人或雄壮或卑微的一生，感慨万千，油然而生的一种复杂情绪自会弥漫胸间。这大概也是想了解历史、阅读历史的普通读者常有的心境。

不过世易时移，大多数非专业读者，基本已经不再能识读繁体字了，更不要说能较为畅达迅速地理解文言文。而处于压力极大的现代社会，人们的状态都是每日疲于奔命。让有阅读渴望的各行各业读者，都能重新从工具层面开始入手研读，实在是不可能的奢望，也是强人所难。但是满足爱读史的读者的渴求，也是我们这些从事专业研究的职业学者仍然不可忽视的职责所在。所以回首“宋朝往事”，提供一种虽然是“快餐”，但尽量做到最佳的“快餐”，就是我们这些职业学者试图为其他行业读者提供的一点微不足道的小贡献。

在第一辑基础上，我们再次选择了五人五事，同我们亲爱的读者一道，再次进入宋朝的天地时空。赵普、包拯、狄青、陆游、文天祥这五位代表性人物，就此进入了读者诸君视野。赵普是宋朝开国元勋，也是宋初文臣之中较为有名的一位。一生之中三次入朝为相，影响很大。世人知道他，多以那句“半部《论语》治天下”的典故。他长于吏道，善于出谋划策，“智深如谷”，开国大政，多依赖于赵普的策划。在我们已经了解赵匡胤的基础上，自然也要了解一下这位开国谋士。包拯在明清以后，已经成为中国古代清官的杰出代表，是为政清廉、公正执法、断案如神的象征，民间呼为“包青天”。以他为主角衍生出的历史演义、戏剧小说、电影电视剧等为数众多且历代相传。戏说虽然于史无证，却激起我们窥探历史上包拯究竟是何种模样的极大兴趣。狄青从一名出身低微的基层农家子弟应征入伍，一无权二无势，通过自己精湛的武功、高妙的指挥能力和优良的人品，以及在国家危难之际奋不顾身的突出表现，成长为接近权力巅峰的枢密使，是底层小人物逆袭的典型，后代小说家甚至以他为主角写成了诸多小说演义作品。传说狄青是武曲星下凡，与文曲星下凡的“包青天”一起享誉天下。陆游是伟大诗人和伟大爱国者，大多中国学生都学习和背诵过那首千古名诗《示儿》，他一辈子渴望北伐中原，收复失地，但是时代没有给陆游这样的机会。以南宋大历史，以宋金和战历史来做背景，我们才能发现一个真实的陆游。文天祥更是我们常常耳闻的人物，为了匡扶南宋这座将倾的大厦，妻离子散，家破人亡，但依然志向不改、视死如归。文天祥伟大的人格力量，在中华历史上铸就了一块无与伦比的正气丰碑，内化成为中华优秀传统文化不可分割的一部分。纵观文天祥一生，无负于“人生自古谁无死，留取丹心照汗青”的铮铮誓言。

与五人同时，就是我们常常想了解的“大事”。这些大事，在宋代历史上也极为关键。女主临朝、更化到绍述、宋夏之战、襄阳保卫战、崖山暮光，是我们观察宋朝、了解宋朝不可缺少的环节。宋真宗皇后，章献明肃刘皇后在历史上也是一个有名的皇后，关于她的故事，最著名的传说就是“狸猫换太子”了，而这只是个编造的谎言。事实上，刘皇后作为宋代第一位垂帘听政的太后，在她身上发生的故事远比“狸猫换太子”更加精彩。熙丰变法由神宗与王安石共同发起，最后到了神宗的儿子手上，却逐渐由改善宋代民生、行政、财政、兵政的大目标，转而成为朝廷清除异己与聚敛财富的工具，丧失了它的正当性，而这一切还是在继述神宗之志旗帜下进行的。借着更化到绍述之名，大宋这一艘漏水航船驶入了更加风雨飘摇的末路。而自宋建国起，宋朝与党项李氏一直保持着友好关系，西部边界也一直处于相对稳定的局面，直到李继迁公开与宋朝决裂。党项李氏逐渐壮大，并建立西夏，发展成为足以抗衡辽、宋的地方政权，宋朝西部边患几无宁日，他们之间漫长曲折的战争故事也陆续上演。宋元之间，襄樊大战则是南宋灭亡的关键。让我们一同进入宋末的历史世界，看看身处其中的人物如何抉择，观其言，察其行。在13世纪末的欧亚大舞台上，从全球视角，看看襄樊之战的前因、后果、始末、结局与影响。襄樊大战失败之后，元军继续南下，宋人多路义军闻风而动，试图收复故土，好不热闹。但元军一路直下，鏖战五十年，四川最终陷落。宋廷退守崖山，张世杰摆一字长蛇阵，决战一日，十万军民漂尸海上，南宋彻底灭亡。遗留的大宋忠臣遗民，或以生命为国尽忠，或以生命为国招魂，只留待我们后人唏嘘南宋的往事，或叹或悲或感慨。这样的五人五事，我们再次以立体形式勾勒了大宋面貌。让我们11个人继续努力，期待读者诸君与我们一起走进宋朝，在大宋场景之中，回味历史的波澜壮阔。

经过上一轮的磨合，与10位作者已经形成了默契相知。在辽宁人民出版社蔡伟编辑的再次鼓励下，我们继续承担了撰写工作。还是同样的希望，希望我们 11 个人的努力，能让您对真实的历史多一点了解。感谢陈俊达（吉林大学）、黄敏捷（广州南方学院）、蒋金玲（吉林大学）、刘广丰（湖北大学）、刘芝庆（湖北经济学院）、仝相卿（浙大城市学院）、王淳航（凤凰出版社）、王浩禹（云南师范大学）、张吉寅（山西大学）、赵龙（上海师范大学）等一众优秀青年学者（以上按姓名拼音排序）加盟此系列的撰述。虽然刘云军教授因为撰述任务太多未能参与，非常遗憾，但仍感谢云军教授在不同场合给予的大力支持！最后，亲爱的读者，我们一群作者贡献全力，希望能为您的读书生涯增添一点乐趣！让我们一起读宋，知宋，了解宋朝。

耿元骊

2022 年 8 月 18 日于开封铁塔湖

目　录

总　序 / 001

引　子 / 001

第一章
临安不安 / 004

一、四路出击：蒙军南下南宋难 / 005
二、大难临头：襄樊失守惊鸿散 / 014
三、两淮争战：宋师苦战元军忙 / 020
四、伯颜渡江：尽是江南儿女血 / 024
五、元师东进：江淮宋将多倒戈 / 034
六、两淮攻防：伯颜北返宋将出 / 045
七、“奸臣”下场：贾团练头颅掉落 / 050

第二章
临安降元 / 056

一、血色常州：屠刀暗处活七人 / 056

二、四面楚歌：元军环伺临安府 / 067
三、恭帝出降：满朝朱紫尽降臣 / 073
四、帝后北上：目断东南四百州 / 082
五、穷途末路：一心愁思自心知 / 099

第三章
国土骤失 / 105

一、京湖全陷：四万元兵取京湖 / 105
二、湖南沦陷：潭州忠烈尽全节 / 107
三、江西江东：四万户南下江西 / 114
四、两淮沦陷：李姜捐身扬州城 / 117
五、四川鏖战：蒙元雄兵难下川 / 125

第四章
退守崖山 / 131

一、二王南下：骨肉凋残唯我在 / 131
二、逃离福安：四路元军下福安 / 135
三、两广抗敌：干戈寥落四周星 / 144
四、烽烟再起：元师再平赣闽粤 / 148
五、末世朝廷：文武将尽火德微 / 160
六、巴蜀全陷：五十年前好四川 / 164

第五章

崖山血战 / 176

一、崖水仗剑：未闻烈士竖降旗 / 176

二、大战前夕：一字长蛇倚崖山 / 182

三、生死一搏：炮火雷飞箭星落 / 187

四、流尸漂血：十万健儿浮血尸 / 190

第六章

忠臣遗民 / 194

一、浩然正气：文天祥命丧大都 / 194

二、慷慨赴死：谢枋得绝食尽忠 / 207

三、遗民象征：汪元量终得南归 / 221

四、终身宋民：书生守志定难移 / 234

结束语 / 243

后 记 / 246

引　子

从公元1127年建炎南渡到1279年崖山灭亡，在152年的南宋时段中，战争成为这个偏安王朝生命的主要色彩。南宋人不是正在打仗，就是在准备打仗的路上，国家貌似始终命悬一线。著名宋史专家邓小南先生说宋朝“生于忧患，长于忧患”，北宋如此，南宋更甚。

本书描写的是南宋灭亡的最后一段历史，时段从襄樊陷落（1273）之后到崖山海战（1279）。文天祥有句诗：“长平一坑四十万，秦人欢欣赵人怨。”汪元量也有类似诗作，一曰“南人堕泪北人笑，臣甫低头拜杜鹃”，二曰“汉儿快意歌荷叶，越女含悲舞柘枝”。“汉儿”，指元朝汉军。于亡国者而言，我们可以看到不舍、愤懑和悲壮；于胜利者来说，我们可以看到蔑视、喜悦和些许敬意；于我们而言，可以看到什么呢？

偏安一隅的南宋小朝廷，如同一文弱小生，搞搞文艺、经经商还好，以“孱弱”之躯，抵抗史上最强大的北方民族——蒙古军团，竟然延续了近五十年之久。这段着实令人惊叹的抗争史，一般读者恐怕知者不多。不可否认的是，蒙古军队并没有全力灭亡南宋，中间几次因汗位争夺而中断。

但是，在世人眼中，宋朝是弱不禁风的王朝代表，从半壁江山到偏安一隅，而蒙古汗国绝对是史上最强悍（没有之一）的军事存在，从角逐草原到纵横欧亚，这两者简直是弱鸡和战狼的对决，胜负没有悬念。蒙古一开始没将南宋放在眼里，成吉思汗攻打西夏时，曾派使者到四川，要求南宋归附。而此后的交战事实，却令人大跌眼镜。

在蒙古征服史上，多是直接令敌国投降，否则屠城以待，令人闻风丧胆。不少政权闻蒙军铁蹄将至，主动投降更是屡见不鲜。但是，蒙古使者多次传达大汗的命令，要求南宋投降，甚至有划江而治的提议，南宋一概拒绝。一方面，南宋没有亲眼见到蒙军的勇猛和血腥，缺乏见识；另一方面，堂堂“中国”哪有向“蛮夷”直接投降的道理？不说什么恢复汉唐旧疆，祖宗江山已然失去将半（北宋盛时疆域约 280 万平方千米，南宋则将近 180 万平方千米），偏安江南，实在退无可退。

一般认为，襄阳之战是宋蒙（元）战争的重大转折，开启了元朝灭亡南宋的大幕。伯颜二十万大军沿汉水南下，襄阳降将吕文焕充当先锋，迅至鄂州以北。阳逻堡大战，元军顺利渡江，宋师全军覆没，流血漂橹，鄂州宋将顺势降元。阿里海牙坐镇鄂州，经略荆湖，伯颜率军沿江东进。黄州、江州等重镇相继迎降，范文虎、吕师夔等吕家将举手献土。元军进至芜湖，权相贾似道督师出征，丁家洲大战，宋军主力丧失殆尽。不到一月，元军已占建康。淮东主帅李庭芝固守扬州，江北十余城池尚在宋手，元将阿术作久困之计。伯颜因故北返，张世杰约定三路宋军出击，不料焦山惨败，元军占领长江，淮东数城孤立无援。伯颜南归，三路元军会师临安城外，宋廷求和，临安降元。三宫北上，从临安到大都再往上都，君臣先受款待，再遭质疑，一迁再迁，命归北土。荆湖、湖南、江西、江东、两淮相继陷落，李芾、李庭芝、姜才为国壮烈捐躯。

二王南下，从临安到福建再往广东，延续赵宋国祚，漂泊中艰难求存。元军继续南下，广西全陷，两军争夺广东。西北狼烟再起，元军主力暂时北调，宋人多路义军闻风而动，收复故土，好不热闹。元军调头南下，宋人竹篮打水一场空。鏖战五十年，四川终陷落。宋廷退守崖山，张世杰摆一字长蛇阵，决战一日，十万军民漂尸海上，南宋彻底灭亡。遗留的大宋忠臣遗民，或以生命为国尽忠，或以词章为国招魂。

第一章

◎

临安不安

宋蒙（元）战争时间漫长，战事细节、人物活动极其复杂，读者难以掌握。有学者根据战争进程，将其分为六个阶段，可便于理解。

第一阶段：1234 年（宋理宗端平元年，窝阔台汗六年）六月至八月（注：本书月日均为农历），端平入洛，南宋收复河南，败于蒙军。

第二阶段：1235 年六月至 1248 年（淳祐八年，贵由汗三年）三月，四川、京湖、两淮保卫战。

第三阶段：1257 年（宝祐五年，蒙哥汗七年）十二月至 1260 年（景定元年），双方在四川、广西、湖南的攻防战以及鄂州保卫战。

第四阶段：1268 年（宋度宗咸淳四年，忽必烈汗至元五年）九月至 1273 年（咸淳九年，元世祖至元十年）二月，南宋襄阳保卫战失败，襄阳落入元军之手。

第五阶段：1274 年（咸淳十年）九月至 1276 年（宋恭帝德祐二年）三

月，元军攻占江淮地区，南宋恭帝出降。

第六阶段：1276年（宋端宗景炎元年）九月至1279年（宋少帝祥兴二年，至元十六年）二月，福建、江西、广东等地的抗元战争，终结于崖山海战。

另有学者指出，元灭南宋有五大战役：襄樊之战、阳逻堡之战、丁家洲之战、焦山之战和崖山海战。同样有助于读者梳理南宋灭亡的历史线索。

这本小书主要讲述襄阳陷落（1273）到崖山海战失败（1279）六年间南宋的最后时光。俗话说，有因才有果。为使读者不至于茫然无措，进入正题之前，有必要对背景知识（1273年以前的主要战事、人物）作极其简要的介绍。

一、四路出击：蒙军南下南宋难

1234年正月，蒙宋联军攻入蔡州（今河南汝南，注：本书今地均指治所）城，金哀宗自杀，标志着金朝的灭亡。第二年，蒙古同时出兵四川和京湖，宋蒙战争全面爆发。鉴于宋蒙的边界形势，双方交战区主要集中在四川、京湖和两淮，南宋分设四川制置司、京湖制置司和淮东、淮西制置司以及沿江制置司，如同几大战区的司令部，长官称安抚制置使，官秩高者称制置大使。两淮分设制置司，与沿江制置司其实一体，经过一段时间合并后再分设。也就是说，可以将江淮看作一个战区。三大战区如同三大藩镇，长官拥有军事、民政和财政大权。四川的重心在重庆，京湖的重心在江陵（今湖北江陵），两淮的重心在扬州，皇朝的重心在临安。制置司之下，重要州军或军事重地设立都统司。

三大战区分别是几大行政区域的组合。四川战区含利州东路、利州西路、成都府路、潼川府路、夔州路，大致范围囊括今四川、重庆、贵州大部、甘肃东南部和陕西南部等地区。京湖战区主要包括京西南路和荆湖北路，大致范围囊括今湖北大部，湖南西北部，贵州东南部等地区。京湖位居防线之中，因蒙军猛攻四川，京湖安抚制置使常兼任夔州路策应使，甚至四川安抚制置使，负责协防四川。两淮和沿江则是淮南东路、淮南西路，大致范围囊括今安徽大部、江苏北部和湖北东部等淮河以南、长江以北的江淮地区。

蒙古军队自北南下，一定要突破长江防线，才能消灭南宋。但是，南宋沿江重兵防守，从四川顺江直下非常困难，从京湖渡江也不容易，直接穿越两淮渡江更是难上加难。除此之外，鉴于正面突破的难度较大，如同围猎一般，蒙元实行了从西南进入南宋的大迂回大包抄战略。大致来讲，从今天的甘肃、青海进入青藏高原，收服吐蕃、大理，然后从今云南、越南等地进入南宋腹地广西南路，形成南北夹攻之势。

四川是蒙古最早进入、耗时却最长的战区。早在宋理宗宝庆三年（成吉思汗二十二年，1227），蒙古攻打西夏时，一支蒙军进入四川北部抢掠，作为借道南宋伐金的试探。1234 年（端平元年），金朝灭亡后，宋军趁机北上，收复河南旧地，结果在洛阳被蒙军大败，史称“端平入洛”。此役成为蒙古大举南侵的导火索。从 1235 年秋至 1241 年秋，蒙军两番毁坏成都，攻破川西数十城。1242 年（淳祐二年）十二月，余玠出任四川安抚制置使、兼知重庆府，统领全蜀事务。余玠到任后，创建山城防御体系，即利用四川多山地形，将州府治所移到山上，并在交通要道的山上修筑大量城堡，易守难攻。几年后，新构筑的山城堡寨发挥了巨大作用，宋军据此顽强阻击，蒙军屡遭挫败，四川战局得以明显好转。

京湖处于长江中游，是蒙古重点突破的区域。1235 年，蒙军降服唐州（今河南唐河）、邓州（今河南邓州）、均州（今湖北丹江口），攻下光化军（今湖北老河口西北）和枣阳（今湖北枣阳）。次年二月，因襄阳宋军兵变，襄阳落入蒙军手中。好在蒙古没有意识到襄阳的重要性，在名将孟珙的率领下，宋军只用了大半年的时间，即收复包括襄阳在内的京湖失地。李曾伯执掌京湖军务之后，重点修葺襄樊城池，使其成为京湖地区最为坚固的堡垒。

两淮位于长江以北、淮河以南，拱卫南宋政治、经济中心，是南宋国防的重中之重。唐朝有淮南西、东两道，两宋则分淮南西、东两路。自端平三年（1236）十月开始，蒙军就对两淮发动了猛烈的进攻，虽然攻取过城池，却被宋军多次击退。与四川、京湖的惨败不同，在蒙军的攻势中，两淮防线比较稳固，蒙军没有占到太大便宜。

在对外征服战争中，被攻击的城池如果武力反抗，在攻陷后一般要屠城报复。在屠城中，大部分人被杀死，一些工匠类的技术人员和少量读书人会被掳掠到蒙古旧地。蒙古对宋战争的早期也是如此。在蒙宋战争的早期，即便费力攻陷的城池，也多是掳掠而去，常常不派兵防守。碰到难以攻下的城池，也多不纠缠，而是到附近找寻下一个目标。正因为如此，在由蒙军主导的对宋战争的早期阶段，宋军虽然屡遭重创，却能较快恢复。然而，在对付宋军的防御上，蒙军的军事策略和技术在南征过程中变得越来越成熟。一是舰船的建造、水军的操练和水战战法，逐渐占据上风；二是攻下城池之后，逐渐减少杀戮，从掳掠为主到据守推进；三是汉军将士在灭亡南宋的战争中作用愈加重要，特别是襄阳之战以后。蒙古大军不仅要从武力上击败宋人，而且要从人心上一统华夏。

1241 年十一月，窝阔台去世，乃马真皇后代理蒙古国政。1246 年七月，窝阔台长子贵由方才即位，但不到两年去世。海迷失皇后听政，此间诸王内斗不断，比较混乱。直到 1251 年（淳祐十一年）六月，拖雷长子蒙哥才被推举为大汗，蒙古大汗的汗位从窝阔台系转到拖雷系手中。与之前相比，1246 年以后，蒙古对两淮的征伐较为轻微，对四川和京湖甚至分别中断五年、六年。蒙哥汗即位之后，蒙军的攻势再度猛烈，灭宋策略与之前大不相同。

蒙哥长期领军对外征伐，曾随拔都西征，骁勇善战。蒙哥汗改变了以往蒙军重在掳掠的作战策略，而是在蒙宋边境修筑城池堡寨，实施屯田，为灭宋做充分准备。即位之初，蒙哥即将漠南汉地军政事务委托给弟弟忽必烈管理。与其他蒙古王公相比，忽必烈身边有一个汉人儒士的幕僚圈子，受中原文化的影响较大。1252 年七月，蒙哥汗派忽必烈率大军远征大理，实施南北夹击的大迂回战略。

1239 年（嘉熙三年，蒙窝阔台汗十一年），蒙古计划强攻四川东部，然后顺江而下，但是没能如愿。他们想出一个大胆的计划，绕道吐蕃到达大理，再对南宋腹地发起进攻，即称“斡腹之谋”。蒙古军如同狡猾的猎人，正面突击不成，就绕到敌国后方，屡试不爽。比如在灭金时，蒙古两次借道南宋迂回进入金朝腹地，展开猛烈攻击。与之相比，蒙古绕道吐蕃、大理的战略规模更要浩大，所以一般称大迂回大包抄。

1244年，蒙军经吐蕃进至大理九和镇（今云南丽江九河乡），被大理击退。1247年，蒙军想从吐蕃进入大理，被沿线少数民族部落所阻。1248年，为阻止蒙军的包抄计划，余玠派军向西出击，在马鞍山（今四川石棉安顺场东南）与从吐蕃南下的蒙军相遇。宋军三战三捷，蒙军北撤，暂时消除了蒙古对南宋侧翼的威胁。1252年，蒙哥汗派忽必烈出征大理，继续落实大迂回大包抄的战略。九月，忽必烈率十万大军出发。历经今陕西、宁夏、甘肃的盐州（今陕西定边）、萧关（今宁夏固原东南）、六盘山、临洮（今甘肃临洮）等地，次年九月抵达忒剌（今甘肃迭部县和四川若尔盖县接壤的达拉沟），蒙军在此分为三路进发。忽必烈亲率中路军先到满陀城（位于今四川汉源西北），再轻装南渡大渡河。此路艰险异常，历经雪山、沼泽、悬崖、丛林，马匹、人员死伤不少，代价很大。越过大渡河之后，山谷内穿行两千多里，至大理善巨郡（今云南永胜）境内。在大理，蒙军或招降或攻打，降服诸多部族，逐步靠近大理城。西路蒙军由速不台长子兀良合台率领，从阿坝草原穿越吐蕃南下，从旦当岭（今云南香格里拉）进入大理。蒙军渡过金沙江，沿途部族迎降，攻下白蛮之地（今云南西北）。蒙古诸王抄合、也只烈率东路军从白蛮进入大理。1253年十二月，忽必烈率中路军攻克大理城。然后，各路蒙军继续攻打大理其他未依附的地区，用了不到两年时间，基本占领大理全境。收获大理，蒙古从南北夹攻南宋的战略前提已经实现。其实，斡腹之谋的战略价值不只是收服大理，借此攻宋。行军过程中，也有不少吐蕃部族归附蒙古，而且忽必烈还接见了吐蕃萨斯迦派首领八思巴，对于日后元朝管辖西藏的意义重大。

1255 年秋，蒙军兀良合台部从云南进攻四川，与川陕蒙军形成夹击之势，大军已进至重庆，四川局势再次危急。宋军严阵以待，死死守卫山城堡寨，令蒙军没有得逞。1256 年，为了防范蒙军从云南入川，宋军增强了四川南部的防守力量，在泸州、叙州（今四川宜宾）、长宁一线修筑神臂城、马脑山城、龙崖城等山城。同年，理宗调李曾伯入朝，命蒲择之为四川主帅。次年，宋军得知云南蒙军将进攻罗氏鬼国（今贵州）、播州（今重庆綦江区），再次加强南部防备。为防止蒙军从播州、思州（今贵州务川）进入京湖，南宋将湖北安抚使兼常德（今湖南常德）、澧（今湖南澧县）、辰（今湖南沅陵）、沅（今湖南芷江）、靖镇抚使兼知常德吕文德改知靖州（今湖南靖州），加强南部防御。

1257 年（宝祐五年）九月，蒙哥汗亲率主力大军进入四川，次年命忽必烈统领东路军进攻鄂州。1259 年（开庆元年）蒙军多次围攻合州钓鱼城，蒙哥汗命丧于此，蒙军只得撤退。蒙军虽止步于此，却获得辉煌战果，占领了隆庆府（今四川剑阁）、阆州（今四川阆中）、顺庆府（今四川南充高坪区青居镇）、广安军（今四川广安）、雅州（今四川雅安）、隆州（今四川仁寿）一带。

这年九月，忽必烈率军渡过长江，围攻鄂州城。另一支蒙军从大理进入广西柳州、桂林，向潭州（今湖南长沙）挺进。三路大军并出，意图从西、北、南三面会师鄂州，再顺江东下，直下临安。南路兀良合台率领蒙军，从云南、广西进入湖南，被向士璧率军挡在潭州城外。

蒙军三路夹击，情势万分危急，以鄂州为甚。其危急程度从宋理宗召回吴潜便可见一斑。吴潜罢相后判庆元府，于是年八月卸任，回归故乡宁国府（今安徽宣城宣州区）。宋理宗决定罢免宰相丁大全，起用吴潜，挽救危局。皇帝在诏中动了真情，说道："我急迫等你回朝，感觉过一刻钟好像有一年那么长。"此时回乡不过几日，得如此真切诏书，吴潜感动不已。他急如星火，九月二十六日离开家乡，二十九日就到了临安，四天赶路四五百里。十月一日罢丁大全，二日以吴潜为左丞相。然而，当理宗问吴潜如何应对时，吴潜答"当迁幸"，即皇帝应该逃跑。理宗再问："那你要怎么办？"吴潜说："臣当死守于此。"理宗哭泣道："难道你是想当张邦昌吗？"吴潜不敢再言。局势如此，无人勘用，真令理宗绝望。

幸运的是，宋理宗有贾似道。贾似道的父亲贾涉，曾任淮东制置使，死时似道只有十一岁。年幼丧父实属不幸，但他姐姐是宋理宗的宠妃，对他有些关照。不过，贾妃在1247年去世，对弟弟后来的专权没有影响。贾似道二十五岁时（1238年）中进士，精明强干，善于理财，政绩一直比较杰出。

1246年九月，京湖安抚制置大使孟珙去世，死前极力荐举沿江制置副使贾似道接任。1237年，蒙古大军攻破京湖大部分州军，准备渡江之时，被孟珙率军阻挡。孟珙从京湖安抚制置副使升任安抚制置使，坐镇江陵，名望极大。贾似道接任后，继续孟珙的安抚流民、屯田等措施，还兴办教育，收获佳名。1250 年（淳祐十年）三月，贾似道调任两淮制置大使，兼淮东安抚使，兼知扬州，任内击退蒙军的多次进攻，升任枢密使兼两淮宣抚使。1259 年九月，蒙军围攻鄂州，长江防线堪忧，理宗急调贾似道救援。为救鄂州，理宗授予了贾似道极大的军政权力，担任枢密使兼京西湖南北四川宣抚大使，都大提举两淮兵甲，总领湖广京西财赋，总领湖北京西军马钱粮，兼知江陵军府事，后增节制江西、两广人马。这一长串均是实权头衔，几乎掌控了南宋九成的军事力量。从贾似道的角度讲，这副担子可不是一般的重。

在贾似道的率领下，宋军多次成功抵御蒙军的强攻。蒙哥汗死于钓鱼城，北方催促夺位的消息接踵而至，忽必烈坚决不返，若在鄂州建立功业，岂不更有胜算？奈何蒙军奋勇攻城，办法用尽，将近一百天，却不见胜利。忽必烈急于立功，被贾似道率军阻拦，却不忘连连夸赞对方统帅："我身边怎么没有贾似道那样的人才啊！"忽必烈身边士人屡屡劝谏不可滥杀，久攻不下，有将领抱怨都怪这些儒生不让杀人，是他们的罪过。忽必烈气愤地说道："对方守城者只有一士人贾似道，你们十万大军不能战胜，数月连连杀人却不能攻破，是你们无能，怎可埋怨士人？"

双方相持到入冬，蒙军当中兴起瘟疫，十之四五染病，而且粮食匮乏，战斗力不同以往。贾似道也快支撑不住，派人秘密去找忽必烈议和。忽必烈乐意之至，同意了贾似道的议和要求。其后，蒙军北撤，鄂州围解。贾似道隐瞒了议和之事，反而以胜利者的姿态上奏报喜："诸路大捷，鄂州之围已经解除，江汉地区平安，我宋转危为安，真是万世修来的福气！”宋理宗专门下诏，大为表扬：“贾似道是我的股肱之臣，担此重任，奋不顾身，消此大患。我军士气增长百倍，我朝百姓赖此得以生存，对我宋朝有再造之恩。”大功者当负重任，理宗宣贾似道入朝为宰相，主持朝政。贾似道使了些政治手段，清除政敌，很快独揽军政大权。然而集权途中，贾似道通过“打算法”（军费审计），迫害一批守边大将，严重地削弱了南宋的防卫力量。

影响最恶劣的，当数1261年（景定二年）泸州神臂城守将刘整的叛降。刘整原是金朝人，金末投奔南宋。最初在京湖安抚制置使孟珙麾下效力，曾率领十二名勇士，一夜攻占金朝信阳城，一战成名。李曾伯担任京湖制置使时，调刘整入川，屡立战功。1260年四月，就任潼川路安抚副使、知泸州。蒙哥汗大举伐川时，刘整战功卓著。不料树大招风，刘整遭到京湖安抚制置使兼四川策应大使吕文德的嫉妒，故意少报他的军功。这让刘整极为不满，满口怨言。其后，新任四川安抚制置使俞兴与刘整不和，故意调刘整到制置司所在地重庆。这当然是不怀好意，刘整坚决不从命。违抗军命，罪责难逃，这就给了俞兴把柄。刘整派人到临安告状，没觅到门路。正值打算法实行期间，很多战区长官都自身难保，更有功勋将领被杀。刘整泥菩萨过江，便将泸州等地和三十万户民众，向蒙军投降。侥幸的是，俞兴、吕文德几次出击，才收回泸州等部分地方，但人口被刘整带到成都、潼川（今四川三台）等地。几年之后，刘整居然成为宋军的心腹大患。

鄂州之围解除后的十年间，宋蒙之间大致和平，没有大规模战役发生。

1264年，宋理宗赵昀去世，养子赵禥即位，是为宋度宗。子继父业，更是一刻也离不开贾似道。南宋朝廷苟安，贾似道专权日深，耽于声色，几乎不言兵事。

二、大难临头：襄樊失守惊鸿散

襄樊之战，是宋蒙（元）五十年战争的战略转折。

1267年，是宋度宗咸淳三年、蒙古大汗忽必烈至元四年，距元朝建立（1271）尚有四年。这年十一月，曾经的南宋悍将刘整，降蒙已有五年半。他熟知南宋军事防御体系，向忽必烈上平宋之策。在这一灭亡南宋的战略计划中，刘整指出，南宋政治中心在江南，军事重心则在荆、襄（今湖北荆州、襄阳）地区，当先取襄阳，直插临安，如此则江淮、巴蜀自然平定。重要的是，刘整策中既有如上的宏大战略，也有如何进入襄阳、攻取襄阳的战术构想。刘整也因此被宋人恨之入骨，明朝张溥说："亡宋贼臣，整罪居首。"

1134年（绍兴四年），岳飞收复襄阳，经营多年，成为京湖地区的军事重镇。宋军迅速组织反攻，先夺回与襄阳一江之隔的樊城，又夺回襄阳。不料守将游显叛降，再次将襄阳送给蒙古。然后，随州（今湖北随州）、荆门军（今湖北荆门）、郢州（今湖北钟祥）等城相继失守，京西南路七府州军全部丧失，荆湖北路长江以北的州县也被蒙军攻破，蒙军南下直奔江陵（今湖北江陵）。

1236年襄阳陷落时，大出南宋意料，远在临安的朝堂感受到了死亡的气息。南宋名臣杜范时任秘书监兼崇政殿说书，在奏疏中痛陈襄阳的重要性："襄阳东连三吴，西通巴蜀，古人称其为国之西门，又为天下咽喉要地。如果被敌人占据，扼其咽喉，则吴、蜀之间的联系被切断。从襄阳南下渡江，可以直接控制湖北、湖南。若顺江东下，可直捣江浙。敌人若从襄阳出兵，无法应付。万一失陷，则军心动摇，望风奔溃，虽有智勇将士，也无力回天。"从后知者的角度，此时距离临安投降尚有四十年的光景，但至少在杜范看来，襄阳不存，宋将亡国。

杜范之言不在少数。借助现代卫星地图，我们可以直观地俯视到：襄阳位于南阳盆地最南部，东、西有山，汉江从中穿过，水南为襄阳，水北为樊城；从襄阳溯汉江经十堰、安康可西抵汉中，向北可经南阳等地进入中原，沿汉江南下东行可抵武汉。由此可知，襄阳的战略位置是多么的重要。当初岳飞收复襄阳等六郡，曾想据此北伐，无奈朝廷禁止，只得返回鄂州（今湖北武汉市武昌区）大营。

刘整献策前，蒙古方面有不少人已经提出类似的看法，只是时机尚不成熟。待汗位稳固、可以大规模从北方调兵时，忽必烈接受了刘整的建议，改变了攻打南宋的计划，将蒙军主力调往襄樊，开始了灭亡宋朝的关键一步。咸淳四年（至元五年，1268）九月，蒙古征南都元帅阿术和汉军都元帅刘整联合包围襄阳。次年正月，忽必烈派重臣史天泽督战襄阳，为襄阳战役的总指挥（曾因病中断，后复任）。

襄阳知府、守将吕文焕是京湖安抚制置使吕文德的弟弟。吕文德长期在江淮、四川和京湖与蒙古作战，战功显赫，是当时南宋朝廷最为依赖的军事重臣。他与权相（平章军国重事）贾似道相勾结，扶植个人和家族势力，排斥异己。长江防线上的很多将领如吕文福、吕师孟、吕师夔等人，再加上不少旧部，有“吕家军”之称。吕文德死于 1269 年十二月，对贾似道打击很大。贾似道不言兵事，是因为他极其依赖吕文德，这是从两人协力救援鄂州时养成的。得知吕文德之死，贾似道六神无主，叹息道：“荆襄位于前线，将士多年征战，吕文德兼具声望和智谋，比其他将领强太多了。就是这样的大将，防御蒙军时仅能自保。今却去世，还能指望谁呢？”难道贾似道嗅到了亡国的气味？贾似道假意请求到京湖督师，被宋度宗拒绝。

吕文德之任先由沿江制置副使夏贵代理，很快调两淮安抚制置使李庭芝任京湖军政长官，坐镇江陵（今湖北江陵），继续负责援救襄阳。李庭芝也是南宋末期的一员名将，原是京湖安抚制置大使孟珙部下。孟珙死前有两大遗愿，一是举荐贾似道继任，二是将李庭芝推荐给贾似道。李庭芝和贾似道义结金兰，被委任于两淮。忽必烈即位后，派近臣郝经南下落实鄂州议和之事，因事属机密，被李庭芝扣押在真州（今江苏仪征）。可见，李庭芝作为贾似道心腹，也颇受信任。

但是，贾似道并不像吕文德那样信赖李庭芝，京湖战区的指挥由此出现问题。吕文德女婿范文虎率领十几万军队救援襄阳，自吹能一战击败蒙军，被贾似道升为殿前副都指挥使，几乎是禁军统帅。在贾似道的授权下，范文虎不受李庭芝节制，反而时时牵制。吕家其他人，又怎么轻易会听李庭芝的呢？吕氏旧将如沿江制置副使夏贵、淮东安抚副使孙虎臣、湖北安陆副使高世杰等将领各自为战，常常不服从李庭芝的调度。文臣从中分权以御将，武将前线互扰，这是宋朝熟悉的配方，不足为奇。

南宋朝廷深晓襄阳的战略地位，不断予以增援，试图坚守。蒙古势在必得，源源不断地从今天的山东、河北、山西、河南等地调兵遣将，以助襄阳蒙军。蒙军一方面围而不打，另一方面与外围宋军展开激战，以消解南宋的救援力量。然而，汉江两岸的襄阳、樊城固若金汤，宋军可以从隐蔽水道进出。蒙军只得根据地势，在周边筑起不少城堡，彻底封堵守城宋军，并使出浑身解数，猛烈攻城。

纵然如此，四年的时间过去了，南宋援军屡屡被击败，蒙军依旧没能拿下襄阳。为了早日拿下襄阳，忽必烈从西域找来能制造“回回炮”的工匠，该炮（投石机）能发巨石，发动时声震天地，似乎可摧毁一切。

咸淳八年（至元九年，1273）十一月，元军决定从樊城突破。次年正月十二日，宋军虽血战到底，樊城终被攻陷，随之遭元兵屠城。樊城不存，襄阳难保。二月，元军对襄阳发起总攻。在回回炮的震撼与打击下，有些宋将翻墙出降。不过，铁桶一般的襄阳终究没被武力征服，而是吕文焕接受元朝劝降，开门迎接他的新主人。其实早在吕文德死后，蒙方就开始招降襄阳主将。此后，又多次劝降，吕文焕都不为所动。苦战六年，在咸淳九年（1274）二月二十四日这天，弹将尽粮快绝，吕文焕绷将不住，投入元朝怀抱。宋末元初，有人说道，蒙古大军之前，吕文焕能守六年，已经算是为南宋尽忠了。退一步讲，即使吕文焕不降，救援已绝，大炮轰鸣，襄阳也支撑不了几天，届时元兵又会屠城。然而，吕文焕降元毕竟是极其恶劣的，这从后来他的所作所为可以知晓。

事后来看，襄樊守卫战的失败，敲响了南宋王朝的丧钟。对于襄樊失守的影响，南宋遗民有诗为证："王气已随檀板歇，仁风空逐玉箫悲。"王气将歇，亡音不远。时人汪元量则说得更为明确："见说襄樊投拜了，千军万马过江来。"

得知襄阳陷落的消息，临安朝廷"惊恐"万分。三月，贾似道在上书中自称："忽然得到李庭芝的书信，才得知襄阳守将吕文焕竟然投降元人。臣惊悸万分，眩晕难立，如同将死之人。"襄阳之所以失利，很大程度上是因为贾似道纵容前方将领争权，没有统一的指挥。1272 年十一月，李庭芝向贾似道发出了最后的求援信，贾似道觉得守卫江南更为重要，拒绝再援。汪元量有诗讥讽："吕将军在守襄阳，十载襄阳铁脊梁。望断援兵无信息，声声骂杀贾平章。"吕将军就是吕文焕，贾平章即贾似道。宋度宗则在诏书中说："襄阳守了六年，不想一朝而失，军民离散，朕心甚痛。今年乾会节（度宗生日）取消宴会，拿六十万钱加强长江的防御。"不过有记载显示，宋度宗、贾似道君臣并不十分在意襄阳的存亡，贾似道甚至有话："纵然襄阳失守，难道我朝就处于危亡边缘了？"贾似道没有将襄阳之战视为宋朝存亡的关键，这是可能的，但他不重视襄阳应与史实不符。

襄阳陷落前，为了压制南宋救援力量，元军即对襄阳周边进行了大规模的攻掠。刘整率五万骑兵袭扰汉江沿岸州军，俘虏多达八万。阿术率骑兵转战德安（今湖北安陆）、复州等地，俘一万人。刘国杰率两千骑兵入侵归州（今湖北秭归）、峡州（今湖北宜昌）一带，俘一万多人。

襄阳陷落后，周边州、军就成为元军的下一个目标。很快，均州（今湖北丹江口西北）、房州（今湖北房县南）先后遭到元军袭击。房州、均州在襄阳以西，南则有归州、峡州、荆门军、郢州，东为随州。其中，郢州位于汉江襄阳的下游，再往下是复州、汉阳军（今湖北武汉市汉阳区），然后进入鄂州。

襄樊失陷后，李庭芝被免职，部将苏刘义、范友信被流放到广南。朝廷派汪立信接任京湖安抚制置使兼知江陵府，湖北安抚使兼知鄂州高达调任峡州知府。高达是京湖名将，早在淳祐十一年（1251）任襄阳知府，多次战胜来犯的蒙古军队。与刘整相似，军功太显，遭到吕文德、贾似道排挤。襄阳之战时，有人建议令高达代替范文虎，贾似道不听。京湖广大地域虽仍在宋朝，却岌岌可危。咸淳九年（至元十年，1273）六月，南宋朝廷从临安的大内军器库中精选大量兵器支援京湖前线，并拨钱一百万。

吕文焕降元之后，觐见忽必烈时，提出攻鄂策略，并自请为前锋。忽必烈允准，授他为昭勇大将军、侍卫亲军都指挥使、襄阳大都督。然而，不少吕家人还在守护大宋残疆。吕文德之子吕师夔任广西经略安抚使，兼知静江府（今广西桂林），吕文焕堂弟吕文福任淮西安抚副使，兼知庐州。吕文福还上书为吕文焕开脱，说他兄长是被人挟持才投降的。李庭芝向朝廷报告，吕文焕自己投降，还主动替元军策划攻打郢州，并自请先锋。吕家将们虽然上书请辞，但是遭到朝廷拒绝，令他们竭力守土。当然，吕家出了大问题，朝廷不可能坐视不管，吕师夔被免职，有些人则只调任岗位。

吕文德之婿范文虎因畏战逃遁，被监察御史陈文龙弹劾，贾似道只是降一级处置，让他担任安庆知府的要职。陈御史不服，上书抗议，贾似道将陈文龙先调职、后免职。新上任的汪立信在奏报中，指责范文虎犯有大罪却受小惩，难以服人。贾似道没有理会。吕文焕已经是汉水、长江上元军的先锋了，他的兄弟、子侄却还在为南宋守卫疆土，岂不怪哉？

经此大战，元朝的蒙古军和汉军配合更加密切，汉军将领更加得到信任和重用，特别是元朝水军战斗力大为增强，下一步就是向临安前进。襄阳既得，元军接下来顺江东下，扫清京湖，然后进击两淮。襄阳攻下没多久，刘整急不可耐地建议元世祖忽必烈，赶紧乘胜进攻，临安很快就能拿下了。与刘整持同样观点的官员不在少数，反对者则认为宋朝没有那么虚弱，应当徐徐图之。况且襄樊一战历经六年，元军在人力、物力上的损失颇为巨大，将士也需要休整再战。因此，元朝眼下要做的是充实战备，训练水、陆两军。

三、两淮争战：宋师苦战元军忙

1273 年（咸淳九年，至元十年）四月，忽必烈设立荆湖等路枢密院，以平章军国重事史天泽、湖广行中书省平章政事阿术、参知行中书省事阿里海牙行荆湖等路枢密院事，镇守襄阳。又以淮西行中书省左丞相合答，参知行中书省事刘整，山东都元帅塔出、董文炳行淮西等路枢密院事，镇守正阳（今安徽寿县正阳关镇），为攻占江淮做准备。在此之前，元朝开始新训水军五六万人，建造战船数千艘，打造铠甲一万副、弓五千张，都拨给淮西行枢密院（简称行院）。又新设河南宣慰司，专门负责荆湖、淮西的军需。后来从荆湖调三万水军、五千水弩炮手到淮西，充实淮西的军事进攻力量。由此，荆湖、淮西成为元军攻宋的主要突破方向。

淮西何以成为攻宋前沿阵地？淮西指哪些地区？在中国古代战争史上，淮西地区经常是北方政权渡过淮河、进取江南的军事前哨，过淮再渡江，江南指定危殆。南宋后期淮南西路包括安丰军、六安军（今安徽六安）、寿春府（治所在今安徽凤台）、庐州（今安徽合肥）、蕲州、和州（今安徽和县）、安庆府（今安徽潜山）、濠州（今安徽凤阳县东北）、光州（今河南潢川）、黄州、无为军（今安徽无为）、怀远军（今安徽怀远县北），共二府、六州、四军、三十四县。其中，安丰、庐州和濠州为淮西三大军镇，宋人认为："三州安则江淮无虞，长江安稳。"

襄阳大战正酣时，宋元双方主要的武装力量都集中到京湖，但在四川、两淮地区的战事也没有消停，主要在于牵制宋军。特别是两淮地区并非元军的主攻方向，他们自北向南攻城略地，起到牵制宋军的作用。南宋将防御重心放到襄阳，淮河防线也不敢大意，试图阻止元军渡过淮河。

1268年（咸淳四年，至元五年），蒙军攻掠淮西，攻克了金刚台寨。此寨位于今天河南省商城县东南约三十五里，有金刚台山，为河南与安徽界山。早在1249年（淳祐九年），吴渊出任淮西安抚制置使后，修建了司空山（今安徽太湖县西北）、燕家山（位置不详）、金刚台三大城寨以及其他二十二小寨。宋军屯守山寨，没有战事时从事农耕，蒙军来袭则上寨防守。咸淳五年（1269），蒙古山东军队进攻五河口（今安徽五河县南），渡河战胜宋军。六月，蒙古汉军将领董文炳率军二万多人再攻五河口。其部将千户张均率军转战濠州以北，陷入宋军埋伏，力战得胜。九月，蒙古骑兵又袭击蕲州、黄州、安庆一带。

1270 年（咸淳六年）后，宋、蒙分别在淮河两岸修筑堡寨对峙。宋军修筑堡寨为的是阻挡元军，后者则是以之作为前进的堡垒。值得一提的是，南宋水师两度渡海北上攻打胶州（今山东胶州），被元军打败。重重困局之下，南宋有官员认为元军大举南下，北方的山东、河北必定空虚，可以派兵捣虚。胶州败仗并没有完全打消南宋的这一大胆思维，贾似道等人类似的建议摆到宋度宗案前，只是被朝议否决。巧的是，元方有人提出从高丽的黑山岛渡海，可直捣临安，也没能付诸实施。

1272 年（咸淳八年，至元九年），元朝设立淮西行枢密院，以常在两淮地区攻掠的大将董文炳为行院判官。董文炳迅即着手在正阳修筑城堡，淮河东、西两岸各有一座，后来由蒙古将领塔出负责。后者刚从山东行枢密院副使调任兼淮西等处行枢密院事，是众多南下将领中的一位。正阳城次年修成，襄阳也恰好入彀，成为三面出击的桥头堡。

正阳战略位置极为重要。《读史方舆纪要》是讲述中国古代军事地理的名著，作者是清朝的顾祖禹。该书总结道："淮水在颍上县（今安徽颍上）南三十里。东三十五里即东、西正阳镇。东正阳属寿州（今安徽寿县），西正阳属颍上县。东、西正阳夹淮据险，为古来之津要。……颍水自河南流出，自此地入淮，叫作颍口。（北方政权）从北向南，颍口乃必争之地。其东六十里到寿州，肥水自南入淮，称为肥口或淮口。肥口为淮南咽喉，是战守双方的关键之地。"对元朝来说，从正阳出兵，可以东下濠州、泗州（今江苏盱眙县西北），西进光州、安丰军，南下江淮腹地。

南宋自然深知正阳城的重要性。闰六月，殿前都指挥使陈奕奉命率水师前往鄂州、黄州，加强长江防卫。陈奕率安丰、庐州、寿春的军队，屡次出击，阻止元军。塔出派出一支精锐，一日之内和宋军交手十多次，陈奕败走。宋军又在六安制造战船，企图进攻正阳，不料被塔出率军焚毁。南宋仍不作罢，知安丰军陈万率水师进攻正阳，被元军击退。

宋军也在淮河一线的战略要地修筑城堡，防止元军深入。咸淳七年（1271）六月，宋军在五河口抢先修筑五河新城，朝廷从镇江（今江苏镇江）调米十万石囤积于此，并赐名安淮军，设五河县。五河口位于今安徽五河县，附近有五条入淮的河流，位置重要。东南有漴河，西北有浍河、沱河，东北有潼河。对方见状，也在五河新城附近修筑一座五河城，与宋对峙。

咸淳九年（1273）三月，南宋朝廷得到元军将在清口（今江苏淮安淮阴区西南）筑城南下的情报。宋度宗迅速命令制置司在清口寻找险要之地筑城，早做防备。清口，又名清河口、淮泗口，是古泗水入淮之口，也是南北交通要道。为何从淮河能直接进入黄河？南宋建炎二年（1128）冬，为了阻止金兵南下，南宋将领杜充在滑州（今河南滑县）李固渡扒开河堤，此后黄河多次改道。汴水原为泗水的支流，1194 年，黄河干流夺汴入泗，在清口夺泗入淮，再东流入海。南宋初年黄河改道后，清口成为河防要地。只可惜，五河城、清口城后来成为元军渡淮的重要渡口。

到了此时，作为战争的主导者，元朝的主攻方向有两大选择：一是两淮；二是京湖。前者以正阳为大本营，可以三面出击，重点是渡江东下猎取临安；后者以襄阳为桥头堡，沿汉江顺流进入长江，南下湖广。

正阳依旧被宋方视为眼中钉，势必拔之而后快。1274 年（咸淳十年）春夏之交，元淮西参政塔出率军攻掠安丰、庐州、寿春。五月，大雨，淮河水上涨。新任淮西制置使夏贵亲率水师十万，猛扑正阳。宋军先夺取颍口，掘开淮河，企图利用大水冲灌正阳城。宋军弓箭、炮石如雨般向城内飞去、砸去，城内淮西右丞阿塔海、左丞刘整、参政董文炳等将领率兵抵抗。董文炳在城上负责指挥，被流矢射中，深入肋骨。他咬牙将箭拔出，忍痛向宋军射出五十多箭，精疲力竭，伤重晕厥。第二天，淮河水流到正阳外城，董文炳命元军避水后退，夏贵趁机令宋军前移，逼近元军。董文炳伤重，拿剑指挥，命其子董士选带兵出战。双方将领近战单打，宋军某将被董士选击败俘获。正阳被围，塔出率军回救。先是在颍州（今安徽阜阳）与宋军相遇，大败宋军。接着，塔出冒大雨行军，突破宋军包围圈，进入正阳城。天气转晴，元军出城，拼死击溃宋军，一直追击到安丰城下才回军。

如上，元军仍然无法在两淮获得重大突破，宋军也不能拔除元军堡垒，双方继续相持。如何突破长江防线？元朝的战略支点还是在襄阳。

四、伯颜渡江：尽是江南儿女血

1274 年正月，元世祖决定灭亡南宋。三月，元朝分别改荆湖、淮西行枢密院为行中书省。荆湖行中书省的主要官员有：伯颜、史天泽为左丞相，阿术为平章政事，阿里海牙为右丞，吕文焕为参知政事。淮西行中书省方面，以合答为左丞相，刘整为右丞，塔出、董文炳为参知政事。

六月，元世祖以灭宋昭告天下。诏书以南宋权相贾似道为斥责对象，说他自比周公，实为曹操，南宋臣民皆不诚服，元朝要吊民伐罪。同时给元军将士下达进军命令（檄文），说贾似道没有履行当初鄂州议和时的约定，竟然扣押元朝大使郝经，所以水陆并进，以兴师问罪。据说1259年鄂州议和时，贾似道承诺，南宋向蒙古称臣，每年上贡岁币，忽必烈才同意撤军北上。1260年，忽必烈成功登上汗位，派身边重要谋臣郝经出使南宋，目的是要南宋履约。贾似道为了掩盖当年的秘密，将郝经拘禁在真州（今江苏仪征），至此十四年。

八月，病榻上的史天泽指出："如今大军刚兴，荆湖、淮西分置行省，地位不相上下，号令必然不能统一，恐怕会耽误大事。"元世祖觉得有道理，将淮西行中书省降级为行枢密院。

元朝大军的统帅一开始是史天泽、伯颜二人，后来从襄阳到郢州时，史天泽病重请辞，建议伯颜专权，为元世祖所允，伯颜成为日后元军渡江的总指挥。伯颜临行前，元世祖告诫道："古之善取江南者，唯曹彬一人。汝能不杀，是吾曹彬也。"曹彬是北宋开国名将，率十万大军攻灭南唐，号称不滥杀一人。但在接下来的攻宋战争中，伯颜仍有几次屠城行为。

伯颜，蒙古八邻部人，世代为八邻部千户。后因祖父犯罪，伯颜沦为忽必烈的奴隶，跟随忽必烈弟弟旭烈兀西征波斯。至元元年（1264），旭烈兀派使者觐见元世祖，伯颜在使团中。元世祖看到伯颜仪表堂堂，断定是个大才。此后，他跟随世祖左右，参谋国事，逐渐升为中书左丞相、同知枢密院事。

元军攻宋的战略规划是：伯颜率主力二十万、战船一万艘，从襄阳沿汉江南下，进入长江，然后东下临安；两淮元军负责牵制宋军，博罗欢率淮东元军两万攻打淮安一带，合答率淮西元军三万五千攻打淮西地区；四川元军则攻打川东、川西，主要也在牵制。

再观南宋的防御布置。1273 年三月，一名叫罗鉴的人，自称刘整部下，逃回宋朝的四川地界。他怀中携有刘整亲自写的灭宋战略草稿，其中讲有两大战略，供元世祖选择。其一，先取全蜀，蜀平，南宋可平；其二，清口、桃源（今江苏泗阳西南），是黄河、淮河的交通要道，应该先占领这些地方，然后调山东军队驻扎于此，可图江南。事关重大，四川制置司赶紧将此事并稿件内容上奏。罗鉴所带之书有很大问题，是元朝的疑兵之计。因为在元朝大军的攻击下，襄阳已陷，恰是刘整书稿中缺失的长江三大战区的中间环节。那么，元朝的战略目的是什么呢？很明显，让南宋以为元军要从两淮重点突破。宋度宗得奏，迅速加强两淮的防御，如上述清口城的修筑。

两淮离临安咫尺，是南宋军防核心，增强防御力量是南宋的一贯做法，很难说是南宋中了元朝的计谋。长江中下游的人事也有所改变，只是难说增强了防御力量。这年四月，宋度宗有如下布置：命汪立信为权兵部尚书、京湖安抚制置使、知江陵府、夔州路策应使、湖广总领，并拨钱两百万犒军；以赵溍为淮西总领兼沿江制置使、建康留守；以高达为宁江军节度使、湖北安抚使、知峡州。

七月，元荆湖行枢密院平章阿术进攻淮东，兵至扬州城下。宋派一千骑兵出战，中元军埋伏，战败。元军没有继续攻城，而是环列城周。十月，两淮制置使印应雷退休，朝廷任命李庭芝为两淮安抚制置使。两淮制置司位于扬州，李庭芝到扬州赴任时，差点儿被元兵俘虏，幸得宋军骑兵营护，才得以进城。就任后，李庭芝奏请将两淮分为淮东、淮西两个制置司，以加强防守。朝廷允从，命夏贵为淮西安抚制置使，兼知庐州。同时，又命陈奕为沿江制置副使，兼知黄州。李庭芝自己则为淮东安抚制置使，并兼淮西策应使，即有援助淮西的责任。1274年正月，南宋开始加固鄂州、汉口及周边的城堡，加强防卫。

七月，宋度宗去世，四岁的赵㬎即位，是为宋恭帝。因恭帝降元被封瀛国公，故《宋史》本纪中称其为瀛国公。

九月十日，元军主力在襄阳集结，兵分三路：翟文彬率一万骑兵，从老雅山向江陵府进攻，以牵制西面的宋军；唆都也率骑兵一万，从枣阳向司空山进发，牵制东面宋军；伯颜率中路主力大军，水陆并进，绵延百里，沿汉江向鄂州前进。

伯颜大军遇到的第一个目标是郢州。郢州城位于汉江以北，城壁由石头所砌，而且非常高，连弓箭都无法射入。郢州守将是都统张世杰，兵只五千，城上却有弓弩、大炮，不容轻视。与郢州城相隔，在汉江以南，有一座新郢城。他在两城之间的汉江中插了很多木桩，放了由绳索相连的数十艘大船，完全封锁了江面。伯颜见无法通行，就派人前去招降，张世杰没有回应。伯颜没有下令攻打郢州，而是从西北方向的黄家湾绕行，迂回重新进入汉江。

离开郢州不久，大军前行，伯颜、阿术、阿里海牙等人殿后，随行元兵不过百名。他们到达一个叫全子湖的湖泊时，突然从芦苇荡中冲出大量宋军。这些宋军由郢州副都统赵文义和将领范兴率领，有一千多人，是奉命来追击的。由于事发突然，又寡不敌众，伯颜等人只得拼死杀敌。这一百元兵当是精兵，果然英勇，乱战之后，居然打败宋军。赵文义被伯颜亲手用戈劈死，范兴被杀，宋军死者有五百人，被俘几十人。真是一场奇怪的战役，伯颜大军司令部差点儿被团灭。

要记住这个张世杰，他后来被命运裹挟进了历史旋涡，成为捍卫南宋的"脊梁"。张世杰不是南宋人，而是来自遥远北方的范阳（今河北涿州）。他少年从军，是蒙古大将张柔麾下的一员小兵。在镇守杞县（今河南杞县）时，张世杰犯了军法，南奔宋朝。后来跟随吕文德、贾似道建功立业，从一名小校逐渐成长为州军守将。

十月二十二日，元军沿汉江南下，推进到沙洋城（今湖北沙洋）。沙洋守将名叫王大用，另一将领是前来助防的王虎臣。按惯例，伯颜先派人招降，宋军不理。伯颜又叫来一名在全子湖的宋俘，让他拿着元朝檄文、招降黄榜和赵文义的首级入城劝降。王大用处死那名俘虏，烧毁黄榜，坚决不降。部将傅益带着数十名宋朝官兵，私下划船驶向元军投降，王大用将其余有降心的士兵杀死。第二天，吕文焕上前劝降，城上乱箭齐发。八月大军未行之际，元荆湖行中书省即向元世祖提议："江汉未下的州军，请令吕文焕率军到城下劝降，让守城的宋朝将领知道我朝宽仁，善待降将，当是一条好的计策。”元世祖允准。此后，吕文焕以身说法，多次扮演降将受善待的角色，劝曾经的同袍投降元朝。

于是，伯颜下令攻城。元军向城中发射金汁炮，这是一种可以燃烧的火炮。沙洋城顿时火光四起，元军趁势用云梯攻城，很快即攻陷。守将王大用、王虎臣等被俘，城池则被屠灭。

沙洋以南五里，是新城。吕文焕到城下招降，守将边居谊不理，只派弓箭手招呼。伯颜派万户帖木儿和史弼前去，将沙洋宋军的首级陈列城下，又令被捆绑的王大用等宋将向城上喊话劝降。边居谊向元军喊道：“请吕参政（吕文焕）前来说话！”吕文焕以为对方是要投降，骑马到城下，不料城上弓箭袭来，自己身中三箭。他的马也被射中，人马双双跌倒，急忙到城墙根躲避。城上宋军用长钩来钩他，几乎成功。在元军的救援下，吕文焕才得以逃脱。部将黄顺、任宁先后向元军投降，其余将逃之人被边居谊处死。

伯颜下令攻城，弓弩、大炮齐发，云梯登城。新城一片火海，很快被攻破。边居谊自杀未遂，和家人跳入火中而死。据说边居谊死前，留下一首绝命诗：“孤城高倚汉江秋，血战三年死未休。铁石肝肠忠义胆，精灵常向岘山留。”另一种说法是，边居谊和另一宋将同时张弓对射，双双中箭而亡。后人有诗形容：“两箭离弦声霹雳，二雄交毙气峥嵘。”此战新城三千守军全部战死，沙洋王大用、王虎臣等被俘宋将也在此被杀。新城战后，伯颜派人向元世祖报捷，降将黄顺一同前往，被任命为湖北道宣慰使。

十一月十三日，元军来到复州城下。伯颜派人招降，承诺复州若降，官员不变、秋毫不犯。第二天，知复州翟贵投降。元军并没有进入复州城，而是继续南下，准备渡江。

十天后，元军抵达蔡店（今湖北武汉蔡甸），侦察汉江口的军情。蔡店在汉阳、汉口以西，相距六十里，而汉阳、汉口是汉江流入长江的所在。淮西安抚制置使夏贵派都统高文明、刘仪率军守卫汉江口。汉阳城位于汉江口的西南，东北有汉口堡，两城相望，守卫汉江。江面布满大船，以绳索相连，呈封锁之势。汉阳东北几十里，长江北岸有阳逻堡（今武汉阳逻），王达率八千军驻守。京湖四川宣抚使朱禩孙亲自率领军队，列阵于长江，等待元军。

看到宋军防守如此严密，伯颜不打算从正面突破，而是寻找迂回道路。元军当中有一位千户马福，曾经参加过 1259 年忽必烈领导的渡江战役。据他回忆，当时蒙军先从黄陂（今武汉黄陂以北）到武湖（湖泊名，位于今黄陂东南），再从阳逻堡西北十多里的沙芜口（又作沙武口、沙口、武口）进入长江。马福建议先从孝感东南方向的沦河口进入东湖、后湖，再由武湖和沙芜口进入长江。

元军侦察得知，沙芜口有数千宋军把守，伯颜命元军围攻汉阳，扬言要从汉口渡江。夏贵中了伯颜的声东击西之计，从沙芜口调数千精兵增援汉阳。伯颜得报，迅速派万户阿剌罕率骑兵突进，立即占领沙芜口。十二月八日，元朝大军在长江北岸集结。次日，打开汉口以北的湖泊堤坝，湖水南流，将后湖、武湖相连，形成新的水道。元军乘船从沦河自西向东依次进入东湖、后湖、武湖，然后从沙芜口进入长江。

十二月十日，近万艘元军战船从沙芜口进入长江，数万名元朝骑兵、步兵驻扎在北岸。看到江中、江岸元军旌旗遍布，宋军将士惊骇不已。宋军主帅夏贵率领七万多名水师和数千艘战船沿江而下，到沙芜口的浒黄洲与元军对峙。在伯颜的主张下，元军没有直接攻打长江上的宋朝大军，而是进攻阳逻堡，打算一击即可渡江。

十一日凌晨，伯颜派人到阳逻堡招降，守将王达不理。次日继续劝降，王达回复忠于宋朝，坚决不降。元军遂展开攻势，苦战一日，阳逻堡纹丝不动。元军碰了钉子，又用上了迂回战术，重新寻找突破点。伯颜和阿术认为，攻城实为下策，可派兵从上游突破。为迷惑宋人，元军继续猛攻阳逻堡，宋军继续坚守不降。

阿术趁夜率领四个万户将军和数千兵卒，连同战马，乘船沿江而上四十里，来到青山矶（今武汉青山矶头山）附近的江面。南宋荆鄂都统程鹏飞率军于江中，守卫青山矶。元军万户史格率先展开攻击，被程鹏飞击败，损失两百士兵，自己也多处受伤。阿术率大军再攻，经过激战，最终击败宋军。宋军伤亡很大，程鹏飞重伤被抬回鄂州。元军继续前行，向南岸宋军发起冲击。登岸之后，元军骑上战马冲锋，宋军败退。这样，阿术率领数千元军，率先成功渡过长江。

伯颜接报，大喜，下令加强对阳逻堡的攻势。同时，阿里海牙派万户张荣实、解汝楫等率数万水军，向长江上的南宋舰船发起攻击。元宋长江大战开始。元军在长江北岸支起回回炮，砸向宋军，中者非重伤即沉没，战斗力丧失不小。战役从早晨打到下午，元军将士勇猛异常，宋军全军覆没，浮尸随江而下，惨不忍睹。参战的元军万户张弘范有诗咏叹：“磨剑剑石石痕裂，饮马长江江水竭。我军百万战袍红，尽是江南儿女血。”

大战开始之际，夏贵听说阿术已经过江，匆忙率领三百艘战船和数千官兵，逃离战场，沿江东去。听闻江上宋军战败，阳逻堡的守军顿时泄气。相反，元军士气正盛，攻入堡中，王达及其八千部下全部战死。

阳逻堡是鄂州以东长江上的主要关口，宋元双方都明白：“欲守长江，必守此堡。此堡既失，则鄂危矣。”汉江口的朱禩孙知道夏贵战败后，自觉鄂州难守，率军从鄂州退守江陵。经过三天三夜，伯颜大军全数渡过长江。十七日，水陆并行，向上游的鄂州进发。鄂州江面有南宋水师，战船数千艘，实为惊弓之鸟。伯颜命令元军出击，三千多艘宋军战船被焚毁。汉阳、鄂州城中军民看到江面上的火光浓烟，惊恐万分。

在伯颜的招降下，十七日当天，汉阳守将王仪先行投降。鄂州守将是张晏然，官职为湖北转运使兼知鄂州兼宣抚司参议官，十八日出城投降。在青山矶与元军作战的程鹏飞，此刻在鄂州疗养，也向元军投降。知德安府来兴国也赶来投降。原德安府（今湖北安陆）已被元军占领，何来投降一说？此德安府实为侨置，治所在汉阳城头山（今湖北武汉蔡甸东）。这就是来兴国也投降的原因。

占领鄂州后，伯颜任命孟珙女婿、原鄂州民兵总制王该为鄂州知州，王仪、来兴国等留任原职，程鹏飞为荆湖宣抚使。原鄂州及周边的宋朝军队则打散编制，配发到元军各部队。伯颜还下令严禁抢掠，放归边民戍卒，以安定秩序。事后，伯颜与诸将商议：“鄂州襟山带江，是江南要地，而且兵多粮足。如今四川、江陵、岳州（今湖南岳阳）等地没有攻下，若不以大将镇抚，万一上游异动，则鄂州非我所用。”于是决定派大将、畏兀尔人阿里海牙坐镇鄂州，经略荆湖地区，并拨发四万军队。伯颜和阿术率领大军，继续沿着长江，向东前进。

淮西安抚制置使夏贵从沙芜口战场逃出后，已是破胆，一直顺江东下。十二月二十四日，沿江制置使赵溍和制置司参议官、总统军马李应龙巡视江面时，与西面漂来的夏贵相见。夏贵哭着告知二人，他要回庐州，建议他们早回建康。因为北兵势不可挡，南宋降将不少是建康人，须早作防备。偷听到他们谈话的士兵逃回建康，如同溃败的乱兵，在大街上抢掠财物，民心躁动起来。赵溍、李应龙回到建康，将作乱士兵处死，并对外宣称与元朝的和谈即将达成，安定民心。

十二月二十日，元军渡江、鄂州失守的消息传到临安，朝堂大为震动。群臣和太学生纷纷上书，请求贾似道亲自督师，贾似道亲信则上书请他留在临安。贾似道只好就任都督中外诸军事，在临安开设都督府，有完全的人事任免权。都督府中，侍卫亲军步军指挥使孙虎臣为总统诸军，知临安府黄万石为参赞军事。皇室又从大内金库中拨出黄金十万两、白银五十万两、关子（纸币）一千万贯，充当都督府的经费。同一天，朝廷下诏各地勤王，南宋的王朝生命正式进入倒计时。

都督府开张了，官民都希望贾似道到前线督师，拯救宋朝。不得已，他只好说自己要到隆兴（江西南昌），却是嘴动脚不动。十二月二十八日，是宋度宗下葬的吉日。陵墓位于会稽（今浙江绍兴），名永绍陵。贾似道打算趁着为度宗送葬的机会，将谢太皇太后（理宗皇后，名道清）、金太后（度宗皇后）以及年幼的恭帝等人送出临安，逃到海上避难。这一计划因遭到谢太皇太后的反对而作罢。

五、元师东进：江淮宋将多倒戈

鄂州以东，是黄州。就在宋度宗灵柩下葬那天，伯颜大军抵达黄州附近。黄州守将为陈奕，兼任沿江制置副使。伯颜令阿术率一万多艘战船守在黄州江口，自己扎营寿昌，另派降将程鹏飞、元将杨椿前往黄州招降陈奕。陈奕以官爵为条件，要求伯颜授予沿江大都督的名号。陈奕要求满足，随即投降。宋恭帝德祐元年（至元十二年，1275）正月初一，伯颜进入黄州，安抚民众，秋毫不犯。以黄州为中心，伯颜派人到周边招降。黄州附近的金刚台等重要据点，也都纷纷降元。陈奕有个儿子陈严守卫淮东安东州（今江苏涟水），后来父亲去信一封，儿子立马投降。

顺着长江的流向，黄州偏东南方向是蕲州。听说吕文焕、陈奕和蕲州守将管景模交好，伯颜命二人写信劝降。管景模得信，乐意投降，伯颜以管景模为两淮宣抚使。伯颜留万户带塔儿守卫黄州，千户哈达尔守蕲州。安排妥当，伯颜继续率大军东进，向下一站江州（今江西九江）进发。

江州又是一大军镇，守臣是吕文焕侄子、南宋权刑部尚书吕师夔和江西安抚使兼知江州的钱真孙以及管景模之子管如德。三员大将，两员是降将亲属，岂有不降之理？元军进入蕲州时，阿术率舰队先向江州驶去。此刻，吕师夔、钱真孙已派使到蕲州迎降，伯颜并不全信，要求阿术舰队不得大意，以防不测。阿术先行，伯颜在后。大军到富池（今湖北阳新县富池镇）时，尚距江州 170 余里，吕师夔、钱真孙再派人请降。去年十二月初，吕师夔自请到江州募兵，难道是想好了退路？贾似道升他为权刑部尚书、都督府参赞军事，并任长江中流调遣，据说被他拒绝。三天后的正月十四日，伯颜大军进入江州。九江以南六十余里是安康军（今江西庐山市），守将叶阊派人到江州请降。六安尚在七百里外，守将曹明也早早来请降。

长江从湖口（今江西湖口，长江鄱阳湖口）呈西北—东北走势，进入下游江段。湖口东北三百余里，是另一重镇安庆，守将是吕文德女婿（吕文焕侄女婿）范文虎。正月十六日，范文虎下作地派人送酒菜到江州，向元军请降。此后，范文虎急不可耐地多次请伯颜到安庆，以便接受他的投降。元淮西行省的阿塔海、刘整派员到安庆受降，范文虎拒绝，说只接受伯颜的受降。伯颜急命阿术率军水陆并行，向安庆开进。

元军行至彭泽（今江西彭泽），主簿颜希孔率领八百民兵，组成一支船队，上有万余炮石，横于长江之上，阻挡元军。双方开战，元军受挫，颜希孔战至石尽，不屈被杀。正月二十九日，阿术军到达安庆。两天后，伯颜也至。伯颜任命范文虎为两浙大都督，其子范友信为知安庆府。安庆通判夏琦拒不投降，服毒自尽。

黄州、安庆已是南宋淮西地界，元朝淮西的元军负责牵制南宋两淮的军力，以配合伯颜大军占领长江中游地区。刘整献策突破襄阳，功劳很大。因曾受吕文德迫害，襄阳战时，他一直请求攻破襄阳城、活捉吕文焕，以解其心头之恨。元世祖以招降为上，阿里海牙拒绝了刘整的提议。吕文焕降元后，劝降了一批宋将，功业在刘整之上。刘整被困在淮西，多次请求渡江出击，屡被拒绝，不能建功立业。刘整曾提出从淮西渡江直捣临安的计划，也被主将否定，反而命他袭扰淮南。当伯颜大军取得鄂州的消息传来，他见仇家风光无限，自己满腹经纶却未有新功，于 1275 年正月六日在无为城郁郁而终，终年六十三岁。刘整死去一个月后，荆湖、淮西两支元军在安庆会师。董文炳向伯颜进言，说荆湖大军经过阳逻堡大战，已疲惫不堪，接下来淮西军应为前锋。伯颜答应了他。

安庆东北约一百二十里，是沿江的池州。守将王起臣早已弃官而去，城池防务由通判赵卯发代理。元军越来越近，赵通判迅速整修城墙，储存粮食，准备死守。池州都统张林多次劝赵卯发投降，遭到严厉驳斥。张林外出巡防时，伯颜正在江州，他暗地派人到江州请降。回池州后，张林不动声色，假意守卫。其实，池州只有五百多名官兵，如何防得住？赵卯发自知螳臂当车，散尽家财，遣散家人奴仆。妻子雍氏坚决不走，要与赵卯发共存亡。二月九日，元军逼城，赵卯发撕下一截衣服，写诗与其弟告别："城池不高深，无财又无兵。惟有死报国，来生作兄弟。"随后题壁："国不可负，城难以降。夫妇俱死，节义成双。"写罢，夫妇双双自缢而死。张林随之向元军投降，元军进入池州。伯颜问池州长官何在，左右以死告知。伯颜等人去看，都连连叹息。于是下令将夫妇二人合葬，祭拜之后离开池州，继续行军。

元军势如破竹，江淮文臣武将纷纷倒戈，赵卯发以死鸣忠，真是罕见。

他死后得到南宋朝廷的表彰，两个儿子被任命为京官，也因此被元朝史官列入《宋史・忠义传》。1274 年十二月底从鄂州出发，到次年二月上旬接管池州，短短两个月，沿江州军多不抵抗，以降为上。究其原因，主要是这些将领多是吕家人或为吕家部将。吕文焕降元之后，以贾似道为首的南宋朝廷，竟然撞了南墙不回头，还在仰仗吕家。吕文焕降元后，受到“重用”，加之其卖力劝降，昔日故旧如何抵挡得住这样的诱惑？

池州到江南重镇建康四百七十余里，到临安七百余里。元军迫近，贾似道愈发慌神。正月，他表示不去隆兴，准备迁都平江府（今江苏苏州），后又准备迁都到扬州。据说贾似道特别害怕刘整，听说刘整去世，他显得有些亢奋，自觉“得天助矣”。他向谢太皇太后请战道：“坐以待毙于事无补，不如让我出去一遭，以求必胜！”到正月十五日，贾似道又准备出督江州，而江州在前一日已降元。十六日，贾似道率军离开临安北上，向长江进发。临行前，贾似道还不忘命令留在临安的左丞相王爚、右丞相章鉴小事自决，大事须向他请示；任命亲信韩震为禁军统帅，掌控临安。贾似道与韩震和两浙安抚制置大使、兼知临安府曾渊子约定：如果此行失利，二人即刻带皇帝到庆元（今浙江宁波）海上，贾似道则率残军到海上与之相会，以图兴复。贾似道领导的队伍浩浩荡荡，加上辎重金帛，舟船绵延百里。

路途上，他起用汪立信为沿江制置使、江淮招讨使。汪立信原是京湖安抚制置使，曾致书贾似道，说临安君臣日夜享乐不知大势将去，并劝贾似道选精兵沿江分城设防、互相应援，构筑新的江防体系。贾似道见信，大骂瞎贼猖狂，马上罢免汪立信。到了此时，贾似道几乎无人可用，他所仰赖的吕家人进入了元朝怀抱，不得不起用汪立信。任命之时，贾似道急命汪立信到建康募兵增援江防。接到命令，汪立信将一家老小托付给部将金明，嘱咐道："我不负国家，尔亦必不负我。"说完立即上路。

二月一日，元军在安庆时，贾似道大军抵达芜湖（今安徽芜湖），两淮七万援军也到。汪立信到芜湖，贾似道拍着他的背哭道："不用公言，以至于此！"汪立信叹息道："平章啊平章，瞎贼今日已无话可说。"贾似道问汪立信要到何处，汪答："如今江南没有一寸干净地方，我去寻一片赵家地方死，但要死个明白。"说完，带着招募来的建康兵走了。

到芜湖后，贾似道派人去见吕师夔，请吕家帮忙与元朝议和。二月二日，贾似道派宋京、阮克等人为使，去元军大营，准备正式议和。九日，宋使到池州，见到伯颜。宋使提出三个条件：元军撤退；归还宋朝领土；宋向元称臣，每年上贡岁币。伯颜断然拒绝，派千户囊加歹为使，与宋使到宋军大营。囊加歹携带伯颜劝降贾似道信一封，信中说："我奉旨率军渡江，全因你们失信之故，怎敢退兵？如果宋朝君臣能够纳土归附，可遣使来奏。如果不从，那你们就准备好坚甲利兵，以决胜负。"贾似道不答应，元使返回池州。

宋军从芜湖沿江南下，九日到丁家洲（今安徽铜陵义安区东北二十里长江中）。元军从池州北上，十六日也到丁家洲，与宋军相隔数里扎营。宋军兵力总共十五六万，战船五千多艘。孙虎臣统领七万为前军，驻于丁家洲两岸，部将有苏刘义、姜才等。淮西安抚制置使夏贵率舰船两千五百艘，上有弓弩手、大炮等，横在长江。贾似道自己率后军，守在下游鲁港（今安徽芜湖西南）。夏贵是从庐州来，这个在沙芜口浒黄洲吓破胆的逃跑将军，也带来了丧气话。一见面，他就拿出一本书给贾似道看，上写："宋历三百二十年。"意思是，宋朝国运三百二十年，死到临头了。贾似道低头不语。

有研究指出，贾似道在丁家洲一带的布防比较得当。丁家洲为铜陵东南仪凤岭余脉，延伸到长江江心，据此可严控长江。鲁港在芜湖以南三十余里，是鲁明江入长江口处，也是长江的重要隘口。贾似道选择丁家洲至鲁港一带作为交战地点，对于控制长江、取得胜利，很有地形上的优势。而孙虎臣以江心丁家洲为依托，夏贵再以舰船锁住长江，贾似道下游应援，共同抵抗元军，是有胜利的可能的。

然而，占尽地利人却不和。与宋军相比，元军约十六万。不同的是，宋军很多是临时招募而来，人数和元军相当，战斗力却相差较远。将领方面，夏贵战前即丧气十足，好比被贾似道赶上架子的鸭子。宋军仰赖的，只有丁家洲上的孙虎臣。南宋后期战将不少，这个孙虎臣缺乏实战经验，靠巴结贾似道上位，却被置于丁家洲这一战略中枢上，他自己怕是还糊涂着。

二月十八日，元军捆扎了几十条大木筏，上放柴草，故意扬言要烧毁宋军江中的战船。宋军害怕元军火攻，日夜防范，疲惫不堪，逐渐松懈。伯颜命令两个万户将军率领骑兵在长江两岸并进，并在丁家洲两岸布置了回回炮、弩炮以及大量弓弩手。

二十日，丁家洲大战正式开打。两岸元军的弓箭、弩箭、炮石齐刷刷发向宋军战船，击毁许多。重击之下，宋军开始慌乱。伯颜命令元军舰队迅速出击。阿术亲自掌舵，率数千艘战船，顺风向宋军舰队冲去。宋将姜才率军与元军交战正酣之时，有人看到孙虎臣居然走到小妾的船上去，于是大喊："步帅逃了！"孙虎臣军大乱。孙虎臣官居侍卫亲军步军指挥使，俗称"步帅"。阿术率战船突入宋军舰队中，元军大喊："宋军败了！宋军败了！"宋军这下更热闹了，四处乱窜。

夏贵看到孙虎臣一军大乱，不去救援，却转身逃跑。当他坐着小船经过贾似道旗舰时，大叫道："敌众我寡，支撑不住了！"看到军队溃乱，贾似道大喊："前进的人升官！"想以此鼓舞士气。只听人群中有人反讽道："要官还有什么用！"大势已去，贾似道慌忙下令鸣金收兵。江上宋军船只乱撞，只顾逃命。

逃亡途中，贾似道派人找来夏贵、孙虎臣商议。孙虎臣先到，顿足捶胸哭道："我手下的兵没有一个人肯拼命啊！"夏贵嘲笑道："我还和他们血战过呢！"意即渡江之战。贾似道慌张地问："下一步该如何？"夏贵说："大军都已胆破，我们还怎么战呢？公只有到扬州，招募溃兵，迎接皇帝到海上，我要死守淮西去。"说罢，坐船向庐州而去。孙虎臣逃向泰州，贾似道奔向扬州。伯颜命令江上水军、陆地骑兵全速追击，陆地上、长江上乱作一团。元军追击一百五十里，被杀死的、溺死的宋军不计其数，长江上漂浮的尽是宋军尸体。两千多艘宋军战船和辎重器械也成了元军的战利品，南宋水陆两军主力丧失将尽。

第二天，死里逃生的宋军沿着长江东去，贾似道派人在岸上挥舞旗帜喊他们，为的是再编成有组织的军队。江上溃兵看见旗帜，视而不见，甚至有人大声谩骂。军队指挥不动，贾似道给各州府下令，让他们到海上迎接皇帝，以便皇帝出逃。元军即将杀过来，大部分州府的长官早已逃之夭夭。他又上书朝廷，请求迁都，之后逃入扬州。丁家洲之败，时人汪元量作有《鲁港败北》一诗："夜半挝金鼓，南边事已休。三军坑鲁港，一舸走扬州。星陨天应泣，江喧地欲流。欺孤生异志，回首愧巢由。"

丁家洲战败，宋军四散，临安朝廷震动之余，尚不知掌舵人贾似道所在。二月二十六日，贾似道幕僚翁应龙带着都督府大印跑回临安。有一种说法，是贾似道派翁应龙回临安的，恐怕不确。知枢密院事兼参知政事陈宜中问他贾似道所在，翁应龙回答不知。翁应龙应该是在丁家洲大战中与贾似道走散的，哪里知道贾似道人在何方。当时贾似道就发现都督府大印丢失，原来是翁应龙保管着。上述贾似道在逃跑路上给朝廷上书，也没有说他的去处，也可能是他故意不说，怕落入敌手。还有一种情况是，贾似道的上书根本就没有传到临安。作为执政大臣，陈宜中靠攀附贾似道得势，曾献诗说道："名与山高千古重，恩如海阔一身轻。"

此刻他见形势已变，以为贾似道已死，上书以贾似道误国为由，请求处死。谢太皇太后主持朝政，不同意陈宜中之请，说："似道勤劳三朝，安忍以一朝之罪，失待大臣之体。"宋朝善待大臣，相传有不诛杀士大夫的祖制。死罪没有，活罪难逃。谢太皇太后罢免了贾似道的平章军国重事、大都督的官职，给予优礼大臣的祠禄官（无职事，有厚俸）之职。这种小处罚不痛不痒，哪能堵悠悠众口？南宋死期将至，贾似道亡日也在不远处。至于贾似道的人生末路，后文再表。

前言贾似道离开临安前，与韩震、曾渊子约定来日败后，相约海上。贾似道从扬州派人给韩震送了一封蜡丸信，催促韩震履约，其中有“但得赵家一点血，即有复兴之望”一句。韩震将信上报朝廷，陈宜中转奏谢太皇太后。谢太皇太后不知当如何是好。韩震主张迁都逃亡，陈宜中则坚持固守临安。朝堂迁都的讨论传播开来，有传言说韩震要挟持小皇帝迁都。上至皇亲贵戚，中有百官僚属，下有小民百姓，企图苟安，不愿意迁都逃亡，视韩震（政治身份是贾似道党羽）为奸贼。三月一日，陈宜中召请韩震议事，房间埋伏有武士。韩震一进门，门即被关上，有人用铁锥猛击韩震的头部。韩震受伤没死，而是踉跄着对陈宜中说：“相公不当如此！”陈宜中说：“这是奉旨行事。”韩震随手拿了一把椅子继续格斗，被击倒在地，小腿被折断而死。尸体从后门抬出，首级被割下，悬挂于朝天门。韩震是禁军统帅，陈宜中派人带上银两抚慰其部下，并给他们升官。然而，韩震有一部将李大明不服，带领数百士兵反叛，攻打嘉会门，甚至将火箭射入大内。朝廷急忙组织军队镇压，李大明等人带着韩震的家属逃往建康，投降元军。

丁家洲战败不到一月，元军为何如此之快地占领建康？丁家洲战败，江南宋军士气丧失，全无抵抗之心。伯颜大军继续东进，一路元军南下江西。塔出、董文炳率领的淮西元军，也南下东进，在两淮地区征伐。伯颜进至芜湖，知太平州（今安徽当涂）孟之缙（孟珙之子）投降。周边的无为守将刘权、镇巢（今安徽巢湖）守将曹旺、和州守将王喜相继降元，宁国守将赵与可、隆兴守将吴益弃城逃去。应当指出的是，有些守臣虽逃，城池仍在宋人之手，不一定就立即投降。

太平、镇江、巢湖虽与建康近在咫尺，元军占领之前，沿江制置使兼知建康赵溍就带着参议官李应龙、机宜文字丘应甲早早逃离。二月二十四日，伯颜进入太平，留守建康的沿江制置司帐前都统徐王荣和建康都统翁福派人到太平请降。五天后，元军前锋进驻建康西北的龙湾，栩王荣等正式投降。三月二日，伯颜进入建康，犒赏元军将士。他将建康新降的数万宋军分配到元军当中，与蒙古、汉军混杂，名之“新附军”。镇江守将洪起畏弃城而逃，统制石祖忠派人到建康向伯颜投降，宁国、常州（今江苏常州）、平江、广德（今安徽广德）也投降元朝。

1274 年十二月下旬鄂州陷落之后，宋廷即下诏各地勤王。淮东安抚制置使李庭芝、湖南提刑（“提点刑狱公事”的简称）李芾、五郡（湖南常德、辰、沅、澧、靖）镇抚使兼知沅州吕文福派兵入援，江西提刑文天祥、郢州都统张世杰亲自率兵入援。吕家多已降元，这个吕文福此时正在为宋朝守护南大门，防止元军从云南、广西侵入。朝廷命他亲自率兵到临安，行至饶州（今江西鄱阳）时，杀了迎接他的朝廷使者，转身到江州降元。

江淮投降、弃城人潮中，还有一群忠义宋臣舍身就义，令元人起敬。前述在芜湖与贾似道分别的汪立信返回建康，元军渐渐逼近。他深觉建康难守，对身边人说道：“我生为宋臣，死为宋鬼，终会为国而死，但徒死无益，愧对国家。”于是率数千部下到高邮（今江苏高邮），准备依靠淮河拒守。听说丁家洲宋军溃败，长江守将纷纷不战而降，自知无力回天，他更加心灰意冷，叹息道："我今日还能死在宋土。"摆上酒宴，召集宾客、下属，与他们告别。宴罢，他最后一次向朝廷上书，请求皇帝迁都避难。并给侄子写信，嘱咐家事。后事交代完毕，三天后，汪立信自缢身亡。前言汪立信将家人托付给部将金明，在建康无虞。伯颜进入建康后，有人将汪立信死事以及曾经提出的抗元策略告诉伯颜，并且建议处死他的家人。伯颜感叹道："宋朝居然有这样的人才，居然有这样的策略！若其言被采用，我等怎能到此？"于是命令寻找其家属，给予抚恤，称之为"忠臣之家"。汪立信儿子不愿降元，一路艰辛跑到福建，随之死去。

据《宋史·忠义传》载，元军占领镇江后，录事参军陶居仁被捕，坚不降元。有人迫使他投降，他说："我固然知道宋朝历数将尽，即将改朝换代，难道就可以丢失忠义而贪生吗？能以死回报朝廷，我死而无憾！"于是被杀。

江州降元前后，有小股元军进至饶州，派使入城索要降书。饶州知州唐震负责守御，兵员只有一千八百人，只得招募百姓参加守卫。通判万道同暗中准备了白金、牛、酒等作为投降礼物，很多士人愿意追随投降。万道同暗示降元，唐震斥责道："难道让我偷生负国吗！"一饶州少年听说唐震之言，义愤填膺，杀了元使。

丁家洲战后，大批元军逼近，唐震拿出全部家当，并贴出赏官告示，招募能战之士，无人敢应。元军攻城，守城军民迅速溃散。唐震回府，仆人劝他趁元兵尚未合围赶紧逃亡，唐震骂道："城中民众的性命都握在我手里，逃走纵然不死，若百姓死亡，我还有什么脸活在世上？”稍后，元兵进入，将他俘虏。有士兵将投降书扔在案上，令唐震签字。他将笔甩到地上，坚决不从，随之被杀，家人也一并被杀。

南宋前宰相江万里居住饶州，凿有池塘，建有“止水亭”。听到元兵将至，江万里拉着门人陈伟器的手说道：“大势将去，我虽不在其位，但当与国共存亡。”饶州城破，其弟江万顷被抓。那些军人以此为要挟，去江家索要金银，未果，于是杀了江万顷。江万里纵身跳入水中，家人、仆人相继跳入，满塘尸体，惨不忍睹。

江万里是江西都昌人，宝庆二年（1226）登进士第。出任地方长官之后，特别重视理学教育。他先在知吉州（今江西吉安）任上创立白鹭洲书院，传播理学，培养了文天祥等人才。又在知隆兴府任上创立宗濂书院，继续宣扬理学德教。仕途低落之时，被贾似道辟入幕府，贾氏为相，江亦被提拔至参知政事。然而，贾似道看重江万里，后者却直言不讳，不肯同流，终被排外。后来一度出任左丞相兼枢密使，咸淳九年（1273）以七十六岁高龄出任湖南宣抚大使兼知潭州，次年因病去职，返回饶州。

江万里死后数天，郢州守将张世杰奉诏率军勤王，路过饶州，予以收复。

六、两淮攻防：伯颜北返宋将出

1275 年（德祐元年）三月十九日，伯颜向蒙元朝廷汇报了骄人战绩。元世祖万分惊喜，批准了伯颜封赏将士的申请，并做相应军事部署：伯颜率荆湖元军驻扎建康，阿塔海、董文炳率淮西军屯于镇江，阿术率军向扬州进攻。四月底，因西北海都之乱久未平息，元世祖需要调兵支援。他以天气炎热，命令元军暂停进攻，召伯颜回京议事。伯颜以万户阿剌罕代理其职，又与阿术、阿塔海等将领碰面后，和吕文焕一同返回大都。

这年二月初，元世祖任命中书右丞博罗欢为淮东都元帅、中书右丞阿里为副元帅，继续发动进攻，以牵制江北宋军南下救援。江北淮东方面，扬州由李庭芝坐镇，不少城池尚在坚守。前文说道，宋军在黄河入淮的清口修筑清河城，与泗州、淮安、招信互为掎角，守卫森严，元军一时难以攻破。博罗欢派骑兵攻打东海的西海州、东海军和石秋三城，守将投降，轻松拿下。元军再攻清河，守军投降，其后宋军夺城未果。

淮东首府扬州集结南宋重兵，与临安隔江远望，成为元军下一步的目标。四月，阿术奉命北上扬州。元军先到真州，击败守将苗再成，斩杀两千宋军。接着占领瓜洲（扬州西南四十五里，今江苏扬州邗江区南），在运河渡口扬子桥（又名扬子津，扬州以南二十里，今扬州邗江区南）击败宋军。元军以瓜洲为基地，建造攻城器具，走长江水路运来军粮，在扬子桥建设营寨，开始围困扬州。李庭芝准备长期抗敌，为节省粮食，将扬州城内的数万只狗杀掉。狗皮上交官府，狗肉充作食物。如此，宋元双方在扬州展开对峙。

建康陷落后，谢太后命王爚为左丞相兼枢密使，陈宜中为右丞相兼枢密使，二人皆都督诸路军马。陈、王二相观点不合，且多书生空论，于时事无补。又命高斯得为签书枢密院事（枢密院副长官），陈仓为同签书枢密院事（枢密院副长官），加强军事决策力量。后来又给李庭芝参知政事的兼职，随时防卫临安。

上年勤王诏下，多地宋将无法前往或不愿前往临安，郢州守将张世杰亲自率领一万将士远程急至临安，令朝廷惊喜不已，很快被任命为总都督府诸军。1275年（德祐元年，至元十二年）三月中旬到四月初，张世杰命部将攻击广德、常州、平江等地，收复广德、平江。降元的镇巢军宣布反正，回归宋朝。五月初，诸路勤王军抵达临安，南宋由此对元军展开一轮攻势。二十二日，南宋都统制刘师勇、殿前都指挥使张彦收复常州。

如何反攻呢？张世杰和李庭芝、张彦二人约定：李庭芝从扬州出兵进攻瓜洲，张彦从常州进攻镇江，张世杰带领水师走海道向金山（位于今江苏镇江西北隅，与焦山、北固山合称京口三山）进发，七月一日同时出发，和元军决一死战。这也是此次南宋反攻的主要计划。

然而，西北风连日大作，李庭芝判断张世杰的船队一定会趁着风势提前进入金山水域。六月二十七日，李庭芝派都统姜才率领步兵、骑兵两万，趁夜向扬子桥的元军进攻，元军守将刘国杰、史弼急忙请援。次日黎明，阿术率军赶来，双方隔河对峙。

姜才是一员猛将，部下有亡命徒、投降宋朝的北方人以及一支北方民族的军队，骁勇善战。元骑兵率先渡河，冲击对岸宋军，没有任何反应。万户张弘范亲自率领十三骑兵向对岸冲击，宋军阵型依旧完好如初。硬碰硬不行，阿术心生一计，下令骑兵撤退，引诱宋骑兵来追，再行攻击。姜才中计，穷追不舍。等宋军逼近，元军立即反身迎击，事先布置好的弓弩手疯狂向宋军射击。双方战至黄昏，姜才率军撤退，元军在后面追击。宋军撤退时，骑兵从冲锋在前变为撤退在后，前方骑兵的退路被步兵阻挡了。姜才率领骑兵后撤，命令砍杀挡住退路的步兵，才得以逃回扬州。此战宋军大败，姜才受伤，副将张林被俘，损失一万八千余人，逃回者不到原来的十分之一。

七月一日，张世杰舰队会合沿江制置使赵溍、知泰州孙虎臣的军队，进入焦山水域。焦山位于今镇江以东九里的长江中，与金山相对，相距十五里。刚刚大败姜才，阿术又在瓜洲点兵。元军集结了荆湖和淮西的所有战船，也准备与张世杰最后决战，一举消灭宋军。

宋军舰船约有上万艘，多是黄鹄、白鹞式的大海船，船帆巨大，但风力很小，不易划行。张世杰将船队分别部署在焦山南北，每十艘为一队，以铁索相连，沉下铁锚，抱以必死之心。以铁索连战船，不禁令人想起赤壁之战时的曹操惨败。张世杰不应该不知道，敌军若以火攻，怎可防御？但是，当时南宋处于亡国之际，将士多以降元为上策，甘愿卖命者少之又少，锁船也是不得已而为之。再说，战前风平浪静，火攻难以起效，说不定有老天爷的护佑呢！不管怎么说，张世杰是要南宋将士抱着破釜沉舟的信念奋勇杀敌。另一方面也需注意，张世杰只能指挥动他带领的军队，赵溍、孙虎臣的军队也是各自行动。也就是说，虽然宋军战船数量居多，人员也不少，但是三军各自为战，没有统一指挥。

七月二日，阿术和阿塔海登上镇江以东的石公山，居高临下，观察宋军。但见宋军战船首尾相连，旗帜漫江，阿术想出对策：“可以火烧之。”

与宋军多行动不便的大船不同，元军多是称之为水哨马的轮船，轻便快捷，利于机动。对于宋军的浩大阵势，老成的阿术一点儿也不心慌，其军事部署如下：挑选一千多名强壮善射的元兵，乘坐巨大的战船，从两侧向宋军射击；万户怀都率骑兵、步兵在岸上掩护；万户刘琛沿着长江南岸，绕宋军背后；董文炳攻击宋军右翼；招讨使刘国杰攻击宋军左翼；万户忽剌直击宋之中军；张弘范先率军沿江西上，肃清上游，再攻击焦山以北的宋军。

元军攻势异常猛烈，大将皆奋勇向前。元朝大将董文炳船先士卒，其次子董士选在另一战船，协同前进。临行前，侄子董士表请求同行冲锋，董文炳不同意，说道："我的弟弟只有你这么一个儿子，我和士选如果回不来，士元、士秀还足以杀敌，我不忍心你前去送死啊！"董士表坚决要随从，董文炳拗不过，只好同意。董文炳所乘战船张大将旗帜，子侄战船两翼护舰，冲锋在前，其他将领紧随其后。攻守双方射出的弓箭，遮天蔽日。双方短兵相接，宋军殊死搏杀，怒吼声震天动地，船上、江里遍布尸体。

战至午时，风起，元军用火箭向宋军射去。与元军接战战船上的帆布、桅杆瞬间起火，宋军大乱。因战船被铁索连住，铁锚钩住，动弹不得，一万多人投江而死。见此惨状，没有被火箭击中的战船纷纷转身逃窜。元军继续追击，董文炳追至夹滩，张世杰组织溃兵再战，又败。张世杰遂带领船队向东驶去，进入大海。张世杰所率为大海船，元军船小，不敢入海，董文炳带队返回。

焦山之战，宋军被俘一万多人，丧失海船七百多艘。焦山之败，是南宋继丁家洲之后的又一大惨败。丁家洲一战宋军精锐尽失，焦山一战则使得南宋残师遭受致命摧毁，此后南宋再也不能组织起有效的防御力量。元军所俘获的宋军海船，成为元军从长江口南下临安的利器。

李庭芝一败扬子桥，张世杰二败焦山，还有常州的张彦呢。七月三日，张彦和平江都统刘师勇率领两浙制置司的军队进攻镇江，行至吕城（今江苏丹阳市东南五十里运河上有吕城堰）被阿塔海率领的淮西元军击败。

宋军反攻的失利，使得淮东与两浙之间的交通几乎中断，以扬州为首的淮东诸城难以自持，临安更是岌岌可危。

七、“奸臣”下场：贾团练头颅掉落

元军沿着长江攻城略地，离临安越来越近。宋廷无力招架，对内却积极清理“国贼”贾似道的政治遗产。1275年（德祐元年）三月，宋廷宣布去除贾似道诸种害民之政，召回被贾似道贬黜的官员。从丁家洲携带都督府大印逃回临安的幕僚翁应龙被杀，其他党羽有自杀的，有被弹劾贬官的。四月，参知政事高斯得上书，请诛贾似道。贾似道身在扬州，上书朝廷自辩，称丁家洲之败实为夏贵、孙虎臣所误，乞求保全性命。朝廷降三级处置。贾似道依旧在扬州，不敢回临安。谢太皇太后给淮东安抚制置使李庭芝下令，让他遣送贾似道到绍兴，为宋度宗守陵，贾似道还是赖在扬州不走。

宰相王爚指责贾似道不能死于忠孝，谢太皇太后继续下诏给贾似道，让他到绍兴。诏书内容苦口婆心：“你赶快到绍兴，去尽臣子之道，我当委曲保全。否则众论怨恨，都说你不忠不孝，到那时我想保你也没办法了！你若是聪明的话，就听我说的，既可善始善终，也可名垂千古。”贾似道得诏，起身到绍兴。人到城下，绍兴城闭门谢客。不过，贾似道终究是在绍兴落了脚，居于贾府别墅。只有门客廖莹中陪伴，成了权力场的孤家寡人。很快，廖莹中自知难逃一死，服用脑子（龙脑香）自杀。

六月，南宋中枢人事有所变动。左丞相兼枢密使王爚升为平章军国重事，即贾似道原来的职位。平章军国重事在北宋时是为优待硕德老臣的荣誉职位，位于宰相之上，没有实际职责。南宋韩侂胄专权，自任平章军国事，去“重”字，位于宰相之上，总揽朝政，开其先例。贾似道故技重施，被宋度宗委任为平章军国重事。直白地说，平章军国重事并非正式职位。王爚没有专权，更无良策，得任此职，可能是局势所迫，为了安排更多决策者。王爚之下，右相陈宜中升任左相兼枢密使，同知枢密院事兼参知政事留梦炎升为右相兼枢密使，陈、刘并都督诸路军马。三月时陈宜中任右相，请辞离开临安，自称“实无能力”，此时也不在临安。留梦炎更是窃位无能之辈。陈文龙、黄镛为签书枢密院事，谢堂为两浙镇抚使，家铉翁知临安府，并召江西（江南西路）的文天祥率勤王师到临安。

此处须先交代一下南宋亡国史上的主要人物文天祥。文天祥是江西吉州庐陵县（今江西吉安市庐陵县）人，宋理宗宝祐四年（1256）状元，时年虚岁二十一。入仕后，因先后得罪权宦董宋臣、权臣贾似道，遭到贬黜。元军占领鄂州时，文天祥正在鄂州，正月十三日看到勤王诏书。文天祥传檄各路，希望有声望的人带头勤王，自己愿意响应。见无人问津，文天祥自散家财，募兵筹粮，举起了勤王抗元大旗，在赣州建立勤王军帅府。江西、广东（广南东路）等地有所回应，并有人加入了他的队伍，聚集了上万人。

二月，朝廷授给他集英殿修撰、枢密副都承旨、江西安抚使兼江西提刑兼知赣州的官职，即江南西路的军事统帅。这样，文天祥更有了召集军队的合法性和号召力。不过，朝廷给他加官晋爵，为的是催促他赶紧到临安勤王。

方回是宋元之际的著名诗人，靠谄媚贾似道做上朝官，此时任安吉通判。为了剥离自己与贾似道的关系，“义正词严”地写了长篇奏章，痛斥贾似道有“十可斩”之罪。

七月南宋反攻失败后，临安官员对“罪魁祸首”贾似道更是恨之入骨。平章王爚提议给贾似道定罪，以平舆论。台谏官的弹劾奏章更是如雪片般，有要求处死贾似道的，有要求将贾似道贬窜到岭南的。谢太皇太后则继续为贾似道开脱，下诏想将他从绍兴迁移到婺州（今浙江金华）。据说婺州人听到这个消息后，城中大小角落贴满贾似道祸国误民的罪状告示，声称若他入境，便会武力驱逐，防止他玷污婺州的土地。言官们也不同意，认为这也太便宜贾似道了。

谢太皇太后只得又下诏，将贾似道降三级，贬到更远一点儿的福建建宁（今福建建瓯）。福建崇安（今武夷山）人翁合上书反对。他说，贾似道卖国招兵、专利虐民，犯有滔天大罪。而建宁是朱子（朱熹）讲道圣地，怎么能让这个大坏蛋去恶心呢？在建宁，即使三尺小童都晓道义，人们听到贾似道都要呕吐，更何况要见他的真身？朝廷应该将他贬到荒蛮之地，才能正国法、谢公论。

不得已，谢太皇太后再次下诏，贬贾似道为高州（今广东高州）团练副使，循州（今广东龙川）安置，同时没收贾家在临安、绍兴以及老家台州的家产。此处团练副使只是贬官的散官品阶，没有具体职事。循州安置，即让他到循州生活，由地方官监管。查收贾似道家产时，据说发现了皇帝御用之物，舆论再次沸腾，要求斩杀。谢太皇太后声言要处理，却没有下文。

明朝中叶田汝成《西湖游览志馀》记载了贾似道私下自辩之事，为现存宋代文献所不载。其说，八月八日是贾似道生日，自知末路不远，建醮（作道教法事），作祈祷青词曰："老臣无罪，为何众论不容于我？上天有好生之德，怎奈死期将至。此刻我兵权已交，临死之际有话要讲。臣三朝为官，始终如一。为国任劳任怨，但知国家大体而杜绝私人请托。国家艰难之际，安敢自顾而贪生？北虏犯境，我亲率骄兵悍将去阻挡。违命不前，酿成如此惨祸；无措之际，只能期待后图。众人皆指其非，百口莫辩。为国劳瘁四十年，悔不学张良保身；如今被贬三千里，犹恐步霍光后尘。上无以报陛下之恩，下无以对百姓之苦。愿皇天后土鉴察此心，度宗在天之灵想必也知。三宫（指恭帝、太皇太后谢氏和皇太后全氏）息怒，收我尸骨于江边；九庙（指宋朝宗庙）显灵，驱除敌人于境外。"不论该文真假，千夫所指之下，贾似道最后的时光注定是悲凉的，也是他应当承受的。

贾似道既在绍兴，南下之事即由绍兴知府、福王赵与芮负责，朝廷命绍兴府出兵两百人押送，贾氏旧部一概被拘留。赵与芮与贾似道不和，暗中招募杀手半道除掉贾似道。赵与芮身份显赫，大有来头。他是宋理宗赵昀唯一的亲弟弟，又是宋度宗赵禥的生父、宋恭帝的亲祖父。福建人郑虎臣时为会稽县尉，其家曾遭贾似道迫害，应募而往。

路途之上，郑虎臣对贾似道百般羞辱。出发时，贾似道身边尚有侍妾数十人，孙虎臣将她们全部打发走，并强夺了贾似道随身的财宝。虽是罪臣，可能有朝廷命令，贾似道乘轿而行。郑虎臣命人掀去轿盖，刻意暴晒轿中人。他还命轿夫唱临安歌谣戏谑贾似道，经常指名道姓训斥。对此侮辱，贾似道恐怕不敢吭声。路经一古寺，墙壁上有吴潜南行时的题字。前文曾提到吴潜，贾似道得势后，将其贬到循州。临安有童谣讽刺贾似道："去年秋，今年秋，湖上人家乐复忧，西湖依旧流。吴循州，贾循州，十五年间一转头，人生放下休。"郑虎臣指着墙壁呵斥贾似道："贾团练，吴丞相何以至此？"贾似道无言。

一路上，郑虎臣多次暗示贾似道自杀。行至南剑州（今福建南平）暗淡滩，郑虎臣逼问："此处景色优美，水很清澈，多好的地方，你怎么不死在这儿呢？"贾似道不想死，说道："太皇（度宗）许我不死，你若有要我死的诏书，那我立刻去死。"

九月中旬，经过漳州（今福建漳州）以南二十里的木棉庵时，贾似道终于忍无可忍，想服用脑子（龙脑香）自杀。他服用后蹲在虎子上等死，郑虎臣觉得这样太便宜他了，就冲进厕所将贾似道生生锤死。何以廖莹中服用脑子死去，而贾似道以及之后的文天祥没有死成？

明朝李时珍在《本草纲目》中分析了其中的毒理："宋文天祥、贾似道皆服脑子求死不得，惟廖莹中以热酒服数握，九窍流血而死。此非脑子有毒，乃热酒引其辛香，散溢经络，气血沸乱而然尔。”贾似道到底是怎么被郑虎臣杀死的，实为一大谜团，演义更多。十月中旬，漳州上报，贾似道死于中风。郑虎臣自言为天下人杀贾似道，他自己后来也因此被陈宜中所捕杀。

虽然处死、贬谪贾似道不少党羽，但很难说做到政治清算。比如大家都知道宰相陈宜中是贾似道党羽，不仅没有被处罚，反而升了官。倒不是因为陈宜中大喊要置贾似道于死地，据说是因为谢太皇太后比较信赖陈宜中。再说了，存亡之际，清理贾氏门户到这个地步已经很是令人惊讶了。

南宋到了这步田地，贾似道当然要负主要责任，特别是在人事、江防部署上漏洞较大。可面对勇猛异常的蒙古铁蹄，即使是北宋王安石、范仲淹等璀璨名臣再世，恐怕也难有作为。

第二章

◎

临安降元

西北海都作乱，元朝久不能平，元世祖召回伯颜商议军政要务，可能有调南兵北上平叛的意图。经伯颜一番劝说，元世祖决定继续征伐南宋，再解决海都之乱。1275 年（德祐元年，至元十二年）七月，元世祖做了如下战略部署：伯颜率领大军进攻临安，阿里海牙进攻湖南，蒙古万户宋都带、汉军武秀等三万户以及吕师夔等进攻江西。后两路的战争进程留待下章再叙，本章专讲临安的陷落过程。

一、血色常州：屠刀暗处活七人

1275 年十月底，伯颜到达镇江，部署如下：右（西）路军以参政阿剌罕、四万户总管奥鲁赤等率蒙古、汉军步骑十余万众，自建康出，由安庆直趋临安西北一百六十里的独松岭（今浙江安吉东南，岭上有独松关）；左（东）路军以参政董文炳、万户张弘范、万户张祇以及都统范文虎、王世强、管如德、史胜等率水陆精兵数十万，出江入海，取道江阴，进趋许浦（今江苏常熟东北七十里浒浦）、澉浦（今浙江海盐县以南三十里）、上海（今上海）、华亭（今上海松江区以西）等处，再向临安；伯颜和左丞相阿塔海率中路军约一万人，以吕文焕为向导，沿运河南下，经常州、平江，进向嘉兴。中路兵少，是因为数万元军正在围打常州。与此同时，左丞相阿术继续围困扬州，万户昂吉尔坐镇和州，攻打淮西，也在防止淮东、淮西的李庭芝（扬州）、夏贵（庐州）南下救援临安。

元朝大军压来，再观南宋在临安周边的部署。前面说到，焦山一战之后，宋军很难再组织起大规模的抗元军队。这年六月，淮西制置使夏贵率军勤王，然淮西与临安之间有元军阻隔。夏贵打算从芜湖北上，穿越太湖援救临安，却被元军击败，撤回庐州。七月下旬，南宋朝廷命夏贵为枢密副使、两淮宣抚大使兼知扬州，与淮东制置副使、知扬州朱焕对调。同时，召李庭芝回临安防守。朱焕到了庐州，夏贵拒绝朝廷调令，于是一切照旧。其实，在当时的情况下，两淮自顾不暇，被元军死死咬住，更是难以入援。

朝廷调将不成，也几乎无兵可用。八月，文天祥率领临时凑成的两万人从江西吉州抵达临安。在这之前，虽然受到大臣压制，文天祥已经享誉临安，特别是受到临安学生的支持。有人说他所领多是百姓，缺乏战斗力，与元军对战，无疑是羊入虎口。文天祥深知自不量力，但他豪气风发，以国之忠臣自居，甘为表率。若人人影从，说不定可以扭转乾坤。此时王爚辞去平章军国重事，左丞相陈宜中还在永嘉，朝中是右丞相留梦炎执政。

朝廷先命文天祥为浙西江东制置使，兼江西安抚大使、知平江府，让他去平江前线抗元。文天祥自己后来说，这是留梦炎不愿意他留在临安，故意将他排挤到平江。然而，留梦炎却在等待共同主和的陈宜中回朝，再决定文天祥赴平江的日期。就这样，文天祥虽身负多重职权，却在临安无所事事。十月初，在谢太皇太后的多番催促下，陈宜中终于回朝。陈宜中主张对元议和，准备以吕文福之子（吕文焕之侄）吕师孟为兵部尚书，并追封吕文德为义郡王，企图依靠吕家实现与元朝议和的设想。此时，元军猛攻常州，没有理睬南宋议和的“善意”。常州告急，文天祥这才启程，率兵五万去平江抗敌。临行前，文天祥给朝廷上了一封很著名的奏议，名之《己未上皇帝书》。

在奏中，文天祥提出“仿方镇以建守”的战略设想。他说，北宋为了纠正五代之乱，削除藩镇，郡县直辖，虽根除了藩镇尾大不掉之患，国家却变得虚弱。金人南下时，地方财力、武备虚弱，敌至一州则破一州，至一县则破一县，毫无招架之力，以致中原迅速失陷，教训惨痛。如今当恢复方镇，作为抗元的主要支撑力量。其实南宋初年能够立国，在很大程度上即得益于几大名将建立的类似方镇的防区。绍兴和议以后，削夺武将兵权也是贯彻祖宗之法。文天祥认为，在长沙、隆兴、鄱阳、扬州设立都督府，有进无退，恢复领土。同时，鼓励地方豪杰起兵，与元军周旋，令其疲于奔命。这一设想，被朝论斥为迂阔的书生之见。不过以当时的穷蹙而言，死马当活马医，倒可一试。然难以实现，因为理想中的四镇很快也将陷落，只能靠打游击了。

南宋朝廷另外的措置是，留梦炎和陈宜中积极议和，并说动谢太皇太后，临安恐怕要拱手而让了。两淮、四川、湖南、江西也遭受元军猛攻，自顾不暇，根本无力勤王。活动于临安及其附近的抗战派，除了文天祥，还有一个张世杰。张世杰时为沿江制置副使、浙西策应使兼知江阴军。二人资历浅，得以仰赖，正说明南宋几乎无将可用。从后来的事实看，主政的谢太皇太后更依赖留、陈二相，张、文不过是暂时的凭依罢了。

从镇江到临安，最便捷的道路是常州、无锡、平江一线，即元的中路军。这一路线的防御关键一是尚在坚守中的常州，二是近在咫尺的平江，靠的是文天祥防御。元东路军面临的第一道防线是江阴，防守者是张世杰。西路元军的关键在于突破独松关，此关一破，即可俯视临安，届时江阴、平江就可有可无了。

宋元常州之战，是伯颜渡江后双方展开的第一次惨烈对决，直接影响了临安的命运，值得大书。

沿着运河南下，镇江东南约一百六十里即常州，这是伯颜中路军南下遇到的第一个重要城池。常州是运河要地，北接长江，南接太湖，是长江以南护卫临安的最前沿，位置险要。伯颜到常州之前，元军已对常州周边展开了进攻。前面说过，三月初常州曾经落入元手，五月被南宋将领张彦、刘师勇收复。伯颜北返，南宋收复之战时，张彦兵败吕城，随即驻扎于此。八月，元军将领唆都率兵去夺常州。九月底，元军再攻吕城，张彦兵败被俘，随后降元，尽言常州城中虚实。吕城与常州近在咫尺，沿运河南下不过六十里。

常州知州是姚訔，刚到任十余天。协助守城的是都统刘师勇、副都统王安节，另有通判陈炤、节度判官胡应炎等官员。姚訔挑选出三千壮勇的常州百姓，登上城门防守。胡应炎与姚訔分析自身防守上的弱势：“我们常州是京师北门，决不可失。城墙低矮，护城壕沟浅狭，士兵又多是做买卖的商人，平时官府对他们并不够关心。然而，元军骁勇，人数众多，乘胜远来，锐不可当。不可轻易与他们接战。应当砍伐一些树木，扎成栅栏，在城外围作一圈，新增一道防线。还需要调运粮食到城中，修缮城防工事，以守为主。”姚訔同意，胡应炎的构想随之付诸实施。

据元人所言，他们看到的常州城却是如此这般：“城墙坚固，以立木为栅，护城壕沟既深又宽，攻之甚难。”这应该是姚訔他们修缮城防的结果。还有一种可能，常州城墙其实并没有那么峻拔，但守城的南宋军民英勇异常。元军以绝对优势难以攻克，记录者故意夸大城池牢固。

十月初，阿塔海率元军围攻常州，姚訔、刘师勇等官员率领军民竭力抵抗，并向朝廷告急。十月二十六日，陈宜中派统制张全率兵两千前去，文天祥派部将朱华、尹玉、麻士龙率三千人同往北上救援常州。张全派麻士龙在虞桥（今常州市武进区虞桥村）埋伏，数千元军出击，麻士龙寡不敌众，战死。张全不前去救援，反而带兵到了五牧（一名五木，今无锡市惠山区五牧村，运河东岸），与朱华、尹玉会合。元军将追至，不知张全作何想，居然不同意朱华修筑防御工事。

二十七日，元军攻打五牧，朱华率军迎敌。双方大战一天，宋军落水淹死者不少，但战局胜负难分。夜幕降临，元军绕到朱华军后，与尹玉交战。张全隔岸观战不救，尹玉战败。多位宋将逃跑，军队溃乱，争相渡河。

有人的手攀上了张全军队的船只，被对方砍断，溺死者又是一大片。尹玉组织了五百残军，继续与元军死战。尹玉陷入敌阵，手刃数十人，满身是箭，身负重伤被俘，后被乱兵打死。手下士兵继续夜战，无一降者。天亮之时，生还者只有四人。后来，南宋朝廷追赠尹玉为濠州团练使，麻士龙为高州刺史。

对于尹玉、麻士龙的牺牲，文天祥很是心痛，也痛恨张全见死不救。上述五牧之战的战斗过程，多采自文天祥《吊五木》一诗的题注。《吊五木》诗云：

首赴勤王役，成功事则天。富平名委地，好水泪成川。
我作招魂想，谁为掩骼缘。中兴须再举，寄语慰重泉。

据说张全是西汉名将富平侯张安世的后代，文天祥说他败坏张家名声。北宋仁宗康定二年（1040），西夏在好水川大败宋军，总管任福战死。

文天祥另有《哭尹玉》一诗哀悼尹玉："团练濠州庙赣州，官其二子赐良田。西台捕逐多亡将，远有焚黄到墓前。"诗前有作者题注："尹玉，江西宪司将官。五木之战，手杀七八十人，其麾下与北作战，拚死无一降者。朝廷赠濠州团练使。立庙，与二子官承节郎。下江西安抚使，拨赐良田二百亩。其间以捕寇死者何限，惟玉得其死所，恤典非细，哀荣备焉。"为给尹、麻二部将讨要说法，文天祥建议朝廷处死张全，遭陈宜中反对而作罢。文天祥再调兵救常，遍地元军，已无路可至。

可以想见，朝廷派来五千援军，已是尽力为之了，但他们哪里是元军对手，一支偏师即可解决。援军失利，可能再无援军，常州城中并未气馁，继续坚守。击败南宋援军，元军对常州的进攻也更加凶狠了。姚訔登上城墙，但见城下元军旌旗云拥，鼓声震天。他没有被元军的气势吓倒，暗中派刘师勇、王安节出战，胜绩。第二天，元兵至城下，宋军开门迎战，两路夹击元军。元军死伤较多，攻城不克而退。刘师勇率军埋伏于元军归路，元军被歼过半。

此时已是十一月，常州已被围几个月。常州虽暂时守住，周边县乡已残破不堪。据南宋遗民的记忆以及后世传说，元军为了泄常州之愤，周边房屋被焚烧殆尽，财产、人口被抢夺一空。更有甚者，有百姓被元兵抓到，直接杀掉。常州之战中，此类残忍极端的记载有不少，令人毛骨悚然。

十一月十六日，伯颜进至常州城下，意味着围城元军新增万人。伯颜来前，唆都、阿塔海等十几位将领所率有多少人，无法确知，恐有十数万人。几种记载表明，到十一月中旬，元军在常州投入兵力累计已近二十万。那么，常州城里有多少战斗人员？战前，朝廷从扬州调兵七千支援常州，姚訔、陈炤从常州周边招募义军两万人，又在城中挑选三千壮丁，还有护国寺的五百和尚兵。除此之外，常州城本身应该会有刘师勇所带驻军，以及从吕城败退撤到常州的宋军，只是数量难以估计。粗略估算，常州城内应该不过几万战斗人员。从后来双方的攻守来看，常州城内的很多百姓也参加了战斗，总共恐怕不会超过十万人。与强悍的元军相比，常州宋军其中大部分缺乏军事训练，战斗力一般，根本不是一个战力量级。

小小常州城，元军攻打数月而不能克，令伯颜很没有面子。他不仅带来了新的攻城兵员，应该也带来了新的攻城装备。最主要的是，常州之战的指挥官级别一直在提升，轮到元军统帅了。伯颜先是派人招降，姚訔等人不理。他又派人将招降传单射入城内，承诺守城官军民若投降，绝对不会杀一人。相反，如果继续顽抗，破城之日即屠城之时。城中依旧没有降音，伯颜下令攻城。他亲率数千人，坐镇城南，亲自指挥。

胁迫之下，城外百姓成了元军的脚夫。他们运土堆成高台，与常州城墙同高。然后放置大炮，猛烈攻击城内，摧毁防御工事。伯颜下令元军向城内发射大小火箭，箭上带有油脂，木构建筑遇火速燃，常州城内顿时一片火海。元军藏身于牛皮、马皮制成的活动房屋中，用来遮挡宋军发射而来的炮石和箭，以此接近城墙。再用云梯、绳桥之类的攻城装备，向城上猛烈进攻。

十一月十八日，元军猛攻常州北门，被宋军打退。他们又集中兵力进攻南门，恰逢守将张超拜神去了，不在岗位。守城军民没有主心骨，军心涣散，元军杀上城墙，升起了伯颜的军旗。元军见状，如同打了鸡血，从四面蜂拥而上。宋军完全崩溃，常州城遂被攻破。

知州姚訔心如死灰，自焚而死。

元军冲进城来，通判陈炤率领军民继续巷战，战败后回到官署。他拒绝逃跑，坚持坐在官椅上，被元军刺死。

副都统王安节善用双刀，率领数名死士与元军巷战。左侧大腿受伤断裂，仍旧杀死数十名元兵，伤重被俘。元军威胁投降，他大骂道：“你们不知道当年守卫合州的王节度使（王坚）吗？那是我的父亲！我岂会做投降将军，辱没先人！”于是被杀。那么，王坚是谁？果真威名在外？宋理宗开庆元年（1259）的钓鱼城之战，蒙哥汗丧命，宋军守将即王坚。

节度判官胡应炎率军民继续巷战，手刃数名元兵，力竭被俘。元将唆都厉声问他："你就是刚刚杀我多名将校的人吗？”胡应炎也厉声回他："我还想要杀你呢！何止是小小的将校。只恨自己有心无力啊！”唆都大怒，下令将其腰斩，时年二十七岁。

护国寺长老万安率领本寺僧人，高举“降魔”战旗，与元军厮杀，全部战死。

战死者留下姓名的，还有莫谦之、包圭、阮应得、方允武等人。

元军攻破南门后，都统刘师勇率领数百人打开东门逃走，边跑边战，甚至换上元军衣服逃命。等他逃到平江时，手下多战死，只剩下十一人。这是唯一逃出常州的守城官兵。

攻下常州后，伯颜下令屠城。屠城之后，常州还留有多少生灵？史料所载不一，却有惨象种种。

天庆观赐紫道士徐道明，听闻姚訔要死守常州，慨然对徒弟说道："姚公誓与城俱亡，我等也要做义士。”元兵屠城时，徐道明焚香危坐，口诵《老子》。元兵逼迫跪拜，他不理睬，诵声更大。又以刀剑相逼，依旧岿然不动，被杀。

屠城之后，据说天庆观道士收殓常州内外的死者，难计其数。水井、池塘和壕沟里，尽是死尸，总共剩有四百名妇女和婴儿存活。记载者感叹：

“元军入江南，屠戮未有如此之甚者。”然而，这四百幸存者其实是最乐观的估计。

有记载说只有数人藏在沟渠中得免。类似说法则有，常州只有七个人躲在桥下，才得以幸免。

时人梁栋有《哀毗陵》一诗，描写了常州战后的惨象，令人心恸。常州旧名毗陵，故有此诗题。诗人自注：“德祐元年，元兵攻常州。城破，知州事姚訔、统制王安节等死之。”诗曰：

荆溪水腥泊船早，落日无人行古道。髑髅有眼不识春，东风吹出青青草。
荒基犹认是人家，败栅曾将当城堡。当时压境兵百万，不脱靴尖堪蹴倒。
短兵相接逾四旬，毒手尊拳日攻讨。内储外援可消沉，一缕人心坚自保。
孤臣守土轻性命，赤子效死涂肝脑。朝廷有爵愧降附，幽壤无恩泽枯槁。
愿笺司命录英雄，收拾忠魂畀穹昊。

文天祥为怀念王安节，集杜诗一首，题注曰：“常州败，虏生获王安节，不屈而死。虏谓过江以来，武人忠义者，惟王安节一人。”诗云：“激烈伤雄才，直气横乾坤。惆怅汗血驹，见此忠义门。”

文氏另有《常州》一诗，题下自注：“常州，宋睢阳郡也。北兵愤其坚守，杀戮无遗种。死者忠义之鬼，哀哉！”诗曰：

山河千里在，烟火一家无。壮甚睢阳守，冤哉马邑屠。

苍天如可问，赤子果何辜？唇齿提封旧，抚膺三叹吁。

数年之后，南宋遗民尹廷高故地重访，心情凝重，作《常州》诗云：“百万西来势莫撄，孤危甘死战尘腥。欲询往事无遗老，日暮城头鬼火青。”

元末修《宋史》时，江山风雨飘摇，顺帝下诏褒扬忠义之士，宋元之际的战死者得以载入史册，流传至今。《宋史·忠义传》有着十卷篇幅，记载 283 人，其中死于宋元（蒙）战争者多达 77 人。在死者后人的努力下，前述尹玉、姚訔、陈炤、王安节、万安、徐道明等死于常州之战者榜上有名，岂不壮哉！

江淮宋将望风迎降，连鄂州、江州、建康这样的主要军镇都是不战而降，为何元军会在常州遭遇如此顽强的抵抗？元初名臣姚枢对元世祖分析了其中的缘由：“陛下降不杀人之诏。伯颜渡江之后，西起四川、东到海隅，降城三十，户逾百万。自古平定南方，从未有如此之迅速。今年夏秋之际，不见一城投降，都是因为军官不思国家大计，不体会陛下仁慈，贪财好杀所致。在扬州、焦山、淮安，宋人拼命死战，我方虽胜，伤亡也多。很明显，宋已无法立国，但临安还是不肯轻易投降。人都好生恶死，宋人不敢投降，是怕我们不守‘止杀’的诺言。应当重申止杀之诏，赏罚分明，恩信必行。如此，则不须圣上焦虑，也不用太费军力。”劝谏元世祖少杀戮，是谋臣们的一贯主张。

姚枢所言可能有几分道理，问题是，此番建议之后，伯颜命令常州屠城，并以此震慑通往临安道路上的无锡、平江、嘉兴等地。可能是听闻元军在常州的恐怖行径，这些地方并未反抗，而是乖乖投降了。看到刘师勇率残兵逃往平江之后，伯颜没有追击，反而说道："刘师勇所过之地，守将胆落矣。"这是说，当南宋守将们看到狼狈不堪的刘师勇时，注定丧胆，无心守城。

常州被攻克当天，伯颜派一支军队南下，攻打常州下辖的无锡县。知县阮应得（一作阮正己）率守军出战，全军覆没。阮知县怀抱县印投水自杀，其子也随父自溺。

负责守卫平江的原是文天祥，十一月中旬时，元军的右路军逼近独松关，朝廷急命文天祥率军返回临安，调张世杰防守平江。文天祥上奏朝廷，说他一离开，平江恐将失陷。朝廷继续催促，他只好率五万军队离开平江，回防临安。果然，文天祥前脚刚走，平江通判王矩之和都统王邦杰就派人到常州请降。十一月二十四日，伯颜派大将怀都先行到平江，令他守护城池，不得扰民，否则军法处置。

二、四面楚歌：元军环伺临安府

伯颜三路大军当中，右路、左路行军顺利，只有中路的常州遇到顽强阻拦，这或许也是伯颜亲自统领中路的原因。

十月二十五日，右路军从建康出发，南行一百余里，到溧水（今南京溧水区）。南宋铜关守将贝宝、胡岩起率军来攻溧水，双双战死。此后，元军在护牙山（又作伍牙山，位于今江苏溧阳西南六十里，与安徽郎溪县接界）、溧阳（今江苏溧阳），与两支前来阻挡的宋军相遇，俘虏军官数十人，斩杀数千人。接着，元军攻占溧阳，斩杀宋军七千余人。

十一月十一日，元军攻陷建平县（今安徽郎溪），宋军许、吴二总制战死，知县赵时践及其八名家人投水自尽。此后，元军又攻陷广德（今安徽广德）、四安镇（今浙江长兴县西南五十里泗安镇）。四安位置重要，以其保安吴兴、宜兴、广德、安吉四地而得名。从四安到独松关，真是一步之遥了。

范祖禹《读史方舆纪要》载："独松关在杭州府余杭县西北九十里独松岭上。自天目山而北，重冈结涧，回环数百里，独松岭杰峙其中。岭路险狭，东南则直走临安，西北则道安吉趋广德，为江、浙二境步骑争逐之交。东南有事，此亦必争之地也。"

接到元军快到独松关的战报，宋廷紧急招募民弁防守余杭（今浙江杭州余杭区南）、钱塘（今杭州），毕竟过了独松关就到临安府的地界了。如前所说，宋廷急忙催促文天祥回防临安，派其到余杭防守独松关即将到来的元军。

元军向独松关发起攻击，宋军溃散，守将浙西安抚司参议官张濡弃关而逃。张濡是南宋初年名将张俊的四世孙，三月时在独松关袭杀元朝到临安的使节廉希贤、严中范和柴紫芝。其中，廉希贤是元初重臣廉希宪的堂弟。张濡逃往武康（今浙江德清西），被元军抓获。后来，元世祖下诏处死张濡，遣使护送廉希贤遗体北归，并籍没张家财产付于廉家。

左路元军进展更为迅捷，主要任务就是愉快地受降。董文炳率军从镇江出发，扑向江阴。十一月中旬，守卫江阴的张世杰离开江阴，去接替文天祥守平江，通判李世修很快投降元军。下一步进到许浦，守将祁安投降。此后，元军不费一兵一卒，相继占领上海、华亭、乍浦和海盐。完成既定任务后，董文炳暂停进军，等待伯颜的进一步命令。

右路、左路势如破竹，宋军纷纷举旗投降，反而伯颜所在中路不太顺利，在常州消耗了不少日子。这样一来，三路元军完成了包抄临安的战略任务。

元军占领平江、突破独松关后，张世杰也被宋廷召回临安。文天祥与张世杰商议："如今两淮有不少城池在我军手中，福建、两广尚在，何不与元军血战？万一战胜，两淮军队可断其归路，国家还有挽救的机会。"张世杰同意再战，与文天祥一道上奏。

临安危险，宰相留梦炎逃回老家衢州。当权的宰相陈宜中哪有这个胆量，他更倾向于与元军议和，说不定还能保留个小朝廷呢！经过陈宜中的劝说，谢太皇太后下诏拒绝了文天祥的提议，应当持重，不可冒险。

古今有许多人赞同文天祥的主张，说如此施行，可能会影响历史的走向，甚至南宋会反败为胜。虽然当时南宋各地兵力总共有四十万，但是临安勤王军只有区区八万，如何与几十万元军血拼？不过是飞蛾扑火，希望成仁罢了。再者说，南宋保留有一半以上的疆土不假，可能也有几十万军队，但多被元军分割，处于劣势，勤王尚且难至，临安朝堂何以决胜于千里之外？自然，堂堂大宋，血战一番后的悲烈，总比举旗投降的苟且要好。

十二月初，陈宜中派将作监柳岳为议和使节，去无锡向伯颜请和。元军大设帐幕，伯颜居主座，诸将皆至，令柳岳来见。柳岳颤颤巍巍地拿出谢太皇太后写给元世祖的国书，还有宋朝宰执大臣写给伯颜、吕文焕的书信。

见到伯颜，柳岳边哭边说：“如今太皇太后年事已高，皇帝幼冲，又正值先帝的丧期。自古礼不伐丧，望丞相息怒班师，以免三宫（指恭帝、谢太皇太后、全太后）不安，陵寝动摇。今后将年年进贡，岁岁修好。造成如今的局面，都怪奸臣贾似道失信，贻害国家啊！”

听了这番诉苦，伯颜张口说道：“我皇即位之初，遣使奉国书以修和好，你国无赖，扣押我方使者十六年，因此兴师问罪。不久前，你们又无端杀害我方使节（指廉希贤等被杀一事），这是谁的过错？如果你们想让我军不再前行，就应该学习吴越钱氏献土、南唐李氏出降。你宋的天下得自小儿之手，也将失于小儿之手。天道如此，你还有什么可说的呢？”宋太祖赵匡胤得天下之时，后周君主是八岁小儿柴宗训，如今境况是多么相似。

柳岳默然，哭泣不已。伯颜派人将南宋请和国书向元世祖奏报。

十二月十一日，伯颜进驻平江，下令元军秋毫无犯，违者军法从事。他派千户囊加歹、范文虎下属王政为使，携带元世祖给宋恭帝的诏书副本以及伯颜给南宋大臣的书信，随同柳岳返回临安。三天后，柳岳和元使到了临安。十七日，南宋派宗正少卿陆秀夫、刑部尚书夏士林、兵部侍郎吕师孟随同元使前往伯颜军中。

几天后，南宋又派柳岳、右正言洪雷震带着奉表，北上大都，请求元世祖退兵。临安降元后，柳岳等人的任务马上变了，成为给元世祖投降的奉表使，和元人在临安搜罗的大批物品一道，在元军押送下北上。二月六日，他们路过淮东宋军地界时，在高邮东南十五里的嵇家庄遭到宋军痛击。高邮大批宋军出动，元军大败，柳岳被杀，洪雷震被扣押在高邮。

作为此后故事的重要人物，既然陆秀夫登场，暂且岔开话题，先交代几句。陆秀夫，字君实，与北宋名臣司马光字同。理宗景定元年（1260）中进士，之后成为李庭芝的幕僚。李庭芝镇守淮东，任陆秀夫为制置司参议官。受李庭芝举荐，朝廷任命陆秀夫为司农寺丞，再升为宗正少卿兼权起居舍人。然后，成为出使伯颜大营的使者。

二十五日，宋使见到伯颜，递交文书。南宋请求尊元世祖为伯父，世代奉行子侄的礼节；宋每年向元进献岁币二十五万两银、二十五万匹帛。伯颜不同意，派囊加歹随同宋使再回临安。

双方虽在议和，战事照常进行。十二月三十日，宋将吴国定私开城门，元军占领安吉，知州赵良淳和妻子自缢身亡。德祐二年（至元十三年，1276）正月三日，伯颜进军嘉兴，守将刘汉杰投降。

正月九日，陈宜中派人致信伯颜，约定临安东北的长安镇（今浙江海宁长安镇）见面会商。三天后，伯颜率大军从嘉兴出发，十六日抵达约定地点。董文炳率左路军也到来，与伯颜军会合。文天祥极力反对陈宜中议和，面对伯颜大军，陈宜中也不敢前往，失约伯颜。元军继续前进，进入临安府余杭县。

文天祥原在余杭备敌，正月二日，朝廷命文天祥回临安，担任知府。他实在不愿担当此任，却也连夜带两千兵返向临安。《伏阙》诗“壮士欲填海，苦胆为忧天”一句，反映了他的沉重心情。

他急迫地返回临安，是要为国家干一番事业，继续他的抗元大业。回到临安后，文天祥提出了一系列建议，比如让福王赵与芮或沂王赵乃猷主政临安府以凝聚人心，三宫撤离临安，吉王赵昰、信王赵昺到福建、广东以图复兴。当时，陈宜中和谢太皇太后一心求和，没空搭理他。听说陈宜中与伯颜有长安镇之约，他竭力反对陈宜中去求和。

然而，此时的伯颜大军就在城外不远处，如何是好？临安德祐二年的这个春节不平静，临安城内的人心早已躁动起来。前面说过，宰相留梦炎早早逃回老家，同签书枢密院事黄镛、参知政事陈文龙、左司谏陈孟虎等朝臣大员逃离临安。朝廷委任吴坚为左丞相兼枢密使，常楙为参知政事，拼凑成宰执班子。第二天，宣布宰相任命时，朝堂之上凄凉极了，文官只有六人前来。谢太皇太后很是恼火，在朝堂外贴了榜文，言辞激烈，大骂士大夫无耻。

榜文说，宋朝礼遇士大夫三百余年，如今用人之际，却没几个出来救国，反而离职逃脱。又痛斥他们平日读圣贤之书，侃侃而谈，此刻却苟且偷生，有何面目去见先帝？这等于是骂那些逃跑的士大夫白眼狼，大难临头各自飞。骂人也不管用。新任参知政事常楙不情愿干，很快也逃走。十一日，朝廷命夏士林为签书枢密院事，三天后也逃之夭夭。

与伯颜议和的算盘落空，陈宜中胸无良策，只有一逃了。他带领一众官员进入禁中，请太皇太后迁都。名为迁都，实为逃离临安，只是文雅的说法。元军就要打进来了，谢太皇太后不知作何想，居然坚持不走。陈宜中痛哭请求，她才答应。陈宜中计划第二天启程，仓皇之间，忘了和太皇太后说明。当天，太皇太后即命人备好出行所需，给官员发放路费。夜幕将至，太皇太后没有看到陈宜中的身影，以为自己被骗。她火冒三丈，大发牢骚："我本来不愿意迁走，你们三番五次地请求，难道是在要我吗？"她解下发簪、耳环，重摔于地，并且下令关闭宫门。大臣们请求接见，太皇太后正在气头上，一概回绝。

就这样，南宋皇室逃离临安的计划戏剧性地泡汤了。话虽如此，太皇太后气性再大，也不能只顾个人颜面，而不顾自家性命吧？她是不想走，或者以为元朝至少会给他们活路。否则，怎么可能因为一个疏忽而放弃呢？再者，陈宜中也没有继续说服太皇太后，几天后他却私下逃走。

文天祥建议三宫到海上避难，他与张世杰一道和元军决一死战。陈宜中、张世杰都不同意他的想法。张世杰希望领兵到淮东，劝文天祥回江西，先保存实力，再做打算。文天祥也不听张世杰的，他要在最后关头继续扶持赵宋皇室。南宋朝堂之上，没有主心骨，谁都不听谁，宋室再次错失逃亡的机会。

三、恭帝出降：满朝朱紫尽降臣

正月十八日，伯颜大军进至皋亭山，距临安只有三十里的路程，阿剌罕率右路军也赶到。城门外传来元军的马蹄声，城里情况如何？汪元量身处宋宫之中，有《北师驻皋亭山》一诗，记述了宫中决策者的慌张，如"万马乱嘶临警跸，三宫垂泪湿铃鸾"。一番慌乱之后，终于写好降表："侍臣已写归降表，臣妾签名谢道清。"有清代学者看到这首诗，责怪汪元量无礼，居然直接写太后之名，大失君臣之体。此诗以谢太皇太后大名为终，正说明汪元量的愤懑心情。

宋廷派监察御史杨应奎等人为使，携带宋朝传国玉玺、降表到皋亭山，向伯颜投降。降表表示，宋愿意将现有领土全部献给元，希望保留赵氏宗社，世代永存。伯颜接受了玉玺和降表，派囊加歹随宋使返回临安，要求宋派宰相来商讨投降的具体细节。

陈宜中知道这个消息后，肯定不敢去元营，拔腿就跑。十八日夜，朝廷决定投降，与元军对战多次的将领张世杰、苏刘义和刘师勇率领他们的人马也逃出临安，再不走就全成元军俘虏了。第二天，得知有重要人物逃跑的消息，伯颜一方面派兵占领钱塘江口，防止宋人从海路逃脱，另一方面派兵追赶已逃跑的陈宜中等人，没有追上。

董文炳率部下进驻临安候潮门外的椤木教场，防止宋人从钱塘江南逃。可能是知道了朝廷投降的消息，也可能是自主投降，临安城内外的将官、士兵纷纷找附近的元军投降。

候潮门在临安什么位置？为了解临安方位，便于下文叙述，在此将临安布局简要交代。与北宋开封城在平原展开不同，南宋临安城依山傍水，因地制宜，城池形状远没有那么规整。城西是西湖，钱塘江从城东南流过，北面是大运河，南部有紫阳山、七宝山，最南是凤凰山。皇城坐拥风水宝地凤凰山，俯视全城。从南到北，贵贱依次。紧邻宫城的是中央政务区，三省、枢密院、六部、九寺等部门分布在七宝山、紫阳山以东的狭长地带。临安府衙位于城西，东与中央官署大致相连，钱塘、仁和两县的衙署则位于城北。

皇城主要有四门，南门即正门，名丽正门。北门名和宁门，使用最多，名为后门，实为正门。东门名东华门，西门是西华门。另有东便门、水门等。皇城之内，自南向北，遵照《周礼》“前朝后寝”的格局。前朝即皇帝与官员处理朝政、典礼之地。丽正门内是大庆殿，又称崇政殿，是国家举办大庆典之所。另有垂拱殿，是皇帝接见百官、处理政务的所在。后殿是皇家居住之地，有延和（斋宿、避殿、接见大臣）、崇政（又名祥曦，经筵）、福宁（皇帝寝殿）、缉熙（书画收藏）、勤政（度宗寝殿）、嘉明（御膳）、射殿（军事）、选德（讲武、射宴）、奉神（供奉神御）、慈宁（太后）、慈明（皇后）、坤宁（嫔妃）等十余殿。

外城南北狭长，东西较窄，有旱城门十三座、水门五座。自南向北，西城壁依次是钱湖、清波、丰豫、钱塘四门，东城壁依次是便门、候潮、保安、新门、崇新、东青、艮山，北城有余杭，南城有嘉会门。

言归正传。留梦炎、陈宜中逃了，剩下新任宰相吴坚，朝堂里似乎只靠文天祥了。正月十九日，谢太皇太后倚重的陈宜中不见了人影。她命文天祥为右丞相兼枢密使、都督诸路军马，代替陈宜中的官职。同时，命家铉翁为签书枢密院事，贾余庆为同签书枢密院事兼知临安府。宰执班子再次凑了起来。

朝廷死心塌地投降，文天祥却不甘心。他统领的军队正在临安城南的富阳（今杭州富阳区），想调来勤王。谢太皇太后当然要阻止，劝文天祥要保全她和恭帝。伯颜要宰相出使，谁该去呢？谢太皇太后派吴坚、文天祥以及同知枢密院事谢堂、贾余庆、宦官邓惟善去元营，文天祥拒绝任相，而是以资政殿学士身份前往。

既然文天祥拒绝投降，明知此行是去请降，为何还要同行呢？不免让人迷惑。文天祥后来回忆说："元兵已到城门外，战、守、跑三策已经来不及。朝臣们聚集在左丞相吴坚府中商议，一致认为我若出使，可以免祸。国事沦落至此，我不能太自私，为国费番口舌也无妨。况且以前出使元营的使者，都能平安回来。我也想到元营探究一番，归来后再谋救国良策。"

正月二十日，文天祥等人来到皋亭山上的明因寺，与伯颜谈判。文天祥被伯颜扣押，其他人放归。其中发生了什么故事？为何要扣押文天祥呢？文天祥专门有诗，诗前有注，使后人得以了解其中的曲折。

见到元军统帅伯颜，文天祥言辞慷慨，丝毫不惧。他对伯颜说："讲和之事，是前宰相主持，我不知晓。如今太皇（指谢太皇太后）命我为相，我不敢当，故先来商议。"伯颜让他继续，文天祥发问，元是要与宋为邻，还是要亡宋。伯颜回答说不灭宋朝，不杀百姓。文天祥再说："今两国丞相亲自商定盟好，你们应该退兵到平江或嘉兴，再做商议。"这是什么梦话，伯颜当然不同意。双方辞色甚厉，开始激烈争辩。伯颜威逼，文天祥不怕，说："我是南朝状元宰相，只欠一死报国。刀、锯、鼎镬（烹人刑具）这些杀人东西，我才不惧！"伯颜辞屈，在场元人连连称叹文天祥是大丈夫。然而，这天晚上，伯颜决定扣押文天祥。文天祥有诗一首："单骑堂堂诣虏营，古今祸福了如陈。北方相顾称男子，似谓江南尚有人。"

据文天祥自述，自身高大，矮化伯颜，可能有夸张的成分。他书生气十足，义正词严，置生死于度外，令伯颜大惊，恐怕将来是个大麻烦，随即被软禁起来。文天祥多次抗议，都被伯颜找借口敷衍，直到后来公开押解他北上。

伯颜以宋朝降表中仍书“大宋”国号、恭帝自称“㬎”不称“臣”为由，派程鹏飞、洪君祥跟随贾余庆返回临安，换取新降表。南宋根据伯颜要求进行修改，形成新的降表文本。汪元量《湖州歌》组诗中，有一首说到南宋君臣商议降书的紧张情形：“殿上群臣默不言，伯颜丞相趣降笺。三宫共在珠帘下，万骑虬须绕殿前。”殿上大臣默然，殿前元兵踱步，帘下三宫无奈。

随同新降表到元营的，还有谢太皇太后处理政务所用的内批大印、各式国玺十二枚，以及谢太皇太后谕示尚未归附元朝州军的劝降诏书。谢氏诏书中说：“如今根本（指临安）已失，有些州郡计划坚守，但人民是无辜的。诏书到日，各自归附元朝，以免生灵再遭涂炭。”

南宋正式投降之前，为稳定临安局势，元朝大军距临安咫尺而不入，伯颜只派少数兵力前往临安城外，防止南宋大臣、将官逃窜。同时下令，禁止元军入城，违者军法从事。他又派吕文焕携带黄榜到临安，宣讲元朝的和平政策，以安定人心，稳定社会秩序。据说在这之前，朝廷投降之事传遍临安，大家前途未卜，人心惶惶。临安治安顿时恶化，有南宋禁军无法无天，白天就敢在大街上公开杀人；有人趁乱偷盗、抢劫，危害一方。等元朝的安抚告示一出，民心赖以为安。

南宋既已正式投降，瓦解降国武装是紧要事务。第一支要解决的是

“疑有异志”的文天祥军。伯颜派元将唐古歹、宋将赵兴祖到富阳，解散文天祥招募的勤王兵两万多人，发给过路文书，让他们回归乡里。元人说文天祥的这些部下拿到遣散文书，都欢快地回乡。事实上，这些江西义军虽然没有马上反抗，却没有放下武器。大部分人确实回了江西老家，却继续与江西元军战斗。剩余部分跟随方兴、朱华等将领，从浙江南下，进入福建，追随益王、广王，继续抗元。

临安守军也换上了元军。南宋三衙（殿前都指挥使司、侍卫亲军马军都指挥使司、侍卫亲军步军都指挥使司）禁军和其他军队就地解散，分解配发到各支元军当中。南宋临时招募而来的勤王兵、民兵也统统解散，听其回乡。

朝廷都投降了，地方难道还会硬扛？伯颜派人带着谢太皇太后的劝降诏书，到附近的淮东、淮西、浙东、浙西等地招降。看到诏书，建德（今浙江建德梅城镇）、婺州、台州、处州（今浙江丽水）、衢州纷纷投降。其中，知建德府即前文提到的著名诗人方回。方回曾经言辞激烈地抨击贾似道卖国，大言抗元对策，浓眉大眼、一脸忠君之相的人居然主动投降了。此举向来为当时人、后人所诟病，讥讽其人品败坏。细想一下，赵宋朝廷都投降了，难道还要苛责一个小小的地方官没有舍生取义？不过，确实有这样一群官员，为了所谓颜面，自己不主动投降，等临安朝廷一降，元军稍加劝诱，他就可以心安理得地投降了。

一国投降，改朝换代，是天大的事情，要有庄重的典礼才可。二月五日，南宋大内祥曦殿前，六岁的宋恭帝赵㬎率领文武百官，朝着元朝首都大都的方向，行跪拜礼，并宣读降表，正式投降元朝。

传说恭帝出降后，伯颜喜出望外，作小令《喜春来》一曲：

金鱼玉带罗襕扣，皂盖朱幡列五侯，山河判断在俺笔尖头。

得意秋，分破帝王忧。

得意之情，跃然纸上。

仪式完成之后，遵照元世祖旨意，临安从中央正式成为元朝的地方州郡，设立两浙大都督府。伯颜命忙古歹、范文虎进城，处理都督府事务。又命张惠、阿剌罕、董文炳、吕文焕等人入城，检查军民钱粮的账目，收回宋朝官员的诰命、官印，罢除全部宋朝官署。同时，投了降宋恭帝就不再是皇帝，也不能住在皇帝寝殿，而是搬到偏殿。

临安降礼结束，伯颜上了一封贺表给元世祖，其中说道："区宇一清，普天均庆。"好像整个南宋已经被征服了。这封贺表，简述了宋元（蒙）几十年的战争历程，特别是占领临安的过程。贺表最后，伯颜自夸："臣奉扬宽大，安抚官民，九衢市肆不扰，一代繁华如故。"

好个"一代繁华如故"，伯颜自觉厥功至伟。汪元量《醉歌》群诗有一云："伯颜丞相吕将军，收了江南不杀人。昨日太皇请茶饭，满朝朱紫尽降臣。"吕将军当是吕文焕。伯颜既不杀人，却屠杀常州，为的都是大元江山。

汪氏另有一诗写了元兵进城后的市井情况："衣冠不改只如先，关会通行满市廛。北客南人成买卖，京师依旧使铜钱。”临安城里，百姓日子照过，市场依旧人头攒动，南宋货币依然通行。除多了元兵，好像一切都没改变。

不过，元军也少不了骚扰百姓，汪元量同样有诗反映。《醉歌》其七云：“北师要讨撒花银，官府行移逼市民。丞相伯颜犹有语，学中要拣秀才人。”前两句诗说元兵索要银两，后两句说的是元人在学校抓学生。

1294年（至元三十一年），伯颜去世，元朝追封他为淮安王，谥忠武，故称淮安忠武王。1304年（元成宗大德八年），为表彰伯颜之功，朝廷在杭州西子湖畔兴建了一座淮安忠武王庙。立庙就要说明缘由，刘敏中撰写了《敕赐淮安忠武王庙碑》，讲述了伯颜一生的恢宏战功，略及曹彬再世（不滥杀）的功德。《元史》明言其为“功臣之祠”。

西湖历来乃杭州胜景之最，自然景致、人文精神兼具，文人骚客咏不胜咏，游记更是举不胜举。随着时间的发展，西湖边上的伯颜祠演变为杭州人为感谢伯颜不嗜杀戮所建。最典型的，莫如清代书商增删的《西湖志》，其说：“（杭州）新营街之西，元有江淮财赋总管府淮安忠武王庙。今府地废为民居，祠地为按察司马厩矣。忠武王庙，即元丞相伯颜祠也。方其统兵下临安，驻节皋亭，俟宋出降，不嗜杀戮，杭民德之，为建此祠。”从国家的功臣之祠，到生民的感念之恩，几百年间，欷歔了不少人。

临安不仅有繁华市井，更积存了三百一十五年的大宋文明。文明比较虚化，包罗万象，但其载体看得见摸得着，当尽量归元。二月十一日，伯颜找来大内一名叫王埜的宦官，派他到宫中搜罗衮冕、圭璧、符玺、图籍、宝玩、车辂、辇乘、卤簿、麾杖等物品。十三日，在临安设浙东西宣慰司，以户部尚书麦归、秘书监焦友直为宣慰使，吏部侍郎杨居宽同知宣慰司事，一并兼知临安府事，暂时安抚临安宋人。二十二日，伯颜命焦友直搜集秘书省所藏的南宋各地地图、户口版簿。

有人提议烧毁图书典籍，甚至是史馆中的档案、国史、实录等。大将董文炳反对，他说："国可灭，史不可没。宋有十六主，有天下三百余年，太史平日所录都在史馆，应该妥善保存，以便我朝利用。"临安皇家、官府所藏，加上后来搜检之物，多被转运到大都。

二月十一日，元世祖昭告宋朝臣民，如同致南宋官民的一封公开信，请他们各安其职。大致包括以下几方面：投降的南宋皇室，须北上朝觐；归附州郡的官吏，不得擅自征收苛捐杂税，不得欺压百姓；准许贫民进入山林、河湖，采收物产货卖，官府不得征税；秘书省所藏图书、户籍等物，太常寺所有之礼乐之器，须悉数收拾北上；官府应该将前世圣贤的后代，儒、医、僧、道、卜筮以及通晓天文历算、隐逸之士，具名上报；名山大川、寺观庙宇上的名人遗迹，不许拆毁；鳏寡孤独不能自理者，应予以照顾。

秦国统一天下后，为防止六国复兴，将贵族悉数迁到咸阳，此后每逢改朝换代，几乎如此。元灭南宋，宋室也当北迁大元首都，肯定不能例外。

四、帝后北上：目断东南四百州

汪元量写有不少宋人北上的诗作，《湖州歌》第六首展露了宋人离别时的心境："北望燕云不尽头，大江东去水悠悠。夕阳一片寒鸦外，目断东南四百州。"

宋室北上大都之前，祈请使团先行一步。

二月初，在伯颜的命令下，已经降元的南宋命贾余庆为右丞相兼枢密使，刘岊为同签书枢密院事，与左丞相吴坚、同知枢密院事谢堂、签书枢密院事家铉翁一道，共任祈请使，带着降表去大都，拜见元世祖。出发前，吴坚以老病请辞，伯颜同意。到二月八日，祈请使团出发时，伯颜忽然改变主意，留下谢堂，让吴坚、文天祥加入同去。谢堂不去，据说是他贿赂唆都、伯颜的结果。

与其他几位不同，家铉翁充满爱国情怀，不甘心与元朝合作。家铉翁，号则堂，眉州（今四川眉山）人。以恩荫得官，曾任知常州、浙东提点刑狱等职。南宋朝廷投降后，伯颜强迫宰执大臣以三省、枢密院的名义向尚未归附元朝的地方发布命令，要求他们向元朝投降。这一命令需要左右丞相、参知政事、枢密院正副长官署名，只有家铉翁不肯。程鹏飞见此，要将他捆绑。家铉翁大声吼道："中书省没有绑执政大臣的先例！等我回家待命吧！"

与文天祥相似，家铉翁的书生气也十足。之所以同意北上，是因为他还幻想劝说元世祖保留赵宋政权，将此行视为救命稻草。文天祥名列使者名单，纯粹是伯颜要将他押解到北方。文天祥留下家书，安顿好家事，准备行前自尽。家铉翁劝他说，自杀非勇者所为，等祈求元世祖失败之后，再死也不迟。文天祥觉得有道理，毕竟还有一线报国机会。就这样，在元军的“护卫”下，南宋最后的外交使团出发了。

二月九日，祈请使出发。五名祈请使之下，还有其他官员以不同职责随行：奉表献玺纳土官二人，监察御史杨应奎、大宗正丞赵秀岩；日记官二人，宗正丞赵时镇、门宣赞舍人严光大；书状官五人，知高州徐用礼、潮州通判吴庆用、惠州通判朱仁举、处州通判沈庚会、浙东路钤辖吴嘉兴；掌管礼物通事官二人，通事总管高举、总管吴顺；提举礼物官三人，环卫总管潘应时、总管吴椿、环卫总管刘玉信；掌仪官一人，浙东路钤辖詹困。下有属官五十四人，随行人二百四十人，抬扛礼物的将兵三千人。负责馆伴（负责接待事务）祈请使团的元朝人员，主要是伯颜部下的特穆尔万户，以及阿术部下焦愈相，应该率有不少军队。元朝虽名馆伴，实为监视。保守估计，这支祈请使团大概得有一万人以上，规模甚为庞大。

除此之外，所谓的祈请使都是宰执大臣，也不是单枪匹马，每人应该都有随从。跟随文天祥出使元营的原本有几十人，如今看到要北行，只有大概十人愿意随行，如杜浒、余元庆等人。从出发那天开始，文天祥一路都在谋划逃跑，但他是元军重点看押的对象，几次试图逃脱都没有成功。他们从临安出发，历经平江、无锡、常州、镇江，然后渡过长江，到达瓜洲。

使者沿路所见，罕有人烟，死人比活人多。最惨当数常州，房无一间全，河道尽尸体，臭气熏天。常州附近的吕城，白骨堆积如山。

两淮尚有不少城池在宋军掌握之中，阿术坐镇瓜洲，接见了祈请使节。阿术打算以祈请使的名义，致信李庭芝，劝其投降。众人皆在信上署名，文天祥死活不肯，阿术也拿他没有办法。

瓜洲在长江以北，本来可沿运河乘船北上。附近不少宋军地盘，元军怕出意外，不敢唐突通过。经历一番大风雪之后，他们又从瓜洲返回镇江，有时被半软禁于镇江府衙之中，有时在船上过夜，等待命令渡江。文天祥出行不便，有人监视。但他的随从相对自由，杜浒、余元庆和文天祥商量逃跑之事，准备渡江前往真州。经过几天的打探、找船、拉拢人，他们在二月二十九日趁夜渡过长江，历经种种险阻，终于到了真州。第二天一早，元军发现文天祥逃走，封城三天，大肆搜索，一无所获。

幸运的是，使团成员严光大《祈请使行程记》留存下来，我们才得以得知祈请使接下来的行程、见闻。

使团继续赶路，三月二日再抵扬州附近的扬子桥，乘马前行。第二天到湾头，午时左右，扬州将领姜才率军突然杀出，元军退却。宋军这难得获胜的一幕被使节们看到，严光大写下："有扬州都统姜才出战，士气百倍，其锋不可挡，乃退。"

三月四日，祈请使到扬州以北四十五里的邵阳镇，元军甚多，有堡寨六十多所。元朝淮东都元帅博罗欢和左副都元帅阿里伯在此设宴，宰马置酒，招待宋使。忽然，有军报传来，说姜才率领的宋军从扬州北门杀出，双方交战半日，死伤不少。到黄昏时，博罗欢亲自率军前去，将宋军击退。

宋军出战，是因为李庭芝将祈请使团误作宋恭帝，想要抢夺。

三月八日，经过招信，到淮安界，宋军再次杀来。他们看到旌旗云拥，听到震天炮响，矢下如雨。原来是知淮安州许文德率兵来截，杀伤元军不少。特穆尔组织军队反击，天色暗淡时才将宋军击退。

过扬州后，多行运河水路，途经天长、宝应、招信、清口、宿迁、邳州、淮阴、徐州、东平、陵州、长芦、清河、武清、大兴等地，一个多月后，终于到达大都。祈请使团一路上并没有受到什么欺侮，相反元人还算是礼遇他们，沿途经常有元朝官员设宴招待，只是偶尔风餐露宿。

此时都城虽称大都，但新城还没有建成，仍在金中都燕京城。旧燕京城位于大都新城的西南，东面自北向南依次是施仁门、宣辉门和阳春门，北面从西向东依次是会成门、通玄门、崇智门和光泰门，西面自北向南依次是彰义门、顺华门和丽泽门，南面自西向东依次是端礼门、丰宜门和景风门。

闰三月十日，祈请使团从大都东面的阳春门进城，受到元人热情欢迎。令他们高兴的，自然不是降宋那几千人的使团，而是他们传递而来的胜利喜悦。一进城门，即有各式舞团、乐团迎接，载歌载舞，一路送到会同馆。此处原是金朝四大王府，改作专门招待外国使节的国宾馆。酒馆用膳之后，祈请使团也被安置妥当。四位宰执大臣作为上宾，安排了上房穆宾堂。属官住在后堂，随员散住在两排廊屋。

下榻之后，元人在招待上更加无微不至。宋人每天所食用的米、菜、酒、茶之类，都有专门的官员负责指挥、采办。另有专门的厨子，临时雇来的短工，为使团服务。每天有监察御史等官员，询问宋人茶饭是否合口。

入大都前一天，队伍行至大兴时，贾余庆生了病。次日，病情加重，依旧住在会同馆。枢密院安排太医为贾余庆诊脉，用了石膏散，病情却急转直下，第二天去世。十五日，出殡，燕京大兴总管府沿途设置了十余座彩亭，还备有丧礼乐队、殡葬用品，最后安放于洞神观。

元世祖不在大都，而在上都开平府（今内蒙古正蓝旗东北四十里兆奈曼苏默古城），因而宋使需要继续北上，到上都才能见到元世祖。按元朝安排，祈请使团暂停大都，或许是为等待谢太皇太后、宋恭帝等宋朝皇室前来。

前面说到，元世祖致南宋官民的诏书中，提到赵宋皇室到北方。二月二十五日，元世祖命令囊加歹传旨伯颜，遣送南宋君臣北上。三月十日，伯颜先行一步。行前，为了消除临安的反抗力量，伯颜命令收缴临安城里的兵器。又命部下搜集各种祭器等礼器，有南宋太庙四祖殿（祭祀宋太祖前代的僖、顺、翼、宣四祖）、景灵宫（供奉宋太祖以来历代皇帝的画像）礼乐器、册宝以及郊天仪仗和国子监、国史院、学士院、太常寺的图书、祭器、乐器等物。襄阳围城期间，宋人觉得元朝后方空虚，金履祥曾经给宋度宗提出从海上出击直捣幽蓟（今京津冀）的大胆计划。金履祥是金华学派的代表人物，与主流理学家沉迷性理之学不同，主张经世致用。他建议水师从海路北上，直接攻打幽蓟，并画出了所经海路上的大小岛屿、远近路程和危险海域等。这一计划脑洞大开，没有实施。元朝占领临安后，在宋人的指点下，战利品就是走的金履祥指出的这条海路。

三月十二日，阿塔海、阿剌罕、董文炳进入宫中，要求宋恭帝、全太后等北上。在宣读元世祖的诏令中，有一句“免系颈牵羊”。牵羊礼，自武王克商之后，即亡国之君的投降礼仪，不过后世不常使用。北宋灭亡时，宋徽宗、钦宗父子以及皇室成员，在金朝上京会宁府，即举行了牵羊礼。对宋人来讲，这一仪式需肉袒，令人斯文扫地，是莫大的耻辱，也是南宋君臣的痛苦记忆。

当听到免牵羊礼时，全太后（度宗皇后，恭帝之母）感动到哭泣，对年少的恭帝说：“这都是天子（指元世祖）圣慈，赐你活命，应当望阙（元大都方向）拜谢。”恭帝听从拜谢，然后母子出宫。

同一天，元军索要宫女、内侍、乐官等皇宫当差的各色人等。有不少宫女不愿北迁，跳入莲池而死者甚众。

太皇太后谢氏正在生病，是否与恭帝等一道启程，元军不知如何应对。伯颜已到瓜洲，万户赵兴祖专门到瓜洲请示伯颜，准许谢太皇太后暂留临安。

与全太后、宋恭帝一同北上的有数千人，据其身份，可分为如下几个部分：

一、皇室女眷，有隆国夫人黄氏（度宗母）、婉仪王清蕙、安定夫人陈氏、安康夫人朱氏等，宫女随行者一百余人。

二、赵宋宗室，有福王赵与芮、沂王赵乃猷和宗室赵孟頫。临安降元后，福王赵与芮从绍兴致信伯颜，言辞恳切，有请投降之意，但有所忧虑。伯颜回复他：“你国既已归降，南北共为一家，不必怀疑，当速前来，共商大事。”赵与芮就这样到了临安。

三、南宋官员，有参知政事谢堂、高应松，驸马都尉杨镇，台谏官阮登炳、邹珙、陈秀伯，知临安府翁仲德，其他中低级官员数千人。

四、三学（太学、武学、宗学）生数百人。二月底时，元将董文炳和唆都开始派兵抓捕南宋三学生，要将他们带到大都去。虽说是学生，那是政治身份，年轻的有十几岁，年老的有四五十岁。太学生徐应镳坚决不走，因而和两个儿子、一个女儿纵火自焚，被仆人救下，没有死成。第二天，他又和儿女投井自尽。

出宫时，汪元量有诗谈及，《湖州歌》其四云：“谢了天恩出内门，驾前喝道上将军。白旄黄钺分行立，一点猩红是幼君。”年幼的恭帝出行，依旧是白旄、黄钺这些帝王仪仗。

与祈请使不同，恭帝数千人北行大都的经历，现有文献记载比较模糊。他们路过瓜洲时，李庭芝派姜才率兵四万出击，试图夺回两宫。大战一日，元军簇拥而去。宋军继续追赶，至夜不退，但终究失败。再过真州时，守将苗再成也展开了救驾行动，没有成功。

闰三月二十一日，功臣伯颜从临安回到大都，祈请使出门迎接。他们看到伯颜军旗大书“天下太平”四字，好不威风。

元人告知祈请使，全太后、宋恭帝一行将到。二十四日，宋使出阳春门，到城外五里处，静候全太后、恭帝等人。恭帝等皇室宗亲、南宋高官，乘车而来，用车大小九十三辆。与靖康之变后北宋皇室北行的悲惨遭遇完全不同，元朝对南宋皇室一直以礼相待。入城大都时，元人也准备一套歌舞乐仪式，更为豪华。仪式完毕，恭帝母子也入住会同馆，使节、官员们跪拜，离开。

宋末元初的邵桂子写有《雪舟脞谈》，记录了若干南宋史事，多已佚失，存世内容也并非尽为信史。据他所闻，北上诸种人等，以三学生的遭遇为最惨。临安出发前，为了凑足上面索要的人数，元兵疯狂抓人。有学生提前得到消息，急急逃亡。逼迫之下，学生们依旧不愿，棍棒上身，只能从命。汪元量写到三学生的惨态，《江上》诗云：

太学诸斋拣秀才，出门何处是金台。楝花风紧子规急，杨柳烟昏黄鸟哀。
潮落潮生天外去，人歌人哭水边来。推篷坐对吴山月，几度关门击柝回。

快要登船时，学生们饥饿难耐，元兵送来一桶饭，不给饭勺和筷子。他们毕竟是读书人，没有一窝蜂地用手去抓、去抢，而是到河边捡拾蛤蚌的外壳，用来舀着吃。路上饥寒困苦，不少人死后，没有装殓，直接被遗弃到荒郊野外。他们行进得比较慢，可能除了水路都在步行，因此比全太后、恭帝一行晚了一个多月才到大都。据《元史》记载，到达大都的太学生只有四十六人。后来，元朝将他们派到各地学校担任教授，统计人数时，发现只剩下十七八人存活。

经过商议，四月十二日，祈请使节们出发。三天后，全太后、恭帝、福王、沂王、隆国夫人、谢堂等人也离开大都，进向上都。有几位夫人则留在大都会同馆。

祈请使和属官骑着递铺（驿站）的马，沿着元朝的驿站系统北上。许多随员和士卒留在大都，只有少量跟随。据严光大说，他们所行的道路，十里设一急递铺，他由此感叹道："九州自此通路去。"

他们从通玄门出城，晚上到昌平（今北京昌平）站。从昌平往西北，多是沙地。昌平下一站是榆林（今河北怀来县东榆林堡），改坐车，到怀来。继续北上，到洪站，向西十里是云州（今河北赤城县北云州乡）。再北，到长城要隘独石口，此处设有独石站。宋人所见，从昌平到独石，一片荒芜，民居多是没有垣墙的茅草屋。这一线的接待人员都是汉人，统称为"汉儿站"。

出了独石口，就是塞外草原，沿途驿站服务人员多是蒙古人。草原第一站有个质朴的名字——牛群。牛群站没有房子，只有毡帐，所食多为牛乳、羊酪、肉。下一站是明安站，只有床帐，没有人家。下一站叫京亭，不仅没有人家，连水也没有。喝水需要到十里外，燃料只有马粪可用。下一站叫李三，也没有人家。从李三站继续坐车，行驶四十里，四月二十二日抵达上都开平府。

作为南方人，严光大从江南辗转而来，对上都的气候、房屋有较为惊奇的记录。他自我感觉，从大都到上都八百里，几乎是一步比一步高。海拔较高，夜观天象，没了水雾气，星宿都明亮许多，而且好像是放大版的。这地方天气偏冷，水极其寒冷，六月就要结冰。五月、六月正是江南火热时节，没想到这个地方居然从井里能打出冰来。六月常有冰雹，大如弹丸。一年四季时有雨雪，人们都不敢开门，否则牛羊会冻死，人的耳朵、鼻子会冻裂。秋冬所降之雪，不断累积，到次年四月才能消融彻底。因天气寒冷，此地房屋普遍矮小，多以地窟为家，可以挡风雪。这种地窟要掘地三四尺，四面砌土墙。

二十八日，全太后、恭帝、官员、宫人也到达上都，进城后分开居住。只有沂王，因病重没能进城。

三十日，元朝枢密院通知宋人，次日为月旦日（每月初一），请全太后、恭帝、福王以及宰执官、宫女、宦官出西门，北拜蒙古太庙。第二天一早，宋人出西门五里外，全太后、恭帝、福王、隆国夫人、宦官成一列在前，吴坚、谢堂、家铉翁、刘岊和下属官员为一列在后。他们朝向北方，元人在他们面前挂了一个紫色的罘罳（类似屏风），代表元朝皇室的太庙。这个太庙，其实是四月底临时修成的，为的就是这一天。宋人对庙两拜，结束。

拜完临时搭建的简易家庙，该举行觐见元世祖的朝拜礼了。五月二日天蒙蒙亮，在元人的引导下，宋人们又早早出了南门，到门外十里远的地方。原来茫茫草原上，矗立着一座元世祖的行宫，名大安阁。如宋人所见，殿宇宏伟壮丽，金碧辉煌。宋人在殿前准备了一百多桌金银玉帛，作为初次见面的进贡礼。临安的金银细软，几乎被元人搬空，不知宋人从哪儿弄来这么多的东西。他们从临安到大都，再到上都，数千里路上，还带了如此多的财富。或许是元人准备好的，让宋人做做进贡的样子罢了。国家都亡了，南宋君臣皆成了元朝子民，更何况那些身外之物？此处尚称他们为“宋人”，因为他们代表南宋朝廷。

宫殿之中，元世祖、察必皇后共坐正中，蒙古诸王、王妃分坐两列。全太后、宋恭帝、福王、宰执依次上前致敬。宰执腰系金带，穿着紫色官服，下属官员则服绯绿，根据等级站立。元世祖吩咐："不用改变服色（指元朝服饰），依宋朝习惯就很好。"退时，再两拜。礼毕，元朝安排了宴会，元世祖对吴坚说："你年纪大了，为何还要做丞相的事？"吴坚答曰："自陈丞相（陈宜中）逃去，朝廷无人当职，无人肯做丞相。臣做丞相时间并不长。请皇上看在年老的份儿上，让臣回归故里吧。"严光大日记到此结束，元世祖如何回答，不得而知。

严光大没写，或者他不知道的是，五月一日，元世祖授宋恭帝赵㬎为开封仪同三司、检校大司徒，封瀛国公。元朝平宋，得府三十七、州百二十八、关监二、县七百三十三。元以宋平为由（实际上并未全部平定），派伯颜在上都近郊祭告天地、祖宗，到各地祀告五岳四渎，大赦天下。而且，就在五月初，益王赵昰在福州即位，继续南宋王朝的生命。

太皇太后谢氏还在临安，被元兵强制抬出宫，从行者七十余人，八月到大都。

前面多次提到宫廷琴师汪元量，也在仓皇北上的行人中。汪元量，字大有，号水云、水云子、楚狂，钱塘人。其父名琳，当是与宫廷有些来往，汪元量七岁时曾入宫中，二十岁进宫当差，二十七岁为谢太后、王昭仪鼓琴奉卮酒，成为一个低级小官。

汪元量诗多写南宋灭亡前后事，自述"走笔成诗聊纪实"，也被同时代人赞誉为"诗史"。既为诗史，那就是比肩杜甫的意思，汪元量看重杜甫，当时人也拿他和杜甫相比。李珏说汪元量的诗“亦宋亡之诗史也”。刘辰翁说汪诗如同在书写历史。赵文说汪元量目睹临安仓促降元，又跟随宋室北迁，沿途的经历大多在诗中倾诉，痛心骇目，史所未载。汪元量有诗才，善抚琴，入职宫掖，当时人也拿他和李白相比，刘将孙有文赞曰：“盛年以词章给事宫掖，如沉香亭北太白。”

本书多次引述汪诗，即因为其“诗史”的不可替代性。然而，汪诗几乎都不记录写作时间，需要后世考证推测。有研究成果根据诗词内容和相关史实，予以考证，有些比较精当，有些则主观臆测，难以确定。

他在北上途中以及到大都后写了不少诗，从中可知其交通大概。不过有个问题，历来聚讼纷纭。史书记载，汪元量是太皇太后身边的琴师，那么，他到底是跟随全太后、恭帝一行北上呢，还是跟随太皇太后北上的呢？一种说法主张前者，一种说法主张后者。之所以混乱，是因为汪元量的诗作中，兼写了全太后、恭帝和谢太皇太后两路之事。这不奇怪，不少诗是他到大都后的回忆和感伤之作。不过，从某些诗句的细节看，他可能跟随的是太皇太后。至于其中的分析，此处大可抹去。

汪元量不过是一个琴师，是一个可能连品级都没有的小人物，他的个人体验，却代表着万千士大夫的哀鸣。

元兵入城后，伯颜自信临安繁华如故，可南宋故宫肯定要萧索，万万不会繁华。昔日宫室注定冷清，物是人非。汪元量到昔日宫女住处芙蓉阁，写下悲伤的《兵后登大内芙蓉阁宫人梳洗处》：

粲粲芙蓉阁，我登双眼明。手拊沉香阑，美人已东征。

美人未去时，朝理绿云鬟，暮吹紫鸾笙。

美人既去时，阁下麋鹿走，阁上鸱枭鸣。

江山咫尺生烟雾，万年枝上悲风生。

空有遗钿碎珥狼藉堆玉案，空有金莲宝炬错落悬珠楹。

杨柳兮青青，芙蓉兮冥冥，美人不见空泪零。

锦梁双燕来又去，夜夜蟾蜍窥玉屏。

昔日粉黛争艳，如今芳草萋萋。破败之速，令人难以置信。《史记·淮南衡山列传》有“今见麋鹿游姑苏之台也”之句，后人以麋鹿游比喻繁华之地成为荒凉之所，代指宫廷荒废，比喻国家衰亡。鸱枭，一种说法指猫头鹰，不吉，或指小人。

另有《废苑见牡丹黄色者》写皇家花园的败落：“西园兵后草茫茫，亭北犹存御爱黄。晴日暖风生百媚，不知作意为谁香。”御爱黄，当是皇家钟爱的黄牡丹。最爱牡丹盛开，除却茫茫杂草，不见人来闻香。离开临安后，汪元量还想起这满园牡丹：“犹说初离行在所，玉阑无数牡丹花。”行在所，指临安。

北行前，汪元量写下《晓行》一诗。诗中透露，他想留下些嘱咐，思绪万千，脑海翻滚，却无语凝噎。离别最盼重逢，最悲遥遥无期。

后有《北征》诗，其中有“出门隔山岳，未知死与生”“遗氓拜路旁，号哭皆失声”两句，道出了出行时的辛酸、行途中的哀愁。要去遥远的北方，生死未知，恐怕再也见不到江南的山山水水。天地果真无情，昨日的南宋子民，今日成为元朝治下的遗民，号啕痛哭。

路过吴江（吴淞江），又作《吴江》，中有“舟子鱼羹分宰相，路人麦饭进官家”之句。看到皇室、宰相北上，江里船家送来鱼羹，路边百姓送来麦饭。

这一路上，汪元量诗作连篇，我们由此得知他们的行程。

过了吴江，路过平江，历经无锡、常州、镇江，抵扬子江畔。渡过长江是扬州，然后进入运河，途经淮安、邳州（今江苏睢宁北）、徐州，继续北上鱼台（今山东鱼台）、济宁、郓州、东平、陵州（今山东德州陵城区）、景州（今河北景县）、沧州（今河北沧县）、献州（今河北献县）、河间（今河北河间）、通州（今北京通州），下一步就是大都了。

淮河以北无军情，元人的管束好像松弛一些。虽离开南宋故土，汪诗中倒是增添些许欢快的色彩。在徐州，州官带来酒，与他们共游黄楼。“徐州城上觅黄楼，四壁诗章读不休。更欲登台看戏马，州官携酒共嬉游。”黄楼，北宋苏轼任徐州知州时所修建。

在沛县歌风台，岸边的地方官也送来酒肉。“歌风台畔水沄沄，地面官人馈酒荤。宫女上船嬉一霎，不禁尘土污衣裙。”

在济州（今山东济宁），依旧笑语不断。“新济州来旧济州，柳门西畔两三鸥。酒边笑谑消长日，弄竹弹丝尽胜流。”

诗人沿途以酒解愁，几乎人不离酒，诗不离酒。有酒喝，说明元人也挺优待俘虏。在扬州运河的邵伯渡口，“邵伯津头闸未开，山城鼓角不胜哀。一川霞锦供行客，且掬荷香进酒杯”。在济州，“酒边笑谑消长日，弄竹弹丝尽胜流”。在郓州，“如此月圆如此客，犹能把酒到天明”。在汶河畔，“一片夕阳无限好，汶河西上酒楼高”。在沧州，“船到沧州且少留，客来同上酒家楼”。在河间，“此夜此歌如此酒，长安月色好谁看”。在长芦镇（今河北沧州北），“日暮烟花箫鼓闹，红楼烂醉楚州春”。

诗里也常见兵燹之后的萧瑟，如：“两淮极目草芊芊，野渡灰余屋数椽。兵马渡江人走尽，民船拘敛作官船。”两淮繁盛不再，一片狼藉。又如：“兵后人烟绝稀少，可胜战骨白如山。”

诗中还写到他们的食物，《湖州歌》第三十三首：“不堪回首泪盈盈，万里淮河听雨声。莫问萍虀并豆粥，且餐麦饭与鱼羹。”他们经常吃的是水生的萍蓬就咸菜，喝的是豆子熬成的粥，麦饭、鱼粥更好一些。对于这些稍好些的麦饭、鱼粥，行途上宫女难以下咽，满面愁苦：“官军两岸护龙舟，麦饭鱼羹进不休。宫女垂头空作恶，暗抛珠泪落船头。”有时会有小贩到他们船头卖鱼，“眼前境逆没诗兴，忽有小舟来卖鱼”。诗人正无聊，恰见小船卖鱼，顺口咏出一章。元朝将军偶尔会送来些好的吃食：“行军元帅来相探，折送驼峰炙一盘。”驼峰炙，即烤驼峰肉。

陪同谢太皇太后北上的七十多人中，大部分应是宫女，汪元量在行途中作了不少描写宫女生活的诗，多是“悲”“泪”字眼，但这恐怕更多的是诗人的内心写照。感谢汪元量，为我们提供了时代大变局下小人物的生命片段。历史大洋中，他们经常活着无声，死得寂寞。

元军袭来，临安一片太平景象。而宫娥深居禁宫，不知危险将至，依然在欢唱亡国丧曲。汪诗云："凤管龙笙处处吹，都民欣乐太平时。宫娥不识兴亡事，犹唱宣和御制词。"不禁令人想起杜牧《泊秦淮》的名句："商女不知亡国恨，隔江犹唱《后庭花》。"

临安降元前，泪水涟涟。汪元量写道："六宫宫女泪涟涟，事主谁知不尽年。"宫女们在皇家当差，侍奉皇帝、太后、太皇太后，没想到自己前途未卜。出发不久，汪元量写道："晓来官棹去如飞，掠削鬟云浅画眉。风雨凄凄能自遣，三三五五坐弹棋。"行船飞快，宫女们简单梳妆，在凄凄风雨中，三三五五弹棋消遣。船行江上："暮雨潇潇酒力微，江头杨柳正依依。宫娥抱膝船窗坐，红泪千行湿绣衣。"这首写的是宫女在船上以泪洗面的景象。到镇江附近，汪元量写道："晓鬟鬅松懒不梳，忽听人说是南徐。手中明镜抛船上，半揭篷窗看打鱼。"与前两首相比，这首略为欢快些。南徐，即镇江。宫女们懒得梳妆打扮，暂时放下手里的镜子，争看窗外的捕鱼风景。到高邮时，"宫女开篷犹自笑，闲抛金弹打沙鸥"。看，她们也苦中作乐，或许是闲情逸致。也玩骰子取乐，"卧笑宫人掷骰子，金钱痴咒卜输赢"。

快到淮安时，乘船漏雨。"北风吹雨入篷间，宫女腰肢瘦怯寒。阿监隔船相借问，计程今日到淮安。"寒风冷雨，娇瘦的宫女冰冷难耐，领头的女官让她们再坚持，就快到淮安了。

"更阑炙烛绣檐遮，卸却金钿与翠花。心似乱丝眠不得，江楼中夜咽悲笳。"深夜烛光之下，宫女们在绣帽檐。卸去装戴的首饰，心乱如麻，难以入眠。江上悲咽的胡笳声传来，再次唤起了心里浅埋的伤感。类似夜难眠的诗句有："宫女不眠开眼坐，更听人唱哭襄阳。"哭襄阳，是民间所传唱的哭诉襄阳失守的哀歌。

"宫人清夜按瑶琴，不识明妃出塞心。十八拍中无限恨，转弦又奏广陵音。"明妃是西汉出塞的王昭君，《胡笳十八拍》是东汉陷入匈奴的蔡文姬所作，广陵音是嵇康临死前所奏之《广陵散》，抒发宫女们心中的悲愤。琴之外，她们还有琵琶、笛子吐诉心扉："拨尽琵琶意欲悲，新愁旧梦两依依。江楼吹笛三更后，细雨灯前醉玉妃。"玉妃是唐朝杨贵妃，此处代指宫女。

到北方后，这些宫女的命运如何，汪诗中也有交代。

"金屋妆成物色新，三宫日用御厨珍。其余宫女千余个，分嫁幽州老斫轮。"看来，元朝对南宋三宫的安排比较妥帖，有新修缮的房屋焕然一新，日常用度也颇为讲究。部分宫女继续服侍三宫，其余千余宫女被迫嫁给大都的工匠。老斫轮，即年纪较大的工匠。

另有《亡宋宫人分嫁北匠》诗，专门诉说宫女嫁给工匠一事："再令出宫掖，相看泪交垂。分配老斫轮，强颜相追随。"心情自然悲苦："吞声不忍哭，寄曲宣余悲。可怜薄命身，万里荣华衰。"

平常时日，宫女们心比天高，瞧不上寻常人家，但注定命比纸薄。"宫怨"是唐宋诗词中较为小众的主题，在男人的笔锋下，深宫中的她们好比在地狱一般。人生悲苦，好像不过如此。唐朝白居易那首长诗《上阳白发人》，诉说的就是一位（唐东都洛阳上阳宫）老宫女的惨淡人生，直白易懂，扣人心弦，摘录数句如下：

上阳人，上阳人，红颜暗老白发新。

绿衣监使守宫门，一闭上阳多少春。

玄宗末岁初选入，入时十六今六十。

同时采择百余人，零落年深残此身。

……

上阳人，苦最多。

少亦苦，老亦苦，少苦老苦两如何！

反观南宋宫女，北上作俘，只得逆来顺受，暗自垂泪空悲切，还不如在那宫墙牢狱里呢！

五、穷途末路：一心愁思自心知

三宫在北方生活如何？人生结局如何？

刚到北方时，三宫受到了元人的热情款待，汪元量《湖州歌》第六十九至七十九首主要说的即元人款待三宫的情形，诸如“箫鼓沸天回雁舞，黄罗帐幔燕三宫”，“驼峰割罢行酥酪，又进雕盘嫩韭葱”，“第六筵开在禁庭，蒸麋烧鹿荐杯行”。

还有四首表现了元朝对三宫日常生活的特别关照，如：“每月支粮万石钧，日支羊肉六千斤”；“三宫寝室异香飘，貂鼠毡帘锦绣标”；“大元皇后来相探，特赐丝紬二百单”。对待南宋旧臣，赐官、封赏，毫不吝啬，汪元量写下这样的诗句：“高下受官随品从，九流艺术亦沾恩”；“江南郡守列金阶，内里华筵日日排”；“天家赐酒十银瓮，熊掌天鹅三玉盘”。由此看来，元人真是煞费苦心，待宋人不薄，好一派欢乐、祥和的景象。

然而，终究是笼中降人，元人的防范一刻不松，自己的愁苦深埋心底。

现存谢太皇太后事迹最少，谢氏到大都后，被封为寿眷君夫人，七年后去世，终年七十四。

《元史·察必皇后传》记载了察必皇后护佑全太后的事迹。全氏虽称太后，不过是一个六岁孩子的母亲，一个小妇人而已。据说全氏在上都，水土不服。娇贵的江南人，到了那样的荒凉地方，估计能适应的没几个人。察必皇后可能是看她可怜，多次给元世祖吹耳旁风，希望让全太后回到江南。元世祖终于忍不了了，对她说道：“你这是短视的妇人之见！她是一国之母，遗民都在，若她南归，万一谣言四起，到时想保她也保不住了。你这不是在爱护她。以后多加抚恤就行了。”

在此之前，发生了一件四宫人上都自缢事件，牵涉全太后。某天，跟随全氏的两位嫔妃，一个是安定夫人陈氏，一个是安康夫人朱氏，外加各自一个不知姓的宫女，在住所自缢而亡。很明显，这是以死明志。元世祖大怒，将死者枭首解恨。全太后大惊。

宋末元初《昭忠录》说到朱氏之死：

有人看上朱氏的美色，想娶她，请人去说合。第二天，朱氏房间门迟迟不开，进门一看，已自杀。房间留有一封遗书，上写：“之前没死，是因太后尚在。今事已至此，怎么受此侮辱？我要保全名节去地下与度宗相见。”朱氏身旁的婢女也自缢身亡。

元末明初陶宗仪《南村辍耕录》中也提及此事：

五月二日，抵上都，朝见世皇（元世祖）。十二日夜，故宋宫人安定夫人陈氏，安康夫人朱氏，与二小姬，沐浴整衣焚香，自缢死。朱夫人遗四言一篇于衣中云：“既不辱国，幸免辱身。世食宋禄，羞为北臣。妾辈之死，守于一贞。忠臣孝子，期以自新。丙子五月吉日，泣血书。”明日，奏闻，上命断其首悬全（太）后寓所。

久居深宫，哪里见过如此血腥场面，况且是针对她的。有一种解释说，元世祖这样做，是为了逼全太后学习四名死者，为宋朝尽节。此事应该给全太后造成不小的心理震动。后来宋人返回大都，全太后到正智寺出家为尼，死年不详。汪元量有《全太后为尼》诗，中谓“南国旧王母，西方新世尊”。青灯礼佛，孤独至死。

至于瀛国公此后的人生，颇为传奇。汪元量有诗《瀛国公入西域为僧号木波讲师》。据此可知，瀛国公到西域出家为僧了，法号木波。为何长途跋涉，要远赴西域为僧？西域又具体指什么地方？

南宋彻底灭亡后，各地势力反抗不断，不少打着宋朝的旗号，元朝难以根除，民变贯穿元朝始终。1282 年（至元十九年）三月，益都千户王著与高和尚合谋，在大都杀死左丞相阿合马。福建和尚妙曦善观天象，上言元世祖："十一月，土星犯帝座，疑有变。"星占大不吉，令元世祖心头一震。不久，大都流传真宋幼主集结人马，要营救被关押的文天祥。大都人心惶惶。在这样的情况下，十二月，中书省向元世祖建议，将平原郡公赵与芮、瀛国公赵㬎、翰林直学士赵与票送到上都居住。元世祖回复，赵与芮、赵与票可留大都，赐给瀛国公等人衣服、粮食，送到上都。另一方面，文天祥被杀。全太后应该也是在此时出家为尼的。

乱局继续，荆湖、福建、两广等地区陆续动乱，持续数年之久。如1284年二月，漳州、邕州、宾州、韶州、衡州相继为乱，元世祖派将平定。有传言说，江南的宋朝宗室将起兵造反，世祖欲派使下江南捕捉兴风作浪者。有人劝阻："江南初下，民心未附。宋宗室造反，地方没有奏报，却轻信谣言而大肆捕捉，恐怕会造成江南人人自危。"元世祖觉得有道理，没有继续追查，而是下诏，将在内地的宋宗室及大臣迁往北方，以绝南人之望。1287年十一月，元世祖下诏征求弭盗良策。桑哥、玉速帖木儿上言："江南归附十年，盗贼至今没有清除。应当降旨设立期限，命令地方紧急行动，无能者予以罢黜。"从此可以看出，南宋灭亡之后的十年间，南方不太平，令元人头疼。再者，元朝对宋宗室和旧大臣很不放心，更何况瀛国公呢？

1288年十月十四日，元世祖赐瀛国公赵㬎百锭纸钞。十天后，十八岁的赵㬎远赴吐蕃，学习佛法。1291年（至元二十八年）十二月，宣政院奏："宋全太后、瀛国公母子以为僧、尼，有地三百六十顷，请按以前的惯例，免征其租。"元世祖允从。1329年九月，《元史》透露全太后已去世，次年透露瀛国公已去世。具体去世时间，不见记载。

藏学研究者从藏文、佛教文献发现了瀛国公的踪迹。他更名合尊法宝，长期居住在西藏萨迦大寺，后任住持。在西藏，他学习藏语藏文，翻译了多部佛经，如《因明入正理论》《百法明门论》等。另有记载表明，赵㬎娶了蒙古公主为妻，并有一子，名“完普”。1323 年（至治三年），元英宗下诏：“赐瀛国公合尊死于河西。”为何赐死？有传言说是因为一首诗：“寄语林和靖，梅花几度开？黄金台下客，应是不归来。”林和靖，即林逋，是北宋中叶著名的隐士，在西湖隐居。黄金台，燕昭王时所筑，以招贤纳士，代指大都。这诗有什么问题呢？有人说他意在耸动江南人心，妄图造反。

赵完普也出家为僧，应该居住在大都。元末民变四起，多人打着宋朝旗号，1352 年（元顺帝至正十二年），元廷将赵完普迁到沙洲安置，派人监视，禁止与人交际。1352 年，离明朝建立不远了。

至此，瀛国公赵㬎的故事依旧没结束。元朝末年，有个传言闹得沸沸扬扬，说元朝末代皇帝元顺帝妥懽帖睦尔是瀛国公的儿子。无风不起浪，此说源自元朝帝位恶性竞争的政治传统。为了剥夺明宗儿子的继位合法权，元文宗曾郑重地对人说，长子妥懽帖睦尔不是哥哥明宗的亲儿子。等元顺帝即位后，专门下诏驳斥文宗的说法，力言自己是明宗之子。这样一个大瓜，令后来人异常兴奋。既然元顺帝不是元明宗之子，那他是谁的儿子？后人移花接木，添油加醋，让神秘人瀛国公接了盘。

始作俑者是元末明初的权衡，其作《庚申外史》绘声绘色地讲了一个故事。瀛国公自愿出家为僧，奉元世祖诏，居住在甘州（今甘肃张掖）某寺院。赵王游玩到其寺院，看到瀛国公年老孤独，留了一位回回女子陪伴他。延祐七年（1320），该女子怀孕。四月十六日夜，生了一个男孩。昔日赵王，今时成了明宗，从北方过境甘州。他发现该寺上方有龙形五彩云气，具体位置在瀛国公居所之上。明宗问瀛国公："你的居处，是存了什么贵重的宝器吗？"答："没有。"再追问，则说道："今天早五更后，生下一男孩。"明宗大喜，将这个男孩收作己子，连同他母亲一并带回大都。

明初，故事有了新版本。瀛国公成年后，元世祖将公主嫁给他。一日宴会，瀛国公醉酒，露出真命天子的仪态。听说有人献计除掉他，为了逃命，瀛国公自请为僧，携带母亲、公主和其他姬妾跑到沙漠，改名合尊。长子完普也为僧，过几年再生一子。元明宗当时还是周王，与瀛国公、公主夫妇多有往来。周王请求瀛国公，将新生的儿子送给他，作为妻子迈来迪之子。这个要来的男孩，即元顺帝妥懽帖睦尔。

明成祖永乐年间，有个叫袁忠彻的无聊术士讲了新故事。说元明宗强夺瀛国公的孕妻，生下妥懽帖睦尔。还说，明成祖看到宋朝皇帝的画像，说宋太祖之下面相清瘦，都像太医。而元朝皇帝则不然，只有元顺帝长得一副太医相。后来又有各种版本，愈演愈荒诞。

对于这一传说，许多著名学者深信不疑，如明末钱谦益，清代全祖望、赵翼、万斯同，民国王国维等。当然，驳斥此为伪说的学者也不少。近年来，经过多位研究者考证，认为以上诸传说均属无稽之谈。

第三章

◎

国土骤失

襄阳之战以后，伯颜大军趁势渡江，沿路东下，直至占领临安。这一灭亡南宋战略的成功实施，将南宋分割成几个战争区域，使其不能互相救援，被元军分而食之。本章主要讲述 1276 年以前元军对京湖、湖南、江西、淮东的占领，以及南宋官兵继续死守四川的史实。

一、京湖全陷：四万元兵取京湖

从前述可知，为了完成渡江的战略任务，伯颜当初从襄阳直下鄂州，然后进入淮西，并没有在京湖过多停留，而是留下阿里海牙坐镇鄂州。也就是说，京湖战区不少地方还在宋朝手中，特别是南宋京湖重心所在的江陵。

1275 年二月丁家洲战后，元世祖派阔阔出率领一千元军和五百新附军到鄂州，听从阿里海牙指挥，目的是开辟新局面。是月底，阿里海牙向元世祖建议拔除南宋京湖首要重镇江陵，得到首肯。元军依旧是两手准备：

一方面准备坚船利箭、水陆两军，向江陵开进；另一方面元世祖准备了招降诏书，派使者到郢州、江陵等地先行劝降。

三月，南宋湖北安抚使兼知岳州高世杰，集结郢、复、岳三州的兵力约两万人和一千六百艘战船，驻于岳州西北十五里的荆江口（今湖南岳阳北，洞庭湖入长江交汇处），试图反攻鄂州。岳州位于江陵下游约三百里处，同时位于鄂州上游四百里处，处于两大军镇之间，位置重要。为了防止守将降元，高世杰在集结军队的同时，将岳州总制孟之绍、复州守将翟贵的家属送往江陵，作为人质。鄂州及其周边元军不过四万余人，如果倾巢出动去攻打江陵，高世杰乘虚而入，那将得不偿失。况且，元军从鄂州溯江而上，也是要经过岳州的，阿里海牙决定先发制人。三月二十一日，阿里海牙率军也到荆江口，与宋军对峙。元军突然到来，高世杰胆怯，趁着夜色撤退。阿里海牙率军追击，双方在洞庭湖口开战，结果宋军溃败，高世杰投降。在高世杰的诱惑下，岳州总制孟之绍也投降。

元军继续沿江而上，抵达沙市（今荆州市沙市区）。沙市南依长江，北据江陵（今荆州市荆州区）。《宋史·河渠志》载："沙市，地本沙渚，每蜀江（四川长江别称）涨溢，辄至摧圮。熙宁中，郑獬作守，始筑长堤捍御。"据此，沙市位于长江江滩，江水涨时可淹至城墙堤坝，江水落时则为沙滩。四月初，元军到沙市时，江水早已退去，露出干燥的沙滩。元军走在沙滩上，向沙市城进攻，一步之遥的江陵宣抚司却不派兵救援。沙市都统程文亮在城外马头岸迎击元军，战败投降。四月五日，元军攻入城内，沙市被屠。沙市另一都统孟祀战死，监军司马梦求（司马光七世孙）自缢身亡。

沙市沦陷同一天，江陵以北的知荆门军刘懋降元。七日，阿里海牙派人带着元世祖的招降诏书到江陵劝说，京湖四川宣抚使朱禩孙、湖北制置副使高达、京湖提刑青阳梦炎、李湜等向元军投降。朱禩孙一开始不同意投降，但劝阻不了高达等人，自杀未死，顺势降元。五月底，元廷命高达为参知政事，同时命令处死高世杰，召朱禩孙到大都。朱禩孙病死在路上，家产被没收，妻子儿女充作官府奴婢。

京湖首府江陵既下，截止到五月十一日，峡州、归州、澧州、常德、郢州、复州、沅州、靖州、房州等地守将望风归附。至此，南宋京西南路和荆湖北路全部纳入元朝版图。捷报传到大都，元世祖大喜，大宴三日，并对身边大臣说道："伯颜率军东去，阿里海牙以孤军守鄂州，我很是担心啊！如今荆南平定，我们东路大军永无后患了！"他还亲自写了诏书，褒扬阿里海牙等前方将士。

1275 年二月时，阿里海牙上书元世祖请求出兵袭取江陵，据他说，南宋在江陵部署有数十万之众，应当趁江水尚未泛滥之际立即出击。在江淮危殆的紧要关头，南宋在江陵或京湖果真还有几十万官兵？是不是阿里海牙太夸张了？

二、湖南沦陷：潭州忠烈尽全节

1275 年七月，元世祖命伯颜率元军主力南下临安，阿里海牙进攻湖南，蒙古万户宋都带、汉军武秀等三万户以及吕师夔等进攻江西。阿里海牙率兵南下，奔向湖南的中心潭州。湖南，是南宋荆湖南路的简称。

负责防卫湖南和潭州的宋方官员叫李芾，七月正式上任。李芾字叔章，湖南衡州（今湖南衡阳）人。李芾年少时即小有名气，受到过名儒魏了翁的称赞。成年后，以恩荫起家，历任县尉、知县、知州等职。在任都有良好政绩，后升知临安府。临安是南宋的政治中心，其行政长官位置显要，前途光明。当时贾似道专权，前任长官每遇政事，先向贾平章汇报再施行。对于这般官场的潜规则，李芾视而不见，不谄媚贾似道，政务独断。前面讲道，度宗生父、福王赵与芮恨贾似道入骨，却得过贾似道的好处。福王府有人犯下命案，贾似道为之通融，主管案件的李芾致书贾似道争辩，贾似道争拗不过，那犯人终被法办。临安城建筑鳞次栉比，又多竹木构造，一遇火灾，即有火烧连营之势，非常可怕。因此，防火是临安府的重要职责。为快速灭火，官府、民户都备有消防设备。李芾在视察消防时，发现有一家没有准备灭火器具，还自称是贾似道亲戚。李芾听闻，照样依法杖责。贾似道听说家人受了委屈，大怒，派台谏官员弹劾李芾贪污，将之罢免。

1274年十二月元军攻取鄂州时，宋廷起用李芾，任湖南提点刑狱公事。二月丁家洲大败后，李芾被任命为湖南安抚使兼知潭州。那时，湖北已全部陷落，湖南正当元军兵锋。好友劝他不要赴任，如果实在不行，就自己赴任，保全家人。李芾悲痛地说："我难道不知道为自己着想？我家世受国恩，时刻想着报国。如今国家用我，我将以全家报国。"这时，爱女早亡，李芾含泪赴任。以全家性命赴死，真是令人无言。这也预示着，元军要啃一块硬骨头了。

第一章说过，早在1259年，蒙哥汗企图从西、北、南三面会师鄂州，南路军被挡在潭州城外。李芾上任时，元兵部分前锋部队已到长沙西北的湘阴（今湖南湘阴）、益阳（今湖南益阳赫山区）一带，相距约一百六十里。然而，潭州城内却几乎无兵可用。这年夏天，湖南安抚使兼知潭州留梦炎以勤王名义，带走几乎全部人马和府库财赋，剩余四百五十人，多半又是老弱。李芾紧急在城中招募，却不到三千人，命刘孝忠统军。他又命令修缮防卫器械、存储粮食、在湘江上树立栅栏，做好防守准备。就在这个时候，吴继明带兵从湖北撤来，陈义、陈元则从四川回防，均路过潭州。李芾急忙上奏朝廷，请他们帮助防守。这两支军队有多少人，不得而知，但战斗力肯定比李芾临时征召来的要强些。李芾对吴继明、二陈信任有加，委以重任，他们在后来的战斗过程中竭尽全力。同时，李芾还引溪峒蛮（今湖北南部、湖南西部的少数民族部落之一）为外援，尽全力增强潭州的防御力量。知衡州尹穀正在潭州待命赴任，恰好成为李芾的重要参谋。以上就是潭州城的防守情况和领导力量，在强势的元军面前，可见其仓惶和单薄。

阿里海牙到鄂州前，即派人致信李芾，劝他投降，没有回音。进攻潭州前夕，阿里海牙先派出部分军队到常德，阻止溪峒蛮等少数民族军队救援潭州。随后，京湖元军主力向潭州扑来，必经湘阴，李芾派部将於兴带兵防守。元军轻取湘阴，於兴战死。阿里海牙率军继续南下，拔除宋军栅栏，抵潭州城下。他派人用弓箭将招降书射入城中，上言："速速投降，全城百姓可活，不然攻克之后，屠城！"李芾依旧不理他，坚决抵抗。

九月，阿里海牙下令包围潭州城，并分成几个区域，各派将领负责。

然后，放开护城河的闸门，引水灌城。出动大炮，向城中发射。沿城墙竖立云梯，将士冲锋向上。

李芾亲自登上城墙，命诸将分守城门各处。年轻强壮的百姓登城杀敌，老弱则团结起来，从后勤等方面予以协助。到十月，元兵猛攻西城，刘孝忠率兵竭战，李芾亲自到前线督战，鼓舞士气。奋战一月，宋军箭矢耗尽。有人发现武库中存有陈旧的箭，但箭羽皆已腐朽，无法使用。李芾下令搜集民间羽扇，以拆散作箭羽。令下，箭羽很快凑齐。食盐也用完了，李芾命人拿来仓库里的积盐席（用来放盐的席子），焚烧之后，提取盐来使用。对于负伤之人，李芾亲自慰问。他每天呼喊忠义，用来勉励将士，奋勇杀敌。相持之下，潭州城里死伤惨重，军民毫不退缩，宁愿饮血与敌人死战。元军继续派人招降，李芾直接杀掉来使，以示死守的决心。

十二月底，元军攻城三月有余，依旧没有攻下。阿里海牙身中流矢，伤情严重，依然在前线指挥。城上宋朝临时凑起的“乌合之众”，尚能不惧生死，人人亢奋。而威武的元军却久攻不下，阿里海牙看到元军士兵在前冲锋，军官躲藏在后，气得要命。他严令部将：“万夫长、千夫长、百夫长们必须冲击在前，有退缩者，必定军法从事。”

强令之下，元军攻势变得更加凶猛。眼看城池将破，守城将领哭着请求李芾投降，他们说：“形势危急，我等可为国捐躯，老百姓可怎么办？”李芾大骂：“国家平时待你们不薄，正为此时。你们必须死守，有再多言者杀！”

元军副帅、行省参政崔斌率军攻打潭州城西北的铁坝（宋军在城墙上修筑的栅栏工事)，趁夜集结到栅下，黎明时分发起攻击，被宋军击退。崔斌与诸将商量：“宋军小胜，肯定会骄傲，放松警惕。不如我们烧毁他们的角楼，切断他们的救援路线，离胜利就不远了。”大家都表示同意。于是，崔斌亲自带兵悄悄登上铁坝，其他元军则带着干草，放火烧了角楼。李芾下令继续竖立新的栅栏，企图阻止元军。

除夕日，宋军箭尽粮绝，战斗力丧失殆尽，元军没有遇到太大的抵抗，悉数登上城墙。

元军即将破城，尹穀对妻子说道：“我本一介寒儒，受国厚恩，为一州之长，不可屈服，你们要同我共死。”这是不让家人成为俘虏，遭受屈辱。但是，他又让弟弟尹岳秀逃出去，为尹家续留香火。然岳秀哭着要同兄长一起死。由此，尹穀全家决计赴死。他们先将柴薪集中在房间内，然后尹穀穿着朝服，向临安的方向跪拜，再焚烧自己所有的告身(任官凭据)。一切安排妥当之后，尹穀全家大小，包括婢女、仆人在内四十多口，老幼环坐，锁上门窗，自焚而死。有人看见火势，想来救助，无奈火势太大，不能靠近。只见火红的烈焰中，尹穀穿着朝服、手持笏板，正襟危坐。得知自焚细节的人都已去世，为尹穀撰写传记的史官如何得知？只是他们的合理想象罢了。

听说尹穀全家自焚，李芾举起酒杯致敬，叹道：“尹穀真乃大丈夫，比我先就义了！”元军破城，败局已定，他深夜召集部下在府内饮酒，手书“尽忠”二字传令下去。天亮时，众人才离开。参议官杨震径直跳入花园池塘，自溺而亡。

李芾瘫坐在熊湘阁，召来部下沈忠，给了一些钱。而后，对他说道："我已尽全力守城，看来是守不住了。我应当殉职，不能落入敌手，家人也不可被俘受辱。你先把他们都杀了，最后再把我杀了。我死之后，你再将我埋葬。"沈忠不敢，立刻趴下磕头，一再拒绝。李芾怒喊道："为什么我平日要厚待你？为的就是今天！"

沈忠大哭着答应了李芾的强求。他拿来酒，李家人饮酒而醉，沈忠将他们全部杀死，李芾最后被杀。完成任务后，沈忠放火烧了李芾的居所，又回家杀了自己的妻子、儿女。他又回到李芾家，看着熊熊大火，悲痛欲绝，匍匐在地，起身拔刀自刎。元军进攻潭州城之前，李芾叫他的一个儿子李裕孙离开，留下一支血脉，以后好祭拜祖先。

李芾死后，帐下幕僚严应森、参议官陈亿孙、湖南转运使钟蜚英、都统陈义等官员都自杀殉国。

听说李芾全家殉难，潭州不少民众也追随举家自杀，死者数万。有纵火自焚的，有跳池塘自溺的，有跳井自溺的，有悬绳自缢的。

将领陈毅率军突围，战死。部分溃军逃到湘江边，构筑工事固守，被元军击溃。

除夕日虽然攻破城池，但元军并没有马上入城占领。崔斌给阿里海牙提议："潭州人已经胆破。如果我大军暂不入城，准许潭州人出城投降，则土地、人民都归我有。洞庭湖以南的数十座城池，可传檄而定。若纵兵急攻，城里人死绝，我们要一个空城，还有什么意义？"这就是李芾他们得以有一整晚时间自杀的原因。正月初一清晨，元军向城里喊话，晓以祸福。

吴继明、刘孝忠等少数将领顺势投降，随同出城的军民也有不少。

围攻一百余天后，付出巨大牺牲，元军终于占领了潭州城。对诸位将领来说，胜利带来的不是喜悦，而是对守城军民的无比愤恨，故而叫嚣屠城。崔斌认为不妥，当保存民众。有将领再说杀兵不杀民，崔斌反对道："大家各为其主，应该表扬他们的忠心，以劝服还没有归顺的地方，况且杀降本就不是吉利的事情。"行省郎中和尚也劝阻道："抗拒我军的是宋朝将领，百姓无罪。如今已投降，就是大元百姓，怎么能忍心屠杀？没有攻下的城池还有很多，若攻下就杀，更是坚定了他们誓死抵抗的决心。"主帅阿里海牙也不同意屠城："潭州有数百万口人（有所夸张），如果都杀了，这不就违反了当初皇上交代伯颜不杀降的指令了吗？"于是，元军不仅没有乱杀，反而救济城中百姓，稳定社会秩序。

战后，崔斌有《吊李肯斋》诗一首吊唁李芾，后半首如下："湘水一川骸骨满，肯斋千古姓名香。我来不见先生面，犹对西风酹一觞。""肯斋"，李芾的书房名。

文天祥集杜甫诗悼李芾："杀气吹沅湘，高兴激荆衡。城中贤府主，千秋万岁名。"

潭州之战后，阿里海牙派人招降湖南其他州郡。果然像崔斌所预测的那样，郴州（今湖南郴州）、全州（今广西全州）、道州（今湖南道县）、桂阳军（今湖南桂阳）、永州（今湖南永州）、衡州、武冈军（今湖南武冈）、宝庆府（今湖南邵阳）等湖南其他州府全部降元。不仅如此，广南东路的韶州（今广东韶关）、连州（今广东连州）、南雄州（今广东南雄），江南西路的袁州（今江西宜春）也派人请降。

此后，阿里海牙以潭州为基地，再南向广西进军，首当其冲的是静江府。就在此时，临安降元，阿里海牙北上称贺，战事暂停。

三、江西江东：四万户南下江西

1275年九月，元军在江州设立行都元帅府，蒙军万户宋都带为都元帅，汉军万户李恒任左副都元帅，另有汉军万户武秀、张荣贵以及同行都元帅府事吕师夔。南宋江西制置使黄万石坐镇抚州（今江西抚州）。

元军从江州南下，瑞州（今江西高安）知州姚岩投降，元军进至隆兴城外。隆兴守臣是江西转运判官刘槃，元军先是招降，遭拒后开始进攻。刘槃一面抗敌，一面派人到抚州向黄万石求援。到十一月十六日，黄万石的援军迟迟不到，刘槃又连遭败绩，所以投降元军。

隆兴求救，黄万石派江西都统密佑带两千人北上救援。行至半途，隆兴已降，张荣贵、吕师夔率军进攻抚州。十一月二十五日，密佑军与元军在进贤（今江西进贤）境内相遇。元兵对着宋军大呼："你们是来投降的，还是来战斗的？"密佑回答："我们是来战斗的！"

说罢，密佑率军向前冲击。进到一个叫龙马坪的地方时，密佑发现，他们进入了敌人的重重包围之中。迟疑之际，四面箭如雨下，密佑对部下喊道："今天怕是活不成了，只有拼命死战，才有生路！"众人士气高涨，与元军奋力拼杀。双方从上午战至黄昏，宋军死伤惨重，依旧没有投降。密佑脑中一箭，自己拔出，用手按住，竭力呼喊："兄弟们用力杀敌！"继续战斗了一会儿，密佑又身中四箭三枪，他的部下除数十人存活外，几乎全部战死。密佑骑马从南面突围，经过一座桥时，桥被马踩断，跌落被俘。

元军惊叹其英勇，不忍杀害，押回隆兴。见到密佑，宋都带连呼“壮士”，送他上好的药疗伤，想要拉拢、招降他。关押一个多月，好话说尽，给官不做，始终不屈，被杀。

龙马坪之战后，元军继续向抚州行进。黄万石离开抚州，逃往建昌军（今江西南城），抚州通判施至道向元军投降。黄万石再逃往福建邵武军（今福建邵武），元军占领建昌。

随后，元军兵分两路，一路元军西进临江军（今江西樟树临江镇），另一路则从江西进入江东。

吕师夔、武秀率领的元军进入江东，遇到了谢枋得。几乎与文天祥齐名，谢枋得也是宋末爱国者的代表，更是南宋遗民的代表。南宋末年的忠臣烈士不少出自江西，文、谢二人都是江西人士，同年中进士，宋末与元军抗争到底，入元后坚贞不屈而死。只是文天祥坚决不合作，被元朝所杀，谢枋得则是不合作绝食自尽。其中细节，我们最后一章再叙，此处读者须先晓得谢枋得是个了不起的人物。

谢枋得，字君直，江南东路信州弋阳（今江西上饶弋阳）人。史书说他“为人豪爽”，常“以忠义自任”。早年间，谢枋得曾在饶州（今江西鄱阳）、信州（今江西上饶西北）、抚州等地招募民兵，聚集一万多人。元军进攻江西时，谢枋得以江东提刑受命江西诏谕使、知信州。他坐镇抚州以东的安仁（今江西余江），组织力量抗元。

谢枋得原先与吕家人交好。他曾说吕文焕坚守襄阳六年实在不易，沿江州郡连六天也守不住。他与吕师夔关系不错，说吕氏是被贾似道逼迫投降，有回到宋朝的愿望。此话书生气十足，很多人说他傻，甚至有言官上奏弹劾他。不过，后来南宋朝廷派谢枋得去和吕家人谈判，恰巧吕文焕北上，不了了之。1275 年十二月，元军占领江西东部后，吕师夔率军东进江南东路，派人到信州索要衣物、粮食。面对昔日好友的无耻行径，谢枋得回答："信州的米是为太皇太后、皇帝的御膳准备的，信州的绢是为太皇太后、皇帝的御衣准备的。原来我们是朋友，如今各为其主，一朝相逢，唯有刀剑断杀！"

1276 年正月，吕师夔、武秀率兵东进，谢枋得派手下得力干将张孝忠迎战，双方战于团湖坪（今江西万年西南团湖山下）。宋军战至箭尽，继续短刀拼杀，张晓忠挥刀击杀一百多人。宋军向前冲杀，元兵前军稍却，后军绕到宋军之后，张晓忠部下看到元军从后方突至，大惊失色，顿时溃乱。张晓忠中箭而死，坐骑跑回安仁，谢枋得在城楼得见，知道张晓忠失败，率兵撤到信州。吕师夔继续进攻信州，谢枋得不守，改名换姓，逃往福建建宁。谢枋得逃遁后，饶州、浮梁、乐平、余干、德兴、安仁、贵溪、弋阳、铅山、上饶、永丰等鄱阳湖以东地区被元兵占领。

另一路元军西进临江军。元军到来之前，临江军的知军滕严瞻就弃城而逃了。鲍廉继任知军，率军死战，不敌，元军破城。鲍廉对着临安方向跪拜大哭，随即自杀。二月初，占领临江后，元军南下吉州。吉州知州周天骥派兵出战，被元军击败，随之投降元军。驻守赣州（今江西赣州）的江西提刑杨孖以及南安军（今江西大余）也向元军投降。

三月，塔出、张弘范、吕师夔率军一万多人，将小小的南安（今江西上犹）县城重重包围。知县李申巽和前县尉叶茂在南安军三县管界巡检李梓发和南安人黄贤的大力协助下，守卫县城。与军事重镇不同，南安县城城墙低矮，元军面前，实无抗拒之力。然而，守城军民却打退了元军一次又一次的进攻，居然还出城偷袭元军大营，杀敌无数。塔出气得对吕师夔、张弘范说道："弹丸小城，人心怎么如此之硬！"次年正月，元军到城下诱降，城上发出的大炮差点儿击中塔出。元军攻城三十五天，阵亡数千人。二月，叶茂出城降元，李梓发、黄贤继续守城如故。

到 1276 年三月，除南安县等少数地方继续抵抗外，江西几乎全部被占领，元军兵锋直抵两广。

四、两淮沦陷：李姜捐身扬州城

第一章说过，元军围困扬州、姜才出兵溃败扬子桥之事。此后，张世杰焦山大败，元军占领长江口，两淮与临安的联系被切断，不能南下勤王，只得眼睁睁看着临安落入敌手。临安陷落后，除扬州外，两淮尚有庐州、镇巢、泗州、招信、真州、淮安、泰州等州尚在宋军占领下，却多被元军围困，难以构成防御体系。在此之前，知滁州王应龙降元，又使得淮东、淮西的交通中断，都处于孤立境地。

1275 年十月，伯颜率大军奔向临安，以扬州为首的两淮剩余地区继续由阿术率军攻取。万户昂吉儿坐镇和州，与庐州的淮西制置使夏贵对峙。

扬州得以坚守，多仰赖通州、泰州的援助。元军在扬州东北的湾头（今扬州市广陵区湾头镇，处于运河和运盐河的交汇处）修筑城寨，以切断扬州和通州、泰州的联络。淮东制置使李庭芝派姜才率一万五千人向湾头进攻，被击败。如同前番扬子桥败退，姜才又率骑兵回撤，步兵吸取教训，砍杀回撤骑兵。于是宋军自相残杀，骑兵死者十之八九，步兵死者十之五六。

1276 年正月，南宋朝廷正式向伯颜投降。月底，伯颜派了一名张都镇抚（不知其名）到淮东，与阿术商量招降淮安、怀远、寿春、安丰等地。二月一日，伯颜又组织刘頠（夏贵亲舅）、程德辉（程鹏飞儿子，夏贵女婿）带着谢太皇太后下发的劝降诏书，去庐州招降夏贵。1275 年六月，夏贵亲自率军救援临安失败，后派兵四万攻打和州，又遭惨败。被困在庐州的夏贵，无法动弹，深感绝望。他致信伯颜，待临安投降，他自会降元。1276 年二月，在伯颜的招降下，夏贵顺利投降。

淮西其余州军追随夏贵投降，只有知镇巢军洪福拒绝。洪福原是夏贵的家童，跟随夏贵一路征战，靠军功升至镇巢雄江左军统制，守卫江北。夏贵投降后，洪福与二子洪大渊、大源等部下，组织溃散的军队，镇守镇巢。夏贵先致信招降，洪福不听。又派他侄子前去，被洪福斩杀。元军攻城，久不能下。在元人要求下，夏贵亲自到镇巢城下，好语相劝，请洪福开门，他单骑入城。洪福听信了他，城门一开，四周埋伏的元军一拥而入，洪福父子被俘。元兵占领镇巢，屠城。在夏贵的注视下，洪福父子一一被杀。死前，洪福二子质问夏贵道：“按照律法，只杀主犯，为何家家被杀？”

洪福则大声叱责夏贵："以一命报效宋朝就好，为何靠害人去求活路？"大骂夏贵不忠而死。

与淮西速降不同，李庭芝坐镇的扬州还在坚守，另有淮安、泗州、招信、真州、泰州、高邮等淮东州军也在坚持。扬州长期被元军围困，到1275年冬天，城中粮尽，街上饿殍遍布。次年二月，饥荒更加严重，每天有几百人因饥饿跳入护城河自杀，人开始吃人。看到路上有饿死的人，众人争相上前，割肉食之，瞬间吃尽。李庭芝派姜才等将领突出重围，到周边的真州、高邮等地运粮补给扬州。然而可以想见，元人的包围圈哪有那么容易突破？况且为了彻底封锁扬州，有几队元军专门防范、阻截宋军的运粮队。拿命搏来的这点粮食，恐怕军人都不够吃，哪里还顾得上民众？

1276年正月，临安降元后，谢太皇太后降旨劝降各地未降元朝的将领、守臣。有使者来到扬州，在元军的护送下，向扬州进发。他们到城下时，宋军在城墙上万箭齐发，元军不敢再前。阿术派人向城里喊话，说南宋已经灭亡，太皇太后、皇帝命令他投降。李庭芝在城头朝下喊道："我奉诏守城，没听说有诏命令我投降！"元军怏怏退去，撤回瓜洲本营。

前文述及，三月文天祥从镇江逃入真州。经过一番搜检，真州守将苗再成没发觉文天祥一行人的异常，予以安排。真州固守数月，不知朝廷情形，文天祥一一道来。愤恨元人之余，二人商议下一步行动。苗再成说："以现有的两淮兵力，足以复兴宋朝。可惜李庭芝怯懦，不敢主动出击；夏贵与淮东有矛盾，不肯合作。如今丞相已来，可以联络两淮，不出一个月，即可组成一支大军。先攻占元军在两淮的地盘，江南可迅速恢复。"

文天祥追问详细战术，苗再成一副胸有成竹的模样，侃侃而谈道："先约夏贵，出兵佯攻建康，以牵制元军来防。接着，通州、泰州的军队攻打湾头，高邮、淮安、宝应的军队攻打扬子桥。扬州大军出动，进攻瓜洲。我和赵孟锦率领真州水师，直取镇江。四路军队同日行动，元军一定不能互相救援。湾头和扬子桥的敌军实力较弱，且有怨气，我军一到即下。然后，三路军队从陆路上三面攻击瓜洲，我从长江北上袭击。打下瓜洲后，淮东军队占领镇江，淮西军队占领建康。届时，元军北撤之路被截断，被困在两浙，无路可逃。"

听罢，文天祥为之一振，有英雄所见略同之感。他很快修书，致信李庭芝、夏贵及其部将和两淮各州军守臣，晓以战略，约定共举大军。

说来悲哀，他们都不知道夏贵已经降元的消息，竟有此奢望。所以，不管苗再成的战略计划是否可行，都已胎死腹中，没有下文。

真是造化弄人，英雄无用武之地。苗再成寄望文天祥领导复兴的计划没有施行，连文天祥自己也无法在真州立足，被迫离开。到底发生了什么事情？三月二日，李庭芝派人到真州，告诉苗再成，文天祥是元人奸细，要杀了他。李庭芝这样判断，是因为有一个叫朱二七的人，刚从元军营中逃归，说有一丞相跑到真州，为的是帮元人夺城。他还批评苗再成防人不慎："宰相怎么可能逃脱元营？即使逃脱，也不可能有十二人陪同啊！为什么不直接放箭、放炮杀死他们？居然打开城门，让他们进城！"

苗再成不忍杀文天祥，次日骗他出城，随即关上城门，让他自寻出路。文天祥一行人站在真州城外，不知所措。他们无论如何也想不到，费尽心机逃出，如今竟成奸细。为什么李庭芝要说自己是奸细呢？文天祥左思右想，也无法想通。可能确如李庭芝所说，他不相信文天祥能够逃脱。

张皇之际，苗再成派了两名军官和五十名全副武装的士兵出城来，要送文天祥他们一程。他们问文天祥要到何处去，答曰到扬州。再问扬州有人要杀他，为何还敢前往，不如去淮西。这是苗再成派人试探文天祥到底是不是奸细。去淮西路上多是元兵，若文天祥西去，必定是奸细，苗再成即下令杀人。文天祥坚持要去扬州，说淮西多元兵，无法通行，去扬州不论生死都是天命。那些人又试探去其他地方，文天祥不改，坚说去扬州。苗再成部下才和文天祥说了实话，要确定他到底是不是忠臣。文天祥捡回一条命，将一百五十两银子送给那五十名士兵，答应他们到扬州后各加十两，又允诺二位军官每人黄金百两。

去扬州沿途有不少元兵岗哨，两名军官和三十名士兵先回真州，留下另外二十名士兵送文天祥等人。这二十人也不愿冒风险，索要完银子就跑了。临走前，让文天祥他们跟随商人的马队，可到扬州西门。到扬州西门外，他们怕进城被李庭芝杀掉，都不敢进，跌跌撞撞去了高邮。半路上，有几人走脱，还碰上一伙元军，差点被捕杀。颠沛流离，随行剩下七人，文天祥虚弱难行，雇了几个樵夫抬着去高邮。高邮城门盘查仔细，又有李庭芝防奸通告，他们依旧不敢进城，而是雇船去了泰州，又在三月底辗转到通州。知通州杨师亮收到过李庭芝的通知，但他恰好得知元军正在到处搜捕文天祥。因而不再怀疑，收留了文天祥。闰三月，听说益王赵昰、广王赵昺在浙江永嘉成立元帅府，文天祥渡海南下，去追随二王。

前文略言，三月元军分别护送南宋祈请使和两宫北上，扬州、真州等地的宋军出动争抢两宫，与元军大战数回。虽然争夺失败，但是元军和被俘北上的宋人，看到淮东宋军依然有战斗力。

两宫北上过境扬州时，谢太皇太后再次派使者传诏李庭芝："之前下诏，命你归降，却久久不见回音。难道你是没听明白我的意思，是要固守吗？如今我和皇帝已经臣服，你这是在为谁守城呢？"

李庭芝默不作声，直接命弩手对着城下使者发射，一人当场被射杀，众人皆退却。李庭芝肯定认为，太皇太后的诏书是元人逼迫所为。他和姜才泪流满面，训告将士，誓将两宫夺回来。他将库藏金帛全数拿出来，犒赏将士。姜才率兵四万向元军大本营瓜洲进攻，苦战三个时辰，元军匆忙簇拥着两宫等宋人避开宋军锋芒。宋军继续追击，至晚才归。

夏贵降后，阿术驱赶部分淮西降卒到扬州城下，元军旌旗蔽野，声势浩大。阿术这是攻心为上，淮西已投降，淮东孤立无援，如何存活？有幕僚刺探李庭芝的想法，他说："我只有一死。"阿术派人带元世祖诏书到城下招降，李庭芝开门迎入，却立刻斩首，并在城头上将诏书焚毁。

扬州依旧不降，双方继续僵持。五月，驻守湾头的主将博罗欢因病返回北方，由不识军事的副元帅阿里伯代理。十三日黄昏，姜才率军一万攻击湾头，阿里伯可能是不清楚宋军兵力，带领数百轻骑兵出营寨，另有千户董士元（董文炳之子）带着一百骑兵跟随。看到宋军大队人马，阿里伯一见不对，瞬间带领数百轻骑兵逃跑，只剩下董士元带领的一百多人。一番激战之后，全部被歼灭，董士元重伤而死。

李庭芝还敢“猖狂”出战，是因为扬州还有粮食。阿术加强对扬州封锁的军事力量，意在彻底切断扬州的补给线。

六月十一日，姜才率兵五千，前去接应高邮运来的粮食，返回扬州时，夜晚遭遇万户史弼率领的小股元军。史弼奋勇杀敌，连败宋军。天亮后，姜才发现元军数量很少，迅速将元军包围。危急时刻，阿里伯从湾头率军赶来，结果宋军死伤惨重，粮食也被夺走五千石。后来，元军再次出击，阻截扬州的陆路运输线，数千宋军被杀，三千石粮食被抢。

在元军的严密拦截之下，扬州城彻底没了粮食来源。坏消息传来，知淮安州许文德、知招信军张思聪、知泗州刘兴祖因粮食耗尽，向元军投降。为了解决军队饥荒，李庭芝先下令征集民间粮食，又让官吏拿出粮食，再用粮食和牛皮、酒曲混合供应。到后来这些东西也吃完，开始吃人肉。

在这种残酷的状况下，李庭芝依旧不降，部下将士仍然勇敢杀敌，元军还是无法破城。七月，元世祖派人带新的招降诏书到扬州，声称只要他肯投降，即赦免他之前杀使焚诏之罪。李庭芝不为所动。李庭芝和姜才商量，继续死守，大不了一死。走投无路之际，福州传来宋端宗即位的消息。端宗派使到扬州，任命李庭芝为左丞相，姜才为神龙四厢都指挥使、保康军承宣使，召他们南下。收到命令，李庭芝命淮东制置副使朱涣继续防守，自己和姜才率领七千步骑兵从东面突围，计划从海上南下福州。

李庭芝的一举一动，都在阿术的严密监控之下。李庭芝队伍一出门，阿术立刻亲自带领一百多名骑兵追踪，并且命湾头阿里伯、益都万户刘国杰分路展开追击。宋军前奔，元军后追，一直追到泰州城的西面，宋军步兵被杀一千多人，李庭芝、姜才逃入泰州。阿术构筑工事，围困泰州。

七月十二日，朱涣投降，元军终于占领扬州。元人驱使扬州降兵和李庭芝部下家属到泰州城下，劝降李庭芝。二十二日，知泰州孙良臣和李庭芝的部下孙贵、胡惟孝等人，打开泰州北门，向元军投降。

听说元军进城，李庭芝跳入莲花池，水浅，没死成，被元军俘获。姜才伤病在床，宋军都统曹安国直奔卧室，抓了姜才献给元军。元军将李庭芝、姜才押到扬州。

扬州之所以能久守，李庭芝最大的依靠就是姜才。阿术特别赞赏姜才的忠勇，想要劝降他为己所用。姜才大骂不止。朱涣请求阿术杀掉李、姜二人，他说："自打仗以来，扬州尸骸遍野，都是李、姜所害，不杀了他们还等什么？"其实，李、姜拒不投降，已是死路一条，也是他们的自由归宿。李庭芝被斩首，姜才则被残忍地施以脔刑，千刀万剐。文天祥有诗咏叹李、姜。《李制置庭芝》云："空留玉帐卫，那免白头翁。死者长已矣，淮海生青风。"《姜都统才》曰："屹然强寇敌，古人重守边。惜哉功名忤，死亦垂千年。"

淮东首府扬州陷落，主帅被杀，其他州军难以自存。通州、滁州、高邮等地投降元军。真州也被元军攻陷，守将苗再成、赵孟锦战死。至此，对抗蒙古军队五十年之久的淮东地区全部陷落。

荆湖、两淮陷落后，文天祥哀叹国家难以恢复，他说："东南兵力尽在江北，建康是国之根本。高达以荆州降元，夏贵以淮西投降，李庭芝死于扬州，两淮尽失，无复中原之望矣！哀哉！"

五、四川鏖战：蒙元雄兵难下川

自襄阳之战以来，元军主力在长江中下游攻城略地，上游的四川暂时被笔者搁置，然而巴蜀兵火依旧，战火纷飞，一刻也不曾停歇。经过多年征伐，四川六十多个州军，被蒙元军队占领了四十多个。

从 1261 年刘整降蒙之后到 1268 年襄阳之战打响，蒙宋双方在泸州（1261 年改称江安州）、嘉定（今四川乐山）、合州、开州（今重庆开州）、渠州（今四川渠县东北礼义山）等地多次展开拉锯战，互有得失。如蒙军占领泸州、开州，被宋军夺回；蒙军多番攻击合州钓鱼城、嘉定、渠州等地，虽屡屡获胜，却得不到城池。

襄阳开战之后，原本奉命策应四川的京湖战区自顾不暇，四川蒙军负责牵制宋军，防止其东下救襄阳。在这种战略考量之下，蒙军对四川宋军的进攻，多是攻掠、破坏性质。

宋军也有主动进攻，影响最大的是成都之战。1272 年冬，趁元军出动、守备空虚之际，成都路安抚副使兼知嘉定府昝万寿率兵攻打成都，连败迎战元军。宋军继续攻城，破成都外城，元军退至内城。相持几日后，宋军焚毁外城，然后班师。

除此之外，双方在川东地区修筑城寨，以作攻防准备。作为蒙哥汗殒命之地，合州钓鱼城仍是元军想要突破的主要据点。合州位于四川盆地东部，处于嘉陵江、涪江、渠江三江交汇处。钓鱼城坐落在钓鱼山上，据此，三江之险尽在眼前，易守难攻。而且，钓鱼城实为重庆的西北屏障，若攻克钓鱼城，元军即可沿嘉陵江南下，逼近重庆。蒙古将领汪良臣在距钓鱼山九十里、嘉陵江西岸的母章德山，修筑母章德城，控扼长江以南，与钓鱼城对峙。汪惟正又在嘉陵江东岸修筑武胜军，沿岸树立栅栏，控制水道。宋军见状，在与钓鱼山隔嘉陵江相望的宜胜山修筑宜胜山城，加强钓鱼城的防御。

1274年九月，元世祖发动了灭亡南宋的全面战争。四川宋军处境更为孤立，但他们依旧不放弃，继续奋力抗敌。另一方面，元军主力虽然继续东下，但是四川元军也对宋军展开了猛烈进攻。到1276年底，元东川行枢密院继续在四川东部的夔州路攻击，西川行枢密院则主要在四川西部的潼川府路攻击，最后合兵于南宋四川制置司所在的重庆城下。

先看东川元军的攻伐。这年十月，元军东川副都元帅张德润攻陷渠州礼义城，知州张资自杀，俘获军民一千五百人。

十一月，南宋朝廷将知开州鲜汝忠、知达州赵章对调，鲜汝忠家属尚在开州未行。这一情报被元军侦知，元东川都元帅杨文安派元帅蔡邦光先攻打开州，预备先俘虏鲜汝忠家属，再以此要挟他投降，到时两城可入囊中。1275年正月，元军悄然进至开州城下，几名元军爬入城内，杀死守门宋兵，元军顺利进城。等宋军反应过来为时已晚，知州赵章被俘，军队溃散。

数天后，元军以家属为人质，招降达州，声称降则保全家属，战则屠城。鲜汝忠派部下赵荣请降，杨文军率元军如愿进入达州城。

赵章之子赵桂把守师姑城（今地不详），元兵招之即降。杨文安派元帅李吉、嵇永兴、千户王新德等部将，以鲜汝忠为向导，成功招降了八座宋军城堡。

七月，杨文安率军继续南下，进攻重庆的东北屏障梁山军（今重庆梁平）。守将袁世安坚守不降，元军放火烧毁了梁山城的外城。梁山附近有一忠胜军（今地不详），二城互为犄角，于梁山非常重要。元军力战攻陷，忠胜守将王智被杀，提辖景福被擒。梁山被围攻四十余日，袁世安沉稳守御，毫无降意。攻城乏术，杨文安垂头丧气，率军撤围，向梁山东北的万州（今重庆万州北）进军。

行军途中，元军先攻破梁山以西的牛头城，杀其守将何威，迁出其居民。再围攻万州天生城（万州治所），守将上官夔死守。元军先击败南宋援军，又招降万州附近的城寨。上官夔依旧不降，元军攻城不下，围城五十天后，杨文安被迫撤围。按杨文安的设想，元军先取万州，再陷忠州（今重庆忠县）、夔州（今重庆奉节）。

万州撤兵后，元军继续东进，招降了七个城寨，进至夔州白帝城。白帝城位于高山之上，地势险要，易守难攻。南宋夔州路安抚使张起岩依托地利，坚守不出，元军撤退。

如上，因多高山深谷，宋军利用地形构筑城寨，稳若磐石，东川元军没能完成扫除重庆东面宋军的任务。

1274 年十一月，元世祖命令西川元军进攻嘉定。嘉定位于成都以南三百余里，大渡河、青衣江在此汇入岷江，岷江再汇入长江，交通便捷，位置险要。由于这个原因，元兵曾多次攻打嘉定，宋军也多次从嘉定出击。西川行枢密院事汪良臣和也速带儿率领六个万户军、一个总管军从成都出发，挺进嘉定城下。知嘉定府昝万寿闭门不战，元军清除嘉定周边的宋军，在嘉定城外构筑了一个大的包围圈。数月之后，元军继续增兵，收缩包围圈，步步紧逼嘉定城。昝万寿按捺不住，全军出战，被元军打败。六月初，昝万寿率领周边的几个城寨向元军投降。

嘉定将领陈都统、鲜于团练使拒不投降，率领部分水师突围逃离，被元军追击，全数被歼。知叙州（今四川宜宾）李演率军原本支援嘉定，听说昝万寿投降，掉头回撤，被元军追上，李演顺势投降。同在六月，叙州登高城守将郭汉杰、江安州知州梅应春、富顺监虎头城（今四川富顺县西南）知监王宗义、知长宁军（今四川长宁双河镇）黄立投降元军。由此，宋军大本营重庆以西的军事重镇都被元军占领。泸州（江安军）位于重庆上游，治所在神臂崖的神臂城（今四川合江西北）。元军占有泸州，可顺江而下，重庆更加危险。元朝命梅应春为泸州安抚使，与西川行院军将家属和伤员共守神臂城。

元军占领嘉定、泸州后，元西川行枢密院副使忽敦留兵驻守，自己率兵两万沿着岷江、长江顺流直下，目标重庆。重庆是南宋四川制置司所在，时任制置使是赵定应。元军先以元世祖诏书招降赵宝应，要他认清形势可保富贵，不要涂炭生灵、事后悔恨。赵宝应不听。元朝重庆招讨使毕再兴携带劝降诏书到重庆周边的合州、涪州、梁山等地招降，也没收到回应。

忽敦军从西南方向包围重庆，封锁了重庆周边的各大江口要道，阻止宋军来救。不久，元东川行枢密院事合剌从合州方向率军前来，协助西川元军围攻重庆。

秋天被围，冬天重庆城物资便已告尽，粮食所剩无几。天气寒冷，城里缺乏木柴，人们掘开坟墓，用棺木作燃料，尸骨乱弃。

合州钓鱼城与重庆较近，互为后援，守将是四川制置副使、知重庆府张珏。张珏字君玉，陇西凤州（今陕西凤县）人，十八岁从军，在对抗蒙古（元）过程中屡立战功，人称“四川虓将”。虓是凶悍、勇猛的意思。蒙哥汗命丧钓鱼城之战中，张珏是守将王坚的副将，是非常得力的助手。1263年升任知合州，守钓鱼城。1275年升任四川制置副使、知重庆府，仍在守钓鱼城。围攻重庆时，元军留下少量部队佯攻钓鱼城。张珏派人潜入重庆城内，告诉自己的救援计划。1276年二月，张珏派部将张万率领精兵、巨舰，沿嘉陵江顺流直下，冲破元军封锁线，进入重庆城内。四月，张万带兵攻击凤顶茅寨上的元军。

此时，临安南宋朝廷已经降元，谢太皇太后也发布了要求各地州郡投降的诏书。元世祖加紧对四川的招降，派人到前线，继续劝降重庆守军，宋军不闻不问。

元军兵分五路，水陆并进，开始攻城。元船桥水手军总管石抹不老率军夜袭北门千斯门，宋军慌乱，落水者不少。涪州守将阳立率军来救，被石抹不老军挫败，后来投降元军。然而，除了俘获一百多名宋军和几百艘军舰外，攻城元军却没有什么战果。

相反，趁四川元军主力围困重庆，张珏先派军攻击顺庆青居城，后收复泸州神臂城。正月，驻守青居城的元将汪惟正受命包围重庆，张珏派部将赵安偷袭，烧毁元军营寨，俘虏了元军的安抚使刘才和参议马嵩。

梅应春降元时，刘霖、先坤朋等人不愿随从，组成抗元义军。刘霖到钓鱼城，约张珏共同攻打神臂城。六月，刘霖为向导，先坤朋负责接应，张珏派军攻入泸州（元改江安州为泸州）神臂城神臂门，杀死元军千户熊耳和多次入侵钓鱼城的赵匣剌，并将前江安知州、现泸州安抚使梅应春砍杀。前番梅应春投降时，判官李丁孙、推官唐瑞奎反对，被其所杀，故宋军对他恨之入骨。当时有不少西川行院的元军家属在神臂城内，一并成了宋军俘虏。

泸州丢失，听说家属被俘，西川行院的元军将士无心再围重庆，着急去打泸州。因此，元军撤重庆之围，转而攻打神臂城。

十二月，四川制置使赵定应主动让贤，请副使张珏来重庆担任制置使。张珏就任后，派部将张万攻打涪州，阳立和万户速哥率兵抵抗。双方奋战一天一夜，大小十八战之后，阳立、速哥败走。宋军收复涪州，元涪州安抚使李端、阳立家属及若干部下被俘。阳立、速哥领兵反攻，张万领兵出城迎战，结果宋军失败，张万部将史进、张世杰战死。不过，元军没能攻占三台城，张珏派都统程聪（南宋鄂州青山矶降将程鹏飞之父）前去驻守。张万先回到重庆，后带兵向夔州方向进军，联合咸淳府（今重庆忠县，咸淳元年以度宗潜邸忠州升为咸淳府）、涪州的宋军，收复了夔州附近的石门、巴巫等寨，攻破十八座元军城寨。

听闻益王、卫王重建朝廷，正在广东流浪，张珏派出数百官兵，前去访求二王下落。他还营建宫殿，以便流亡朝廷使用。二王如何抵达广东？且看下章。

第四章

◎

退守崖山

一、二王南下：骨肉凋残唯我在

让我们回到 1276 年（德祐二年）正月十八日的那个紧张雨夜，宋室其他骨肉南下，寻找国家再生的希望。“骨肉凋残唯我在”，出自文天祥的诗，本意与二王南下无关，借用于此，倒也不显得违和。临安陷落后，赵宋皇家的至亲骨肉，就剩下这二位了。

德祐二年正月，元军步步靠近临安，文天祥建议朝廷将度宗长子八岁的吉王赵昰和度宗三子五岁的信王赵昺派驻福建、广东，以作后图。谢太皇太后一开始不准，情势更加危急，只好同意。二王并没有一步到位。朝廷改封吉王为益王，出镇福州，为福建安抚大使、判福州，益王舅舅杨亮节为福州观察使、提举益王府行事。信王改封广王，判泉州兼判南外宗正事，俞如珪为提举广王府行事。

正月十八日，宋廷向伯颜提交降表。益王、广王、益王母亲杨淑妃、秀王赵与檡和少数随从在驸马都尉杨镇、杨亮节、俞如珪等人的护卫下，从城南的嘉会门逃出临安，去往婺州（今浙江金华）。伯颜派范文虎带兵赶到婺州，召杨镇和二王回临安。元军近在眼前，二王危急，杨镇立即去找元军，临别说道："我就是死，也要挡住元兵。"杨镇是杨太后侄孙，迎娶的是宋理宗独女周汉国公主（又称瑞国公主），喜好书画。他随元军回到临安，后来同恭帝一行北上。

杨亮节他们背着两位小王，徒步走进括苍山，藏了七天。杨亮节部将张全带了几十名士兵赶来，他们一同去往温州。陆秀夫、苏刘义在半道上追上他们，也到了温州。陈宜中从临安逃出后，躲在温州一个叫清澳的地方。杨亮节等人派人到清奥找来陈宜中。

当初，张世杰、刘师勇不愿投降，带兵从临安跑出。刘师勇进入海上，日夜纵酒，郁郁而终。张世杰则到定海（今浙江宁波镇海区），被召来温州。他们约定在温州江心寺集合。江心寺位于温州江心屿上，地处瓯江中心。江心寺也是当年宋高宗逃避金兵追赶时到过的地方，还保存着高宗坐过的御座。众人对座哭泣，推举益王赵昰为天下兵马都大元帅，广王赵昺为副都元帅，大元帅府设于温州。

秀王赵与檡被任命为福建察访安抚使、知西外宗正，宗室赵吉甫被任命为福建同提刑、知南外宗正。知西外宗正是西外宗正司的长官，位于福州，主管当地的宗室事务。知南外宗正同样是南外宗正司的长官，位于泉州。他们任官之地都有福建，又主管宗室事务，是要他们先到福建探路，既安抚官民，又照顾赵氏宗室。

不久，谢太皇太后派的两名宦官和八位士兵，居然找到温州，要求二王返回临安。二王位置如何泄露，不得而知，但表明元军可能赶来。为防止走漏风声，并明确拒绝北上，陈宜中等人不由分说，便将那八名士兵推入江中，淹死。宦官当是跟随他们，从海上南下福建。

二王到福建时，正值原江西制置使黄万石使者在汀州、建州等地为元军招降。黄万石从江西撤退到福建邵武后，向元军投降。福建州军听说二王来了，原本要跟随黄万石降元，马上变了态度，赶跑了说客。黄万石的部将刘俊、宋彰、周文英等人也归附二王。

五月一日，福州，陈宜中等人立益王赵昰为皇帝，史称端宗，年号景炎，或称之为“益王政权”。封赵昺为卫王，其母杨淑妃为太后（一说太妃），参决政事。命陈宜中为左丞相兼枢密使、都督诸路军马，扬州的李庭芝为右丞相，陈文龙、刘黻为参知政事，张世杰为少保、枢密副使，陆秀夫为签书枢密院事，苏刘义为殿前指挥使，王刚中知福安府事。

五月底，经过两个月的风雨颠簸，文天祥从浙东经温州来到福州，被任命为右丞相兼枢密使、都督诸路军马。他辞任右丞相，只任枢密使、同都督诸路军马。

南宋流亡小朝廷规模初具，标志着赵宋国运的继续。残宋拥有福建、两广之地，淮东、两浙部分地区尚在坚守，四川战场依旧火热。最为重要的是，他们后来还组织起正规军十七万、民兵三十余万，抗元领袖文天祥、张世杰也在朝廷，看似有希望。

然而，小朝廷很快内斗起来。文天祥一见陈宜中，便喋喋责问道："你当初应该带三宫和二王到海上避难，为什么只顾自己跑？"陈宜中自知理亏，说不出话。这不算完，文天祥又多次斥责陈宜中怯懦，不立纲纪，让外戚掌权，还说他毫无谋略。当面被批，陈宜中心中很是不爽。所谓外戚掌权，即指端宗舅舅杨亮节。

文天祥对张世杰也有不满。他问张世杰，这个流亡政权有多少军队。张世杰说只有自己当初从临安带走的部队。文天祥叹息道："公（指张世杰）军在此，朝廷大军哪儿去了？"这好比是责怪张世杰只顾自己，却不知组织军队。张世杰听后，闷闷不乐。现存文天祥诗文中，也表达出对张世杰行为的不满。如他说张世杰这个人，素无降志，对福安益王政权的成立有大功。看似表扬，却马上话锋一转，又说张世杰没有远大志向，拥兵自重，只知道逃路，才导致了后来的失败。

陈宜中和陆秀夫之间也产生矛盾。他刚到临安不久，朝廷就投降了元朝，与陈宜中共事少，没有旧怨。陆秀夫长期在李庭芝帐下，熟悉军务。陈宜中多次与陆秀夫讨论军务，一开始还比较融洽。没想到过了几日，陈宜中发现陆秀夫不肯附属自己，议事多有不合。他居然玩起了权臣的惯用套路，指使谏官弹劾陆秀夫，要将他赶出福建，贬到潮州。由此可见，就这样一个半死不活的小朝廷，也少不了权术。对于陈宜中的做派，张世杰实在看不下去，说道："这都什么时候了，还动不动就拿台谏整人？"张世杰掌兵权，陈宜中不敢太过分，取消了对陆秀夫的处分。

张世杰对同为大将的苏刘义有所压制。据文天祥说，苏刘义是京湖老将，虽出自吕家军，却忠心不贰，对益王政权的成立也有大功。张世杰掌兵权后，苏刘义无法施展其才能，比较郁闷。

对于如何反攻，文天祥与陈宜中的想法也不一致。来福州之前，文天祥在温州为将来的反攻做了些工作，准备以温州为基地，进击两浙、两淮。这之前，在通州时，知州杨师亮向文天祥表示，打算筹集海船数百艘，南下勤王。文天祥到温州后，将此事向福州的大元帅府汇报。对于这个消息，陈宜中并不轻信。待益王登极后，陈宜中派毛浚到通州刺探真假。杨师亮见毛浚没带新朝廷的授命文告，觉得自己受到侮辱，差点杀了毛浚。两个月后，杨师亮以通州降元。

陈宜中也不同意文天祥到温州的反攻计划，而是想依靠张世杰的军队先收复两浙。军政大权被陈宜中、张世杰控制，文天祥没有权力，无所作为。他历经险阻，满怀希望赶到福安，却被现实一拳重击，很是失望，满心悲凉。从杜甫诗中集出的两首诗，可见他过山车般的心情。赶赴福州途中，“握节汉臣回，麻鞋见天子。感激动四极，壮士泪如雨”。到福州以后，“崔嵬扶桑日，阔会沧海潮。倾都看黄屋，此意竟萧条”。

二、逃离福安：四路元军下福安

在杨亮节、陈宜中、张世杰的主张下，益王政权下达向江西、江东、浙东的反攻命令。赵溍为江西制置使，进军邵武；傅卓任江东招谕使，陈奎为江东安抚使，向江东反攻；吴浚任江西招谕使，邹㵯为副使，向江西反攻；李珏任浙东制置使，向浙东反攻。

文天祥去温州不成，又想南下广州，但广州很快陷落。必须有一番作为，七月，他以枢密使、同都督诸路军马的头衔，在南剑州（今福建南平）成立同都督府，招纳贤才，囤聚钱粮，准备收复江西。他有诗云："剑外春天远，江阁邻石面。幕府盛才贤，意气今谁见。"可见他对自己的都督府很有信心。他所依赖的，是原赣州勤王义军旧部。

先看南宋军在江西、江东的反攻。江西制置使赵溍先收复与江西接壤的邵武。在江西东面，江西招讨使吴浚以广昌（今江西广昌）为基地，相继收复南丰（今江西南丰）、宜黄（今江西宜黄）、宁都（今江西宁都）。在江西北面，翟国秀收复铅山。在江东，江东安抚使陈夅收复信州，江东招谕使傅卓进至浙江衢州、信州一带，民多响应。

两浙的抗元斗争比较热闹。1276年三月，伯颜北返，以阿剌罕、董文炳代理军务，忙古歹为浙西都督，唆都为浙东宣抚使。元师东进，攻取绍兴、庆元二府。宋端宗即位，派兵进入浙东，给浙东地区带来新的期盼。永康人章堉、章暨兄弟招募数千义兵，收复婺州城，章堉被任命为知州。李珏率兵收复处州，张世杰部收复台州，傅卓军收复衢州。婺州兰溪人唐元章、唐良嗣叔侄招募义军，在婺州黄溢滩大败元军，杀其将奚达鲁。元军退至桐庐，唐氏义军进入严州，拒守元军。宗正寺主簿赵孟垒在庆元府起兵，兵败被俘，宁死不屈，被施磔刑，即分解肢体而死。宗室赵孟桑谋划在绍兴起兵，事泄被捕，被元军押往临安，杀掉。

宋人在两江、两浙的激烈行动，引起元军的强烈镇压。

江西都元帅宋都带派左副元帅李恒率军前往建昌，元廷从襄阳、安庆、蕲州、黄州等地调兵支援江西。七月初，南宋江西招讨使吴浚派都统陈捷率民兵进入南丰，李恒派一千元军进攻南丰。宋军大败，军民死者无数，南丰城被元军付之一炬。

八月，张世杰派都统张文虎率军支援江西，与吴浚合兵，号称十万，向元军基地建昌进发。李恒派千户忻都进至兜港，等宋军半渡之时，元骑兵冲击宋军之后，宋军溃败。元军追杀三十里，宋军尸体遍野。李恒又派镇抚翟钦率军攻占广昌，捣毁了吴浚在江西的大本营。同月，南宋江西转运判官赵戊出从宁都派军进攻赣州，先在赣州城东面击败一支元军，再到赣州城下，被元军击败，伤亡惨重。失败之后，吴浚、赵戊出都退至汀州。

前番兵败后，为了躲避元兵追捕，谢枋得隐居云礤岭。此岭位于上饶以南一百里，山势险峻，谢枋得解散身边人，只带一名仆人躲在隐秘处。临安降元后，与文天祥类似，谢枋得也以伯夷自处，有隐居的打算。1276年五月，福安朝廷派人找到谢枋得，命他为江东制置使，收复失地。得到新朝廷成立的消息，谢枋得又有了干劲。他先到弋阳，召集旧部，不到两个月组织起了一支数千人的队伍。

信州附近的宋军准备进攻铅山，他们约定，谢枋得从弋阳进攻铅山的西面，翟国秀从信州方向进攻铅山的东面，陈奎军在上饶策应，赵溍从衢州向信州进发。七月二十二日，谢枋得、翟国秀同时发起进攻，谢枋得义军从西面攻破元军阵地，向铅山县城推进。突然，前军退却，原来是翟国秀听说吴浚兵败，私自撤退，大股元军向谢枋得军压来。谢枋得率军继续抵抗，弋阳义军死伤无数，谢枋得被贴身侍卫抱着，离开铅山，逃往福建。

江东招谕使傅卓兵败，向元军投降。江东安抚使陈巽兵败被俘。文天祥旧部张云在吉州起兵，招募义军。他们夜袭元军大营，杀敌数百，元军增援，义军腹背受敌。战至黎明时分，义军口渴难忍，到江边饮水时，遭元军突击，张云与部下多溺亡。

宋军在江东、江西的反攻行动，就此宣告失败。

再看两浙宋军的溃败。原驻建德（严州，今浙江建德梅城镇）的元军管军总管高兴率兵五千，向婺州、衢州进攻，与七万宋军对峙四十多天，陷入宋军包围圈。高兴死战突围，退回建德。宋军追击，进攻建德，恰遇元军浙东主帅唆都在建德。唆都指挥元军击败宋军，向婺州进攻。元军先攻占兰溪县，歼灭三千宋军，俘虏吴总制和唐知县。再攻破婺州城，俘虏知州吴埥等十九人。

占领婺州后，元军向衢州进发。行至梅岭（今浙江建德西南五十六里），击败宋军，斩杀三千。攻占龙游（今浙江龙游）后，进至衢州城下。衢州宋军出战，被元军击败，俘虏五百。在城下，元军当着宋军的面，将五百俘虏杀死。再转而攻城，很快攻下，守将魏福兴等七将被俘。

元军兵临临安时，宰相留梦炎逃到家乡衢州，此时以南宋故相的名义率领民众投降元朝。高兴继续率军清扫衢州周边的宋军，先在赤山击败一支宋军，接着围攻衢州以南的陈家山，斩杀宋军七千。再攻打江山（今浙江江山），杀宋军三千，俘虏五百。

江西、江东、两浙的惨败，预示元军即将踏入福建，宋廷加紧应对。八月，漳州宋军动乱，投降元朝。福安朝廷任命参知政事陈文龙为闽广宣抚使，率军讨伐漳州。陈文龙兵至泉州，命原漳州知州黄恮为参谋官，到漳州招抚。黄恮进城，军民顿首谢罪，漳州之乱得以平定。

朝廷任命王积翁为福建提刑、招捕使、知南剑州，防守南剑州、邵武军、建宁府上三郡；任命黄恮为福建同提刑、招捕副使、知漳州，防守漳州、泉州、汀州下三郡。上三郡位于福建西北，下三郡位于福建南部，故有上、下之说。

九月，兴化（今福建莆田）人石手军兴兵作乱。陈文龙是兴化人，宋廷命他知兴化军，前往平叛。十月，南剑州的文天祥迁军汀州。

八月，董文炳率军渡过钱塘江，向越州、台州、温州（瑞安）进发，对两浙的未降州军展开进攻。此时，福安小朝廷矛盾再起。两浙闽广察访使、秀王赵与檡以赵氏宗亲自居，看不惯外戚杨亮节专权，当面劝说，遭到忌恨。于是，赵与檡被排挤出朝，名为加强浙东的防守力量，到浙东温州（瑞安），与方洪共同守城。八月十二日，赵与檡率军攻打婺州，围城两天，听闻董文炳大军将至，匆匆撤围，退回瑞安。

十月，元军加速对福建的进攻，两浙元军兵分三路：东路军由董文炳、忙古歹、张弘范等将率领，从浙东南下；西路军由奥鲁赤、唆都等将率领，从浙西南下；海路由阿剌罕、王世强率领，沿海南下。西路军从衢州南下，直驱福建。

十一月，唆都攻打处州，歼敌三千，浙东制置使李珏降元。东路军由婺州进向台州，攻城之前，城内宋军哗变，出门投降元军。驻守台州的张世杰率军从海路南逃，元军占领台州。

元军四万户总管奥鲁赤、招讨使也的迷失率军从江西进攻福建，计划与浙东南下元军会师福安；奥鲁赤率江西元军攻占邵武，守将赵时赏弃城逃走。继续攻占建宁，俘虏守将赵崇矶和张彭老。唆都率军攻破浙江入闽咽喉仙霞关（今浙江江山仙霞岭），继而攻陷松溪县（今福建松溪），到建宁与江西元军会师。奥鲁赤率军攻占南剑州，福建提刑、知南剑州王积翁丢盔弃甲，慌慌张张跑到福安。南剑的陷落，使得福安西北的门户洞开，失去屏障。元军继续向福安追击，招降怀安（今福州淮安）。

十一月十四日，阿剌罕、董文炳率高兴、撒里蛮等将领进攻瑞安，赵与檡和侍卫亲军都指挥使李世逵、方洪率军南逃。在元将董文炳的传记资料中，说宋军撤离瑞安时，实施坚壁清野，纵火焚烧城里的房屋。元军入城后，董文杰立即下令救火，瑞安城内近一半的建筑赖以保存。民间是以有“南军放火北军救，异事稀奇古无有”的歌谣。

瑞安宋军向福安方向撤去，元军穷追不舍，一路上多次击败宋军，投降的有五百余人。追击数天后，宋军在福安城外的一条江停下。赵与檡和李世逵率领三万宋军列阵于江南岸，与元军隔江对峙。元军夺桥，向南岸杀去，双方转战四十里，宋军战败，李世逵等三千人战死，赵与檡等人被杀。

关于瑞安、福安之战，宋元史料记载不一，研究成果因此也较为混乱。以上叙述，基于元朝几位参战将领的传记资料，记载相对一致，较为可靠。以宋人立场出发的资料，有另外一种记载：赵与檡根本没有南逃，而是与方洪死守瑞安。有一低级军官李雄夜开城门，招元兵进城。赵、方二人继续率军巷战，兵败被杀。赵与檡死前，与董文炳还有段铁骨铮铮的对话。董文炳问他：“你就是秀王？事到如今，该投降了吧？”秀王厉声喊道：“我乃国家近亲，今竭力而死，职责所在，还有什么可说的！”这段恐怕是宋人对“忠臣”的想象。

不论如何，到十一月下旬，三路元军会师福安城下。福安知府王刚中和从南剑州逃跑的王积翁向元军投降。吏部侍郎朱浚（朱熹曾孙）和妻子（宋理宗之女）服毒自杀。

在此之前的十一月十五日，元军逼近福安时，陈宜中和张世杰护送宋端宗、卫王上船，十八日离开，驶入大海。据说张世杰没想过在福安久居，也对宋军的反攻信心不大，他的重心放在了建造海船上。跟随他们离开的，还有数十万（一说十七万）大军。对于陈宜中、张世杰逃离福安的行为，文天祥很是不解：“三山（福州别称）登极之后，张世杰出兵邵武，取得大捷，人心翕然。然而，张世杰却不思守国，一心建造海船，令人寒心。听说元军将至，顷刻间乘船南逃，真是无力回天之举。”

元军占领福安时，宋端宗他们逃到了泉州。泉州是南宋贸易大港，提举市舶司蒲寿庚是阿拉伯人，也是宋元史上的一位名人，主管泉州的进出口贸易已达三十年之久，势力极其强大。大致从唐中叶开始，阿拉伯人来华经商，多集居于广州。十二世纪时，有一支阿拉伯人根据读音，以“蒲”为汉姓。此时，蒲寿庚先祖即主管广州港的海外贸易，兼顾经商，富甲一方。家道中落后，他的父亲从广州来到泉州，蒲寿庚自己不知如何当上了提举泉州市舶司。有海盗侵扰泉州，蒲寿庚与兄蒲寿宬协助官府击退，因功升任福建安抚沿海都制置使，仍兼提举泉州市舶司。同时担任这两个官职，表示蒲寿庚兼具财政和军事实力。端宗在福安即位后，命蒲寿庚兼任福建广东招抚使。端宗朝廷从福州逃到泉州，也得到了蒲氏兄弟的大力帮助。

宋端宗、张世杰来到泉州，自然更要依靠土皇帝蒲寿庚。他要钱有钱，要船有船。蒲寿庚觐见端宗时，请流亡的宋室留在泉州，遭到拒绝。有人建议张世杰，将蒲寿庚扣押，剥夺他提举市舶司的权力，更不能让再他管市舶司的海船。张世杰没有同意。等到张世杰想将端宗送到潮州时，发现船只不够用。张世杰派兵抢夺蒲家的船只，还有不少钱粮。蒲寿庚大怒，十二月八日，与知州田真子一道投降元朝。其实早在1276年二月，临安降元前后，伯颜就注意到了泉州蒲寿庚的重要性，曾派使者劝降，当时恐怕蒲寿庚已怀二心。其实，蒲寿庚虽然是南宋官员，其心底总归是商人逐利的本性，更何况宋元对抗已见分晓，投靠哪边不是明摆着的事吗？

蒲寿庚降元后，继续担任泉州提举市舶司，元朝还授予他昭勇大将军、闽广大都督兵马招讨使的职位，后来又任江西行省参知政事、福建行省中书左丞相，位置更为显要。1277年七月，张世杰从广东率军猛攻泉州。前面曾提及，泉州是南宋南外宗正司所在地，居住了很多赵氏宗亲。蒲寿庚为了根绝内患，将泉州所有宋朝宗室三千人全部杀掉。宋军围城三月，不能攻下，元军来援，张世杰率军撤退。《宋史·瀛国公本纪》载，张世杰军队抢了蒲氏的船、粮之后，蒲寿庚直接起兵，将泉州的宋朝宗室、士大夫和一些宋军全部杀掉。此说实误，地头蛇蒲寿庚实力再强大，也不敢直接和拥有十几万大军的张世杰直接翻脸。

知福安府王刚中降元后，成为元军先锋，派使到兴化招降。陈文龙斩其正使，让副使带信回福安，信中大骂王刚中有负国恩，信末自署“理宗学生、度宗状元、德祐枢密、景炎宰相”。阿剌罕派兵进攻兴化，陈文龙派兵半道设伏，击败元军。阿剌罕再命水陆大军包围兴化，陈文龙率军抵抗，坚决不降。陈文龙派出侦察的将领林华投降，带领元军到兴化城外。

十二月二十五日，兴化通判曹澄孙开门迎降，元军突入，都统白牒、陈文龙猝不及防，和家人都被俘虏。元人让陈文龙投降，他不肯屈服。元兵轮番折磨他，陈文龙指着自己的肚子说道：“这里面都是节义文章，你们能逼迫成功？”元兵继续强逼，陈文龙仍旧不屈，元兵将他押送到杭州。离开兴化时，陈文龙绝食，到杭州时饿死。陈母被关在福州的尼姑寺中，病情严重，没有医药，对左右说道：“能和我儿同死，还有什么可遗憾的呢？”很快去世。

兴化之战后，福建制置使印德傅等一百四十八人投降，俘虏宋军三千人、水军七千多人，以及海船七十八艘。元军进至漳州，福建同提刑、知漳州黄恮、通判杨丙投降元军。

宋军连连败退时，文天祥军从福建进击江西。文天祥的都督府从南剑州西迁汀州，向江西元军发起进攻。十一月，文天祥派都督府参谋官赵时赏、谘议官赵孟溁率领一支军队，经由石城（今江西石城），收复宁都。都督府参赞吴浚率一军进驻瑞金（今江西瑞金），收复雩都（今江西于都）。

十二月，元军攻占宁都，江西招谕副使邹㵯被俘，后来逃脱。李恒命镇抚孔遵进军汀州，半途击败都督府谘议官赵孟溁的军队。南剑州元军也向汀州进军，汀州知州黄去疾投降。1277 年正月，文天祥率军退至漳州龙岩（今福建龙岩），赵时赏、赵孟溁也率军来会合。都督府参赞吴浚向元军投降，还来招降文天祥，被文天祥处死。

宋端宗离开泉州后，被张世杰等人先送到潮州，又转移到惠州甲子门（今广东陆丰甲子镇）。宋元对抗的主战场，转至两广。

三、两广抗敌：干戈寥落四周星

为早日消灭南宋的残余势力，江西、湖南的元军也倾巢南下，向广东、广西进攻。江西都元帅塔出、右副都元帅吕师夔和左副都元帅张荣实率军从江西向广东进攻。

1276 年六月，占领湖南后，湖广行省平章政事阿里海牙准备率军进入广西。阿里海牙派部将俞全到静江招降马塈，被杀；又派湘山僧人宗勉带着谢太皇太后的劝降诏书到静江，也被杀。阿里海牙又写信给马塈，以广西大都督诱惑他，马塈不理他。先礼后兵，阿里海牙率大军南下。

马塈将主力留在静江，亲率三千兵去守东北方向的严关（今广西兴安严关乡）。严关是湖南进入广西的要道，路在两山之间，易守难攻。十一月，阿里海牙率军杀到严关，马塈死守，元军力攻不下。正面无法突破，阿里海牙派兵从平乐（今广西平乐）、临桂（今广西临桂）绕到严关后面，前后夹击，马塈失败，退守静江。元军追至城下。

静江城经过宋末多次修葺、扩建，城墙高大坚固。阿里海牙派使携带元世祖诏书，去招降马塈。马塈焚毁诏书，杀掉使者，仍旧干脆利落。元军招降不成，大举攻城。马塈夜不解甲，昼夜不停地在城上指挥。元军前后攻城一百多次，城内死伤惨重，马塈依旧不降。东面城墙略为低矮，四面有护城河，元军难以靠近。阿里海牙命人在大阳江、小溶江修筑土坝，切断了静江护城河的水源。护城河里还是有水，元军一面佯攻西城，一面找到城东南的水闸，打开闸门，让水流光。城东南护城河干涸，元军越过河道，发起猛烈的进攻。东城守将刘子荐战死，元军很快攻下外城。马塈率军退入内城，又被元军攻破。

宋军与元军展开巷战，马塈最终战败被俘。接着，马塈被元军斩首。传说他头已落地，还攥着拳头挺立身姿，过了一会儿才倒下。统制黄文政被俘，对着元军破口大骂。元兵割下他的舌头，又割掉鼻子，斩断双脚。黄统制死时，嘴里仍在大骂不停，但听者不知道他到底在骂些什么。

一不知名的娄姓钤辖率领二百五十人继续守在静江月城之中，阿里海牙命人围而不攻。十天之后，娄钤辖在月城墙上朝着元军大声喊叫："我们太饿了，无法出门投降，你们送些吃的，我们就投降！"元军送进去数头牛、数斛米，宋军迅速关闭城门。宋军杀牛煮米，米未全熟就吃；牛肉不煮，直接生吃。吃光之后，宋军吹角敲鼓，元军严阵以待。娄钤辖将人组织起来，围在一堆火旁，扔进去一个火炮，声如雷霆，城墙瞬间被震塌。浓烟冲天，有看热闹的元兵直接被吓死。火熄烟灭，只留灰烬。

攻打一个月后，元军终于占领静江。城里不少居民放火烧毁自己的房子，甚至跳水自杀。阿里海牙认为，静江远离中原，与潭州不能比。这里民性彪悍，容易叛乱，又难以驯服，不加以重刑，广西其他地方也难以征服。于是，下令将全城军民全部坑杀。

静江战后，除今海南岛外，广西其他州军全部投降。阿里海牙命万户史格为广西宣抚使，镇守广西，自己返回潭州。

1276年二月临安朝廷降元后，广东经略使兼知广州徐直谅得知谢太皇太后的劝降诏，派部将梁雄飞到隆兴，向元军请降。元江西都元帅宋都带派招讨使黄世雄率元军，跟随梁雄飞进军广州。徐直谅得知益王在福州重建朝廷，后悔请降，派广州通判李性道率摧锋军和水军两万到石门（今广州西北三十里），试图阻止元军。

元军进至石门，骑兵遍布山川，李性道心生恐惧。摧锋军将领黄俊建议，趁元军初到，队伍不整，派一支队伍绕到元军背后，前后夹击，可胜。李性道不同意，不敢主动出击。元军没有停顿，迅速向宋军扑来，黄俊率军迎击，其他军队却不敢上前，眼睁睁地看着黄俊的军队被元军打败。石门战败，李性道等将领逃回广州，六月底向元军投降。黄俊不肯降，被广州降将陈实和谢贤等人杀害。

这年六月，东莞人熊飞起兵勤王，去江西找文天祥时，遭遇黄世雄军，暂时降元。元军占领广州后，黄世雄派熊飞守卫潮州、惠州一带。不久，黄世雄觉得熊飞不可信，派姚文虎攻打东莞，却被全歼，姚文虎被杀。熊飞在东莞训练水师，准备向广州进攻。

前南康（今江西南康）县丞赵必豫是东莞人，正在家乡服侍父亲，也想为国尽力。他用言语激励熊飞："你师出无名是为盗。我听说宋皇在海上，已派赵溍、方兴来广东。你不如打起宋朝的旗号，与赵、方二人联系，尊宋皇，然后再兴兵广州。事成可称雄一方，事败也足以永垂不朽。”

名正则言顺，言顺则事成。熊飞觉得很有道理，打出大宋旗号，换上宋军服装，进攻广州。广东元军兵力不足，九月，黄世雄、梁熊飞弃守广州。前已降元的李性道迎接熊飞进城。大约同时，新会知县曾逢龙起兵，也进入广州。熊、曾二人下令将降元的李性道、陈实、谢贤三人处死。不久，熊飞又收复韶州，元军北撤梅岭。二十一日、二十二日，广东制置使赵溍、广东安抚使方兴相继进入广州。

好景不长。也是在九月，江西都元帅塔出、副都元帅吕师夔、左副都元帅张荣实率军通过梅岭，进入广东。赵溍命熊飞、曾逢龙北上南雄（今广东南雄）阻击元军，刘自立守韶州。十月，元军攻陷南雄，曾逢龙自杀，熊飞南退韶州。十一月，吕师夔率军围攻韶州，熊飞在城墙上指挥杀敌，刘自立却开门投降。元军进城，熊飞继续率军巷战，战败，投水而死。

元军南下至英德府（今广东英德），知府凌弥坚降元。十二月初，元军逐渐向广州靠近，赵溍、方兴逃离广州，将防务交接给赵若冈等人。元兵至，赵若冈投降。十二月十三日，吕师夔率军进入广州城。次年正月，循州、梅州、南恩州（今广东阳江）先后投降元军。正月十八日，知潮州马发和通判戚继祖降元，五天后又反正，回归宋朝。

宋端宗朝廷此时在何处？大致在惠州梅蔚山（今广东深圳以南的海岛）。广州陷落前，暂居惠州甲子门的端宗朝廷，准备经大鹏湾进入广州，作为朝廷居所。这一计划落空后，移动朝廷从甲子门转移到梅蔚山。广东沿海地区的投降，与宋端宗朝廷投降活动有关。十二月，流亡朝廷（简称“行朝”）曾派倪宙带降表到元将百家奴军投降，只是不见下文。1277 年四月，端宗朝廷转至富场（今香港九龙一带）。富场以产盐著称，南宋在此驻有盐官，且有摧锋水军，可作为行朝的根据地。朝廷在此营建宫殿，至今仍有部分遗址、流亡朝廷的传说可寻。

四、烽烟再起：元师再平赣闽粤

征伐两广之后，宋军的生存空间，只剩下潮州、惠州和海南岛以及不知死活的四川少部分地区。然而，在元军即将大获全胜之际，元朝内讧大戏再次拉开帷幕，元世祖不得不调南下元军北上平叛。

元朝西北的海都之乱迟迟没能根本解决，元世祖四子北安王那木罕在西北平叛，弟弟阔阔出在军中，左丞相安童受命辅佐那木罕。1276 年秋，那木罕部下脱脱木儿（一译脱黑帖木儿、脱脱帖木儿，忽必烈弟岁哥都之子）以安童分配给养不公为由，率部叛逃。蒙哥汗之子昔里吉也在那木罕军中，率军前去追击。脱脱木儿怂恿昔里吉争夺帝位，原本就对忽必烈口服心不服的昔里吉动了心，将那木罕、阔阔出和安童抓捕，史称“昔里吉之乱”。昔里吉与西北其他的蒙古叛王联合起来，规模很大，范围很广，动摇了元朝在西北的统治根基。除此之外，高丽大臣金方庆起兵作乱，元世祖命阿术率精兵一万北上。

在福建，大部分元军将士被调走。左丞董文炳被召回上都，参政阿剌罕、万户张弘范调任江东宣慰使，招讨使也的迷失调任赣州，其他万户多调任两浙。福建兵力大减，只剩下南宋降臣福州宣慰使潜说友、副使王积翁坐镇福州，将领李雄统领留下的元军和南宋降卒。在广东，只留下参政吕师夔坐镇广州，江西都元帅塔出、副都元帅张荣实则从广东返回隆兴，担任江西宣慰使、同知江西宣慰司事。

元世祖从平宋大军中抽调大量将领、士兵，造成元朝在南宋旧地的统御力下降，各地宋人抓住这一难得机遇，展开对驻地元军的反攻、反叛。宋人“猖狂”不久，元军疯狂反扑，此次反攻成为南宋彻底灭亡前的回光返照。相较所得，损失更惨，离亡不远。

广东方面，1277 年（景炎二年）三月，文天祥从福建龙岩率军进入广东，收复梅州。朝廷任命张镇孙为广东制置使，进军广州。吕师夔见状不妙，留下梁雄飞守城，自己逃回江西。四月，梁雄飞弃城逃到韶州，宋军再次收复广州。

江西方面，五月，文天祥策划了从梅州向江西的大规模反攻。文天祥先到会昌（今江西会昌），吉州、赣州的抗元义军都前来会师。六月，文天祥军攻打重兵防守的雩都，取得大捷。江西招谕副使邹㵯之前被俘，逃脱元军控制后，到永丰（今江西永丰）、兴国（今江西兴国）一带组织起一批兵马。他与文天祥合军，收复兴国。文天祥在兴国重置同都督府（因他官居“同都督军马事”，故称“同都督府”）。邹㵯则改任江东西处置副使，驻军永丰境内。这时，在临安被遣散回乡的原文天祥部下，也纷纷行动起来，在吉州龙泉、永新、太和、万安四县以及抚州、袁州等地起事，配合文天祥的行动。

七月，文天祥派张抃、赵时赏、赵孟溁率大军进攻赣州，邹㵯率领赣州的数万义军向永丰、吉水进攻，黎贵达率吉州义军向太和（今江西太和）进攻，迅速收复了赣州的九个属县（会昌、兴国、雩都、虔化、信丰、瑞金、石城、安远、龙南）。赣州城被孤立起来，义军予以包围。文天祥短时间内在江西的军事胜利，有席卷天下之势，令元人恐慌。

与江西相比，湖南的抗元势力规模也不逊色，大的义军队伍有数万人，小的也有数千人，战果颇丰。

三月，张虎在宝庆府（今湖南邵阳）起兵，周边群起响应，他们收复了新化县（今湖南新化）、安化县（今湖南安化）、宁乡县（今湖南宁乡）等地，后被元军击败。

五月一日，衡山人赵璠与叔父赵漂在湘乡（今湖南湘乡）起兵，他们与文天祥取得联系。文天祥将他们的书信转交给朝廷，赵璠被授予军器监，命他继续招募义兵勤王。

在文天祥、赵璠的感召之下，长沙人张唐（南宋名臣张浚后人），湘潭人熊桂、刘斗元起兵，收复了潭州的衡山（今湖南衡山）、湘潭（今湖南湘潭）、攸县（今湖南攸县）。

攸县大户吴希奭、佛门陈子全、前庐陵（今江西吉安）县尉王梦应也同文天祥联系，响应赵璠，起兵抗元。七月，他们收复了袁州萍乡（今江西萍乡）县，准备与在袁州起事的文天祥部将刘伯文会师。但是，刘伯文暴露，被杀。袁州总管聂嵩孙、来万户率兵来攻，王梦应率兵数百迎战，在明府岭相遇，大战几个回合，元军大败，元将曹千户等军官被杀。元军增兵再战，又被王梦应击败，来万户之子及六名元军军官被杀，元军伤亡惨重，退回袁州。

衡州到永州之间的交通都被义军切断。罗飞在祁阳县（今湖南祁阳）、黄必达在常宁县起义，另有文才喻、周隆等人起义。

淮西的义军抗元活动更为猛烈，极大地震动了元军。五月，淮南司空山人张德兴和淮西野人原人刘源起兵反元，杀太湖县（今安徽太湖）丞，使用端宗景炎年号，势力颇大。司空山傅高起兵相应。张德兴先率军进攻安庆，元安庆达鲁花赤张君佐事先得知，半路埋伏，击退义军。张德兴转而攻陷黄州，元将黄泰被杀。张德兴继续进军，又攻占了寿昌军（今湖北鄂州）。湖北宣慰使郑鼎臣率军前去平叛，在樊口（今鄂州西北）被义军击败，郑鼎臣溺水而死。

福建方面，福建元军统领李雄与福建宣慰使潜说友产生矛盾，痛下杀手，除掉了潜说友，自命宣慰使。福建的空虚和元军内讧，为宋人的反攻提供了机会。陈文龙叔父陈瓒早就暗地结交宾客，招募壮丁。三月，陈瓒起兵，率所招义军攻打兴化，处死原降将、现任守将林华，收复兴化。

五月，张世杰离开广东，向福建反攻。七月，张世杰围攻泉州。汀州、漳州一带的大盗陈吊眼以及许夫人统帅峒、畲族军，到泉州协助张世杰。张世杰又传檄各地，让他们抓住时机反攻，收复失地。宋军来势汹汹，蒲寿庚哪里是对手，他只好闭城自守。宋军攻城，也没能攻陷。张世杰分兵一支，派部将高日新收复邵武。福州降兵密谋杀掉王积翁，响应张世杰，消息走漏，全被王积翁杀死。不过，由于福建空虚，宋军占领了南剑州、漳州等地。

浙东也有抗元义军。张念九、强和尚等人在东阳（今浙江东阳）一带起义，杀掉浙东宣慰使陈祐。处州起义军则一举收复温州，只是被元将哈喇瀛再次占领。

广东、江西、湖南等地的义军抗元活动风起云涌，令身处广西的元朝将卒非常恐慌。广西元军中流传一则小道消息，说夏贵已回归宋朝，而且收复了长江一带的不少州郡。广西各地的元军害怕归路被封堵，纷纷找借口要到静江。湖南行省准备放弃广东的肇庆、德庆、封州，集中兵力守卫梧州。广西宣慰使史格非常镇定，他说敌人只是虚张声势罢了，没必要恐慌，军心才得以稳定。

义军抗元活动风起云涌，看似热闹非凡，然这群以平民百姓为主的散兵游勇，作战方式以步兵为主。在元军骑兵反扑之下，两条腿的步兵如何抵挡四条腿的铁蹄？真是“其兴也勃焉，其亡也忽焉”。待北方局势好转，元朝调兵南下，加紧平定南方。

先看淮西义军的失败。樊口之战后，义军声称要进攻阳逻堡，震惊鄂州。湖北宣慰使忽都帖木儿害怕，不敢出战平叛。兴国路总管陈天祥的弟弟陈祐，死在浙东义军手上。他对湖广行省佥行省事贾居贞说：“阳逻堡依山而建，军备齐全，若他们来攻，对我们极为有利。而且南人浮躁，轻进易退。我军居高临下，区区乌合之众，不出三日，死伤必多，逃亡者十之八九。我们以精兵追击，必大获全胜。再乘胜出击，则收复黄州、寿昌，如探囊取物。”贾居贞极为同意，而忽都帖木儿犹豫不决。

淮西义军来攻阳逻堡，忽都帖木儿不得不率军出战，战况果如陈天祥所料。元朝又组织江西、湖北、淮西三个方面的元军，向黄州、寿昌军、司空山、野人原一带出击。同时，贾居贞派人到处张贴告示，对傅高率领的义军说道："你们只是平民，不过被贼人强迫。打了胜仗，缴获的财物、人口都归了贼首，自己捞不到一点儿好处；相反，你们抛妻弃子，还要遭受灭门的危险。如果你们放下武器，回到家乡，安分守己，既往不咎；如果有人能取下贼人的人头，根据多寡来领赏；如果有人斩获贼首的人头，便给他官做。"贾居贞老到的攻心术果然起了作用，傅高率领的义军很快军心涣散。傅高逃到江西，被元兵捕获，千刀万剐而死。

七月底，元军收复黄州和寿昌军。八月底，元军攻破司空山，杀掉张德兴。再下野人原，刘源力战而死。淮西义军全部被元军剿灭。

在元军的反击下，文天祥败退江西。七月，元朝在隆兴设立江西行中书省，以塔出为右丞，麦术丁为左丞，彻里帖木儿、张荣实、李恒、蒲寿庚、程鹏飞为参知政事。同时，任命李恒为招讨使，令他率兵平定江西。

李恒兵分两路，一路南下支援赣州，亲率另一路偷袭兴国文天祥的根据地。八月十五日，文天祥兵败兴国，率领残部去向永丰，准备与邹㵯会合。然而，在元军的猛烈攻击下，围攻赣州的义军，瞬间作鸟兽散。永丰邹㵯的军队也遭到元军袭击，坚持不到一天，就全面溃败。转眼间，江西义军的火热形势灰飞烟灭。但是，文天祥不知道这些，他依旧带着部队向永丰行进，李恒率军穷追不舍，在庐陵县将宋军追上。文天祥的同都督府人员大部分是没有战斗力的文官及其家属。元军骑马追击，文天祥他们却是拖家带口，比如文天祥自己妻妾数人，还有刚出生不久的儿女。有些官员甚至带着歌舞乐妓，赵时赏自称他们行军如同春游。

元军到庐陵县东固方石岭，发现只有宋军都统巩信带着数十人抵抗。巩信身负重伤，仍在杀伤敌人。李恒见状，怀疑山中有伏兵，其实巩信几十人不过是疑兵之计。巩信重伤，瘫坐在一块巨石上，元军齐齐将箭射出。巩信身中数箭，却仍端坐如初。李恒疑心加重，派一支小队到山后侦察，发现根本没人。原来巩信已死，只是身体没有倒下。

巩信他们是在为文天祥一行断后，用生命延缓了元兵的追击。但这只能拖延一时，短短几天后的八月二十七日晚，元兵就在永丰空坑再次追上文天祥的队伍。在当地人的帮助下，文天祥悄悄地从一条小路逃跑，有数百名士兵跟随护卫。元军冲进宋军营寨，展开一场厮杀。恰当地说，应该是屠杀，因为元兵突然出现，宋军惊愕之后，转身大多溃散，能战斗的只有不过百余人。混乱之中，元军找不到文天祥的身影，发现他已经跑了，急忙追赶。

第二天清晨，元军抓获了一顶轿子。轿中人自称文天祥，被抓到李恒面前。事实上元军都不认识文天祥，找来一名俘虏问询，原来是文天祥部将赵时赏。后来他被押到隆兴，大骂元人而死。

就在离文天祥咫尺之际，突然山上滚下一块巨石，横在了元兵之前。山路狭窄崎岖，元军一时无法通过。等他们绕过巨石，文天祥已经跑得很远了。然而，文天祥自己跑了，他的夫人欧阳氏、妾颜氏、黄氏以及几个儿女都成了元军的俘虏，长子文道生、次子文佛生下落不明。后来，文天祥的这些被俘家属都被李恒送到了大都。

空坑惨败，文天祥遭受灭顶之灾，战果也都化为乌有。文天祥收集溃兵，先跑到福建汀州，又从汀州经会昌、安远跑到广东循州，驻军南岭。

这年七月，李恒派隆兴降将、永新人刘槊进攻永新。在彭震龙的领导下，孤军奋战，坚守不懈。刘槊见硬攻不下，就派人潜入城中，内外呼应，永新才被攻陷。彭震龙被俘，大骂刘槊，被押到吉州腰斩。另有张履翁、萧敬夫、萧焘夫、颜思理等人，宁死不屈而死。

彭震龙部下自发组织起来，继续抗元。八月二日，他们被元军包围在永新城西皂旗山至袍陂下渡口的峡谷之中，永新刘、颜、张、段、吴、龙、左、谭八大姓之人，不肯降元，也不肯死于敌手，三千多人跳入袍陂潭中自杀。八姓三千人，就这样壮烈而死。

元军镇压之后，江西依然只有南安县城在坚守，其余地区再次归元。那么，南安小县城到底能坚持到何时？后话先表。1279 年二月六日崖山海战结束之后，三月，江西行省参政贾居贞率军一千，到南安城外。率领南安军民抗敌的是知县李申巽，元军先招降，招来的还是一番番辱骂。然而，自 1276 年三月围城，到此时已整整三年，城内之人能逃亡的多已逃亡，留守军民的意志也没有当初那么坚定。毕竟只剩下这座弹丸小城，其他地方都已沦为元土，如何抗争？贾居贞命方文等将领进攻，费力不多，即在十五日破城。

南安小城负隅顽抗达三年之久，对于这块难啃的小骨头，元军咬牙切齿，贾居贞下令屠城。李申巽战死。文天祥旧部李梓发全家自焚而死，有人看到李家冒出五色烟雾，被视作忠义之气。城中不少军民先杀家属，再出门与元军巷战，全城几乎没有生者。据载，南安城陷之日，晴空无云，雷声阵阵，有人说是星陨。

湖南义军也很快失败。湖南南部的义军声势浩大，从广西静江以北到全州、永州一带的元军城池全都不敢开城门，其中永州被罗飞率领的义军包围已七个月。全、永二州离静江府较近，永州官员到静江向广西宣慰使史格求救，史格派兵出动，击败罗飞。坐镇潭州的阿里海牙也派万户贾文备、副万户张兴祖、总管邱泽等将领去剿灭湖南义军。张兴祖攻占祁阳、常宁，罗飞、黄必达被杀。再破新化，杀张虎、周隆。常德总管鲁希文、李三俊企图响应义军，也被元军杀掉。几战下来，义军被杀两千九百余人，被俘一百五十人，两万两千多民户受到元军安抚。

文天祥失败的消息传到萍乡，义军首领大都心灰意冷，王梦应、吴希奭率军离开，只有陈子全还在坚守。元军日夜围攻，陈子全中箭而亡，其子都被元军捕杀，妻子及其他家属死在监狱。吴希奭西进湖南，收复醴陵（今湖南醴陵），但也被元军击败，自己和全家三十口为元军所杀。王梦应逃回攸县，再次组织义军，进入永新境内，直到1279年南宋彻底灭亡。在衡山、湘乡、湘潭一带，赵璠、赵漂逃亡，下落不明；张唐被元军先俘后杀；熊桂及全家被湘潭民众杀害。

广西打着宋朝旗号的义军很少，只有古县（今广西永福西北）王新立率领的义军，浔州（今广西桂平）李应辰和李福领导的义军，很快被元军剿灭。

但是有一股很强大的反政府势力，其首领叫苏仲。他召集潭州溃乱的宋军一万多人，盘踞镇龙山，自称王。镇龙山俗称镇龙大圣山，位于今广西壮族自治区中南部，地跨横县、贵港、宾阳三县市。山势雄伟，森林茂密，到处是悬崖峭壁。苏仲虽在山里种植粮食，但也经常四出劫掠，横行于周边的象（今广西象州东南）、横（今广西横县）、宾（今广西宾阳）、贵（今广西贵港）四州。每当元军前来，苏仲便假装投降，待元军撤走，依然我行我素。苏仲居于深山老林，元军苦于闷热难耐，不敢深入镇龙山腹地实施清剿。

广西宣慰使史格决定出兵清剿。他先在上述四州州界设立碉堡，命人日夜守卫，然后军队出击，烧毁其房屋和营寨，再派出民夫收割他们的稻谷。苏仲走投无路，向元军投降，被授予岭方（今宾阳）县令。

稳定江西局势后，元军再向福建、广东进军。1277 年初秋，福建宣慰使唆都向元世祖上奏，说宋人要在广州建都，改元“咸熙”。八月，元世祖命令元军继续向南进军，扫平福建、广东的南宋残余势力，特别是要端掉南宋的流亡小朝廷。

此次南征元军由江西行省右丞塔出统一指挥。塔出采纳了参政李恒的建议，元军同时向福建、广东两个方向出击，以防止宋军来回逃窜。塔出将江西行省从隆兴迁到赣州，亲自率军进驻大庾岭（今江西大余、广东南雄交界处）；闽广大都督、行都元帅事忙兀台和福建宣慰使、行都元帅府事唆都从浙东向福建进攻，攻取南剑进而援救泉州，再下广东；沿海招讨使、左副都元帅哈喇解和行元帅府事刘深沿海岸南下广东，消灭残宋朝廷；

江西行省参政也的迷失从江西进攻邵武，再入福州。三军约定九月出击，会师广州。

九月，唆都军进入福建，在崇安与宋军相遇。宋军人数众多，浩浩荡荡。唆都派其子、招讨使百家奴和杨霆璧率领元军夹击宋军，并设伏以断宋军退路。元军冲入宋军阵列中，持续攻击，大败宋军。宋军撤退时，又遭元军伏击。崇安一战，宋军被杀者一千多人。南剑州宋军守将张清进攻建宁，被唆都击败，建宁转危为安。唆都继续进军，攻陷南剑，张清逃走。同月，也的迷失率军占领邵武。

十月初，唆都占领南剑后，先到福州，再向兴化军进攻。守兴化的是陈瓒，宋军号令严整，士气高昂。元军架设大炮，向城内猛攻；摆上云梯，向城上猛冲。十五日，元军破城。陈瓒没有放弃，率领家丁和五百名义兵，与元军展开巷战，斩杀元军一千多人。战至力竭被俘，唆都逼他投降，陈瓒大骂不止，被车裂而死。唆都下令，屠兴化城。

部下乌古孙泽多次劝阻屠城，唆都一直不听。乌古孙泽又给他分析了其中的道理，说屠城要花很多时间，而张世杰正在火急火燎地攻打泉州，等兴化屠城完毕，泉州就被宋军攻下了。不如放掉兴化百姓，故意让他们跑到泉州传播消息，张世杰就会撤兵，泉州就得救了。这样，元军不用奔跑作战，就能救下泉州，何乐而不为呢？唆都这下听进去了，下令取消屠城令，打开兴化南门，让百姓向南跑。然而，元兵已经屠城三个时辰，死在元兵屠刀之下的兴化军民已有三万多人。

张世杰听到兴化陷落、元军逼近的消息，果然退兵，向南撤退。此时，在元军的威胁下，流亡朝廷已到浅湾（今广东南澳东南，一说在潮阳海门镇以南），张世杰从泉州退至浅湾，与朝廷会合。后来，元将刘深率军进攻浅湾，击败宋军。陈宜中、张世杰护卫宋端宗退到秀山（又名虎头山，即今广东东莞东南的大虎山岛）。前往秀山途中，南宋水军遭遇大风浪，船只、兵员损失惨重。

到泉州后，唆都派出一支水军，乘坐大型海船南下追击宋端宗。他自己则率军进至漳州，宋守将何清固守。元军很快攻陷城池，宋军阵亡数千人，何清兵败降元。百家奴率水师到同安，招降沿海一带，再先行南下，与广东元军会合。按照既定部署，平定福建之后，唆都军南攻潮州。宋知州马发不降，元军不多纠缠，向广州进发。

十二月十二日，塔出率军进至广州，击败广东制置使张镇孙率领的宋军，再次占领广州。张镇孙被俘。后来张镇孙被押解北上，到大庾岭时，被元兵不断索要金帛，被迫自缢而亡。元沿海招讨使哈喇解南下广州，与塔出会师。广州陷落后，宋端宗朝廷离开秀山，退到香山（今广东中山）。塔出命令哈喇解、梁雄飞、石天禄南下追击。

1278年正月，唆都到广州后，塔出命他调头继续攻打潮州。唆都撤兵后，潮州守将马发知道元军迟早要来，再次加固了城墙，强化了军事部署。唆都到潮州城下，命令元兵填埋护城河，然后用云梯、鹅车日夜不停地攻城。宋军一方面坚守，另一方面不时派人焚毁元军的攻城器械。

攻防二十天之后，潮州依然稳如磐石。还是那个在兴化劝止唆都屠城的乌古孙泽，对唆都说道："潮州人之所以坚守城池，是因为外围有支援的堡垒。我们应该逐个予以剪除，则潮州必下。”唆都分兵去攻打潮州城外最大的那个堡垒，攻破之后，其他堡垒的宋军纷纷逃亡。唆都再次下令攻城，并对部下允诺：“有能先登上城墙的士兵，赐予官位；已经是军官的，予以升迁。”总管兀良哈率先登城，其他将领不甘落后，纷纷奋勇登城。宋军溃败，马发战败被杀，潮州被屠。

五、末世朝廷：文武将尽火德微

哈喇䚟、梁雄飞、石天禄率领元军南下香山，与宋军相遇，张世杰战败，元军缴获不少宋军船只，部将李茂等人被俘，不少宋廷符印也被元军抢去。十二月二十二日，陈宜中与端宗退到井澳（今广东珠海横琴岛附近海湾）时，不意台风侵袭，宋军船只倾覆不少，士兵溺死者又不少。年幼的端宗落水，差点被淹死。受了惊吓和寒冷，落下了病根。

二十三日，元、宋两军在九洲洋（今澳门以东海域）再战，张世杰军失利，端宗舅舅俞如圭等人被俘，战船损失两百艘。张世杰率残军到井澳，宋军淹死、战死的有十之四五。刘深继续追击，在井澳被张世杰击败，暂时阻止了元兵。端宗等人又逃往谢女峡（今珠海南横琴岛）。陈宜中准备与端宗等退到占城（今越南中南部），自己先行探路。然而，陈宜中到占城后也不返回，宋军被元军堵住去路，就这样与流亡朝廷分道扬镳了。

元军占据潮州后，元世祖召回塔出等将，商议最后消灭残宋，哈喇䚟等将领则继续追击残宋势力。同时，广西宣慰司派使者去招降雷（今广东雷州）、化（今广东化州）、高（今高州东北）三州。

塔出奉命率军北上，临行前焚毁广州城。1278 年三月，南宋广州都统凌震、转运判官王道夫率军进入广州。

同在三月，张世杰和端宗退到碙洲（今广东湛江东南硇洲岛）。而且，碙洲位于海上，处南北航路要道，与雷州很近。因此，对于宋人来说，他们要从雷州通过琼州海峡，雷州半岛关系着他们的存亡。退路被拦截，危如累卵的流亡朝廷只有主动出击，于是多次攻击雷州。

这年正月，张世杰派部将王用进攻雷州，被元军击败。三月停留碙洲后，宋军再次攻击雷州，曾任南宋同知枢密院事的曾渊子从雷州逃出。1275 年七月，因私自逃离临安，曾渊子被贬到广西雷州。朝廷任命他为参知政事、广西宣谕使，在雷州境内设宣慰司。

宋端宗在井澳受惊之后，又连日奔波，身体急转直下，于四月十五日病逝，终年十一岁。两个幼童，成为南宋最后的希望和旗帜，令人唏嘘。端宗死前，中书舍人陆秀夫拟定了遗诏，请卫王赵昺即位。遗诏讲述了端宗短暂的一生。其中说，端宗自患病以来，不适应海岛气候，多次用药，却没效果。最后说道："穷山极川，古所未尝之患难；凉德薄祚，我乃有负于臣民。"真是悲凉至极。

小皇帝去世，寓意不祥，追随宋室的不少大臣、官员不愿坚持，想要离去。陆秀夫不愿离开，对他们说道："度宗皇帝还有一子，你们要怎么处置？古人有用一城一旅东山再起的，如今大臣、官员都在，尚存数万军队。若上天没有打算灭亡宋朝，我等难道就不能重新建国吗？"陆秀夫的一番慷慨陈词，果然奏效。于是，群臣共同拥立八岁的卫王，于四月二十一日登极，改元祥兴，史称“帝昺”，或称“广王政权”。新朝廷以张世杰为少傅、枢密使，陆秀夫任签书枢密院事，苏刘义为殿前都指挥使，三人同理政事。杨太后则继续参政。硇洲改称翔龙县，六月广州升为翔龙府。

取名“翔龙”，是因为帝昺即位前后，有黄龙在海上翔舞，被视作中兴祥瑞。《史记》载西汉司马相如《封禅颂》，其中有云：“宛宛黄龙，兴德而升；采色炫燿，熿炳煇煌。正阳显见，觉寤黎烝，于《传》载之，云受命所乘。”这几句话是说，黄龙是天命所系的瑞兆。

宋人忙着迎接新皇登极之时，元广西宣慰使史格派兵攻打雷州，曾渊子逃回翔龙，史格派万户刘仲海镇守。五月，张世杰派琼州安抚使张应科、将领王用率兵一万多人攻打雷州。刘仲海率领元军出战，宋军三战三败，王用投降。

六月，张应科再攻雷州，兵败战死。王用投降后，将宋人困境告知元人：端宗赵昰已死，张世杰等人拥立了赵昺，宋军只剩下一万多人；硇洲缺乏粮食，海峡对面的琼州准备支援两万石；海岸水浅却急，只有沓磊浦（今广东徐闻海安镇南）一地可通船，应当赶紧派兵守住。得此良策，雷州总管忙兀解派兵迅即占领，以困硇洲。

张世杰准备带着端宗一行西去占城，雷州久攻不下，元军控制了琼州海峡，堵住了宋军的退路。翔龙（硇洲）无粮可食，张世杰又和流亡朝廷先到广州，再退到新会的崖山。

再说说文天祥败退江西后的下落。1277 年十月，文天祥离开江西，寻找流亡朝廷的下落。他先进入福建汀州，又经江西会昌、安远，抵达广东循州。他的部将陈龙聚集循州、梅州的宋军，与文天祥会合。元军正在海上追击朝廷，消息不通，文天祥带着军队进入南岭（今广东紫金南岭镇）。

1278年二月，南岭蛰伏一个冬天后，文天祥军进入海丰，三月屯兵丽江浦（今广东汕尾长沙港），继续打探行朝下落。三月塔出撤兵广州后，文天祥的弟弟文璧收复惠州，潮、循、梅三州反元归宋。六月待帝昺、张世杰等君臣退居崖山，文天祥才与行朝取得联系。行朝授予文璧广东总领兼知惠州的官职，目的是让文璧为朝廷筹措军粮。依文天祥所请，部下邹㵯被任命为江西安抚副使兼同都督府参议官，赵孟溁为江西招捕使兼同都督府咨议官，杜浒为广东诏谕副使兼同都督府参谋官，陈龙为广东诏谕使兼同都督府参议官，陈懿知潮州，张顺权知循州，李英俊通判梅州、暂代州务。

然而，文天祥请求到崖山觐见新皇，张世杰以等待陈宜中回朝为借口，阻止文天祥入朝。崖山的众将领，比较忌惮文天祥，也纷纷表示不要文天祥到崖山。文天祥只好派人进奉奏表，问候皇帝起居。陆秀夫执笔，以皇帝的名义，给文天祥降了一封慰问诏，表扬他对宋朝一如既往的忠心。文天祥想进入广州，以图日后恢复大业。广东制置使凌震表面上派出船只迎接，却暗自撤回，不想让文天祥入广州。显而易见，文天祥地位比较高，会使张世杰的权威降低，凌震的权力也会被占有。

此后，文天祥多次请求到崖山，一再被拒。加上瘟疫流行，同都督府的士兵死伤惨重，他非常气愤，在给陆秀夫的信中抱怨道：“天子年纪还小，宰相（陈宜中）逃之夭夭，皇帝所颁诏令，都出自你们之口，怎能不爱惜军士生命，却以无聊的借口一再拒我？”陆秀夫也无可奈何。

十一月，文天祥率领军队到了潮州潮阳。

六、巴蜀全陷：五十年前好四川

宋廷海上流亡之际，历经万州、泸州、重庆、夔州、合州的相继陷落，四川全境归元。

南宋降元近一年，四川却久攻不下，特别是在合州、重庆、泸州、涪州、夔州等几大重要的沿江城市，战火焦灼，战情反复，引起了元人的沉思。据蒙古“宗王出镇”的制度，1272 年元世祖封其子忙哥剌为安西王，驻军六盘山。次年罢四川行省，以东、西行枢密院归属安西王府。1275 年夏，忙哥剌命李德辉以安西王相的名义到成都巡视，寻找原因。李德辉是元世祖潜邸旧臣，被安西王从太原路总管任上调来四川。他到成都时，正值东、西川行枢密院攻打重庆，与他商议军需之事。

于是，李德辉告诫两川行院的人，当即指出元军不能全胜的几大原因：第一，南宋已经灭亡，重庆弹丸之地，只有投降一条道。为什么不投降呢？都是因为元军见利忘义、爱好杀掠，南宋人民无法保全子女，心中恐惧元兵，所以不敢主动投降。第二，以前，战事开打之前，朝廷使者带着招降的赦免诏书在四川劝降，四川元军却不告知敌方留给他们投降的时间，反而收买军人，施以杖刑，声称受到宋人侮辱。然后，水陆大军擂鼓进击，宋人害怕，坚守不降。朝廷使者不知道其中的伎俩，却向朝廷奏报，敌人不理会劝降诏书，拒不投降。第三，四川东、西行院不能统一军事行动，相互指责，喋喋不休，失败是迟早的事，哪里还有胜利的指望？

在围攻重庆过程中，元军调整了机构，将东、西川行院指挥权统归西川行院，其他未变。李德辉这番反思的话，没能全付诸行动，统一指挥机构并不能消除双方的矛盾，因而不能解决问题。等他刚离开四川，元军占领的泸州被宋军收复，重庆围攻战也失败。安西王忙哥剌招万户刘恩到六盘山，问他如何才能攻下四川。刘恩回答："如果朝廷派一位处事公正的重臣，带着皇帝的旨意进川督责，则四川半年可下。"忙哥剌将四川的情况和李德辉、刘恩的建议上报，元世祖表示赞同，对人事、前线指挥机构进行了调整。

1277年，元世祖任命丞相不花、安西王相李德辉为西川行院副使，刘恩为同西川行枢密院事，大将汪良臣为西川枢密院事。李德辉坐镇成都，专门负责供应前线军需。同时，元廷以合丹、阔里吉思领东川行枢密事。西川行院目标在重庆，东川行院目标在合州。

1276年夏，元军集中力量攻打重庆，泸州神臂城却被张珏派兵攻占。1277年初，元军撤围重庆，兵临泸州神臂城下。还是老战法，元军一方面包围神臂城，另一方面剪除神臂城外围的城堡，逐渐缩小包围圈。

元将旦只儿率军在泸州附近的红米湾击败一支宋军。进至安乐山城（今四川合江安乐山），再败宋军，斩首五百多级，缴获四艘战船。宋军在安乐山袭击元军运粮船，也被旦只儿率兵击退，顺势攻破石盘寨（今四川合江县赤水河与长江汇合处的石盘角）。万户张万家奴率领战船一百五十余艘，停泊在神臂山下的桃竹滩（今小桃竹滩）至折鱼滩（今叉鱼滩）的江面上，为攻战元军壮大声威。

万户拜延和刘整之子刘垓率军进攻神臂城以北的珍珠堡，神臂城守将王世昌亲自来救，被元军击败，堡中人民、牲畜被元军悉数俘获，进至暗溪寨。合州宋将史训忠、赵安等率军救泸，遭拜延军的阻击，被俘一百多人。从此，宋军救援断绝。

到 1277 年十一月，在元军水陆大军围攻一年多后，神臂城内无余粮，外无援兵，发生了人吃人的惨象，守城宋军将士依然不降。元军总攻开始后，从四面八方向神臂城攻来。元将步鲁合答进攻城西的宝子寨，靠云梯登上城墙，进入寨中，将守寨宋军几乎全部杀掉。总管石抹不老率军从西南的神臂门突击，攻上城墙，被宋军击退。刘思敬率军攻打城东北的盘山寨，俘虏宋民九千多户，守将任庆、将领刘雄被擒。接着，他们趁夜攻破东门。万户秃满答儿先趁夜从南门攻破水城，黎明时分也攻入城内。

听说东门被攻破，长江的水军加紧攻击神臂门。万户也罕的斤、总管石抹不老、万户张万家奴指挥水军攻入神臂门，守卫神臂门的宋军英勇杀敌，二百多人战死。城门被攻破，宋军继续巷战，守将王世昌自缢身亡，守城宋军官兵几乎全部阵亡。就这样，知西川行枢密院事汪良臣率领七个万户军和两个总管军，最终攻破神臂城。自 1261 年刘整献泸州降元开始，到此刻再次攻陷，泸州神臂城在元宋之间五次易手。元世祖命泸州降将赵金为安抚使，将泸州治所从神臂城迁回江阳城旧址（今四川泸州）。

神臂城被围攻同时，元军继续四面出击。六月，播州、思州、珍州、南平四州军向元军投降。元东川副都统张德润率军攻打涪州三台城，程聪没有防备，也不抵抗，成了元军俘虏。张德润知道程聪是程鹏飞的父亲，礼遇有加，派人用肩舆将其接出城，并对他说道："你的儿子鹏飞如今贵为参政了，很快你们父子就能团聚了。"程聪一点儿也不领情，回应道："我是被你们抓住的，他是投降的，不是我儿子。"据说程聪原在重庆，力主守城，张珏新到，不知道他的身份，就派他出守三台。程聪闷闷不乐，到任后不加防范，涪州轻易被元军获取。

这年夏天，东川都元帅杨文安领兵进抵万州天生城外。杨文安改变了过去俘虏百姓的做法，意图以德服民。元军注视之下，城外南宋百姓照常农耕，生活井然。杨文安派人招降守将上官夔，遭到拒绝。元军在城外的笔架峰前，构筑营寨，包围了天生城，开始攻城。

围攻一个月后，在八月初攻破外城。南宋夔州路安抚使张起岩率军来救，杨文安派镇抚彭福寿前去阻击。彭福寿率军击败来援宋军，天生城内士气顿失。杨文安再派人招降上官夔，对方依然拒不投降。元军继续攻城，二十二日夜，杨文安的侄子、部将杨应之率军登上南面城墙，杀入城中，上官夔阵亡，万州陷落。攻下万州后，杨文安先招降了万州东北的铁檠、三宝两城，又派军进攻东南方向的施州（今湖北恩施），南宋守将何良战败被杀。

攻万州时，杨文安命降达州将鲜汝忠率军进攻咸淳府皇华城，守将马堃是杨文安的同乡。皇华城是座江心岛屿，位于今重庆忠县以东八千米的长江之中，溯江上游可援涪州、重庆，沿江而下援万州、开州、夔州，位置险要。杨文安派人劝降，马堃拒绝，于是下令攻城。围攻数月之后，十一月元军攻破城门，马堃继续巷战，战败被俘。

占领泸州后，1278年初，四川行枢密院副使不花率数万军队继续进攻重庆。主力驻扎在佛图关，建造云梯、鹅车等攻城器械。重庆城三面环水，佛图关是从西面进出的唯一陆路通道，实为咽喉要地。同时，分兵三部，一部屯南城，一部屯朱村坪，一部守在长江上。万户拜延率军在外围巡逻。这就意味着，元军一步步攻陷了重庆的外围城池，将重庆城包围了起来。

1276年元军围攻重庆时，张珏正守卫合州钓鱼城。巡视四川的李德辉经过合州，认定钓鱼城空虚，有招降的希望。李德辉将顺庆狱中的合州俘虏释放，带话给张珏："天子威德远播，宋朝已亡，三宫北上。我朝宽宏大量，既记录以往的军功，又能忘却之前的过失。你如能早日投顺，必能出将入相，与夏贵、吕文焕等人相比肩。"张珏不加理会。

他又致信张珏，反复讲述礼义祸福的变化，其中说道："作为臣子，你不比赵宋皇室的子孙对宋朝更亲近；合州一州，比不上宋国的天下之大。赵氏子孙早已举国投降，你却依凭穷山顽抗，还声称忠于职守，真是糊涂啊！况且州中之人，过去不肯为自己着想，是因为宋国有主，耻于背上不义之名，因此你能命令他们拼死出力。如今你们的国主不复存在，你仍然想靠老办法驭下，小心有人取你项上人头来邀功请赏，这不是难事。"李德辉北上复命，匆匆离去，没有等到张珏的回信。如前文所述，张珏肯定不降，正是他解了重庆之围。

此次张珏守重庆，元军还是招降为先。不花派泸州降将李从招降，张珏不予理睬。

正月，元军发起攻击。张珏派总管李义将兵向广阳（重庆以东）出击，全军覆没。二月，元军攻薰风门，张珏和都统率兵出战，和元军战于扶桑坝（今重庆巴南东）。元将也速答儿率骑兵冲入宋军阵中，来回三次。几支元军奋勇攻击宋军后部，元将塔海帖木儿力战，连西川枢密院事汪良臣也身中四箭，宋军大败，五百人被杀，张珏退回城内。

不花将元军大营由佛图关进至堡子头，督造云梯，向重庆各大城门冲锋。元将石抹不老领兵攻上太平门，杀宋军数十人。霸都鲁率兵二百，在白水江（今嘉陵江）大破宋军。城内粮尽，赵安致信张珏，劝他投降，被拒。赵安便和部下韩忠显趁夜打开镇西门，向元军投降。元军由此大举涌入城内，张珏领兵继续巷战，力不能支。他回到家中，寻找毒药，企图自尽。部下将毒药藏起，用小船载张珏和妻儿顺江东下，向夔州方向驶去。不花派万户铁木儿追击。走到半路，张珏自觉耻辱，用斧头劈砍行船，准备沉船自杀，斧头被部下夺去，扔到江中。他又想跳水自溺，被家人死死拽住。

到涪州附近时，元将铁木儿追上来，将张珏抓获，押解大都。行至安西（今陕西西安）赵老庵，好友对他说："你一世尽忠，为的是报效国家。如今沦为阶下囚，即使不死，又能如何呢？"听罢，张珏拿了一张弓，走进厕所，用弓弦自缢而死。随从将他的尸体火化，放到瓦罐之中，就地埋葬。

文天祥集杜甫诗诗作中，有《张制置珏》一诗。作者自注云："张珏为蜀之健将，本来与昝万寿齐名。昝降，张却不降。行朝授他四川制置使，不知道他领命没有？四川破碎，张珏竟然不降，为左右出卖，逃遁被囚。后来押解北方，仍然不肯屈服，不知后来如何。”诗曰：“气敌万人将，独在天一隅。向使国不亡，功业竟何如？”依文天祥所叙，对于四川的战事和张珏的下落，远在广东的朝廷并不知情。

重庆陷落后，宋军总管黄亮率军突围，被元将石抹不老率军俘获。张珏麾下张万逃到了夔州。汪良臣下令元军，禁止剽掠，给百姓发放粮食，局势得以安定。

围攻重庆的同时，元军继续向东川进军。杨文安派部将王师能进攻绍庆，宋军守将鲜龙坚守。二月某日夜晚，王师能派人偷偷用梯子登上城墙，攻破绍庆城北门。鲜龙大惊，组织兵力继续战斗，兵败被俘，后被杀害。另一种记载，说是杨文安亲自攻打的绍庆，没有王师能。

元军占领绍庆时，重庆也已陷落，宋军只剩下夔州、合州钓鱼城两大据点。元世祖命令荆湖都元帅达海率军从巫峡逆流而上，进攻夔州。与此同时，同西川行院事刘恩带着夔州守将的家人前去招降，杨文安派部将王师能率水师从上游东下。在这种情形下，宋夔州路安抚使张起岩和重庆逃亡在此的张万举城降元。

接下来，宋军剩下最后一块阵地，是被元军攻打无数次、英雄城般的合州钓鱼城。重庆被西川行院围时，东川行院合丹、阔里吉思也率军围攻合州钓鱼城。钓鱼城之所以能长期坚守，是因为钓鱼山上可以种植粮食。到了此时，城外有元军封锁，城内因旱灾连年，粮食接连歉收，城中粮食严重缺乏，到了易子而食的程度。当初张珏赴任重庆，任命都统王立为知合州，负责守卫钓鱼城。看到西川行院攻下重庆，东川行院对钓鱼城的攻击更加猛烈。是坚持到底，还是立刻投降，王立下不了决心。过去蒙哥汗命丧钓鱼城下，与蒙元军队长期对抗三十多年，他怕投降也没有好下场。要说抗战到底，王立也下不了这个决心。

王立犹豫不定，整天愁眉紧锁，这一幕被熊耳的夫人看出来了。熊耳是元军泸州将领，被宋军收复泸州时所杀。他的妻子成为俘虏，被王立带回钓鱼城。熊耳夫人是李德辉的表妹，劝王立向德辉投降。1278 年三月，王立派张部、李兴（二人系当初被李德辉放归的俘虏）随同部下杨獬带着蜡书，偷偷跑到成都，向李德辉请降。接信，李德辉很快带领五百元军前往钓鱼城。

数年以来，东川行院一直围打钓鱼城，没想到西川行院的李德辉要来抢功，满心不爽。他们对李德辉说："前年你致信招降张珏，措辞极为真诚，对方并不理会，无功而返。如今守城将领王立，是张珏的部下，一贯狡诈，不信任别人，故意把你骗来，为的是让我们争垂成之功。他用此诡计，意在拖延，未必真降。即使真降，你在我院将士的包围下来受降，我等颜面何在？定不能让你如愿。"

李德辉并不退却，他说："前年重庆尚存，与合州能同心共力。如今合州成了孤城，走投无路才来请降。我不是贪图你们的功劳，而是怕你们痛恨合州最后投降，诬告他们曾经抵抗蒙哥汗，借此剽掠，肆意屠城。我为国家拯救此城之民，难道还怕你们不高兴吗！"

说罢，李德辉一人上船渡江，到钓鱼城下，呼喊王立出城投降。于是，王立率领军民，出城投降。抵抗蒙古（元）三十六年的钓鱼城，至此陷落。

王立很感激李德辉，车载金玉答谢。李德辉拒绝，让王立将东西送给东川行院。见李德辉得逞，东川行院却无功可彰，不肯罢休，非常恼火。他们一面上报枢密院李德辉越界邀功，请求朝廷惩处；一面抓捕王立，投入京兆府（今陕西西安）的监狱，奏报他长期抵抗元军，曾经骂过蒙哥汗，请求朝廷予以处死。恰在此时，南宋降将李谅也告王立的状，说王立杀了他的妻儿，侵占了他的财产。枢密院向元世祖转达了东川行院的奏报，元世祖下令处死王立，没收家产以偿还李谅。

眼看王立难逃一死，没想到事情有了转机。安西王忙哥剌原本主持四川战事，此时被派往漠北，不知王立已经投降。他给京兆府下令，派姚燧到钓鱼城劝降王立，若投降，便予以赦免，让他继续做合州安抚使。元世祖杀王立的诏令、安西王招降王立的命令几乎同时到达京兆，王立继续被关押，东川行院没能得逞。安西王府、东川行院派人到大都请示如何办理，枢密院以元世祖下令为由，不再奏报。

西川行院都事吕惑正好到京师办事，将此事告诉了他的老师许衡。许衡是元初大儒，时任太史院长官。他将此事告诉了上都留守贺仁杰，后者向元世祖汇报。元世祖大怒，责骂枢密院大臣道：“你们视人命如儿戏，马上召王立入朝。若王立活着你们便活，若他死了你们也跟着去死！”枢密院赶紧派人到京兆转达元世祖的新诏令，王立前去觐见元世祖，被命为潼川路安抚使兼知合州。

可能是为了渲染“叛国者”王立没有好下场，在多种文献记载和传说中，甚至于在网络中，流布着王立被元世祖下令杀死的故事。在历史和传说中，因劝说王立、拯救钓鱼城数十万军民，熊耳夫人比熊耳名气更大。因“熊耳夫人”姓甚名谁不够确切，熊耳自然成为“熊耳夫人”之名的标签。相应的，关于熊耳夫人的身世和她劝说王立的过程也容易被戏剧化。清乾隆时黄廷桂纂修的《四川通志》收录一篇名为《钓鱼城记》的文章，讲述了钓鱼城的前世后生。此文成于何时何人之手，暂不确知，当是熊耳夫人传奇故事的开端。

它是这样讲熊耳夫人和钓鱼城陷落的故事的。攻打泸州神臂城时，不少西川行院元军的家属被俘，其中熊耳夫人被王立带回钓鱼城。她自述姓王，王立高兴地对她说：“从今往后，你就是我的妹妹，可以侍奉我母亲。等以后找到你的夫君，可再团聚。”

等钓鱼城成为孤城，王立犹豫苦闷时，熊耳夫人怕王立处置不当而钓鱼城遭祸，就对王立说了实情。她说：“妹妹实际姓李，成都李德辉是我的亲兄长。如果他知道你于我有恩，待我以礼，肯定会尽心上报，亲自来救这一城百姓。”王立大喜，立刻给李德辉写投降信。李氏曾经给乃兄做鞋，李德辉甚是喜欢。她以新鞋作为信物，派儒生杨獬等人带着潜入成都，找李德辉投降。

李德辉看到降书和新鞋子，知道妹妹在钓鱼城。他喜出望外，迅速派人上奏，得到批准后，亲自领兵向钓鱼城前进。杨獬回城，王立连夜在城头竖起降旗。次日一早，围城元军看到降旗，想要进城，结果城门紧闭，无法进入。

第二天，李德辉到城下，城内百姓欢呼雀跃，焚香拜望，希望李德辉能救自己。围城元军不同意李德辉受降，他们说道："我等攻此城十余年，战死者数以万计，宪宗皇帝（即蒙哥汗）也因此城得病而去世。去世前留有遗诏，来日攻下此城，全部屠灭。我等应上为先帝雪耻，下为士卒报仇。"双方争执不下，上报朝廷。数日之后，元世祖派使前来，诏令钓鱼城若降，可赦免其罪。李德辉将此功劳让给围城元军，皆大欢喜。

概言之，到 1278 年三月，经历五十年的战争洗劫之后，四川全部归元。

1288 年，汪元量离开大都，1292 年（至元二十九年）开始在四川停留两年，留下诸多诗句，由此可知战后四川的多样景象。不过汪诗笔下的四川，以惨淡为主。当然，睹故国山水思故国之情，汪诗的荒凉感也出自诗人对故国的遗民之思。

在利州，他写下《利州》一诗：

云栈遥遥马不前，风吹红树带青烟。城因兵破悭歌舞，民为官差失井田。
岩谷搜罗追猎户，江湖刻剥及渔船。酒边父老犹能说，五十年前好四川。

"五十年前好四川"一语道破四川抗争五十年的壮烈，大好山川在历经战火之后的残破景象。城池残破，百姓失地，深山里追捕猎户，江湖中盘剥渔夫。官府着实可恶，父老酒后怀念五十年前的大好四川。

在兴元，有《兴元府》诗：

秋风吹我入兴元，下马荒邮倚竹门。诗句未成云渡水，酒杯方举月临轩。山川寂寞非常态，市井萧条似破村。官吏不仁多酷虐，逃民饿死弃儿孙。

偌大的兴元府，邮驿荒凉，“山川寂寞”，“市井萧条似破村”。地方官吏酷虐不仁，饥饿流民遗弃子孙。

在彭州，他留有三首诗。一首说道，彭州自来繁华，号称“小成都”，如今繁华不再。另一首《彭州》诗云：

我到彭州酒一觞，遗儒相与话凄凉。渡江九庙归尘土，出塞三宫坐雪霜。歧路茫茫空望眼，兴亡滚滚入愁肠。此行历尽艰难处，明日繁华是锦乡。

酒过三巡，与南宋旧儒谈起故国往事，南宋九帝已化归尘土，北上三宫正受雪霜之苦。南宋遗民柴随亨《忆昔》诗中有一句：“古来社稷有兴亡，岂识于今不平事。禾黍离离迹可怜，伤心回首古苔边。”朝代兴亡，自古亦然，人尽皆知。谈兴亡，欷歔足矣；历兴亡，痛彻心扉。“此行历尽艰难处”，不只是蜀路崎岖，而是战火之后的衰败，锦城成都应该是繁华的。

《成都》诗先说：“锦城满目是烟花，处处红楼卖酒家。”又云：“见说近来多盗跖，夜深战鼓不停挝。”成都繁华不假，闲适如故，却有大盗时常出没，也不是太平日子。这惊扰成都的大盗，怕是那不肯投降的反元武装。

第五章

◎

崖山血战

一、崖水仗剑：未闻烈士竖降旗

前述陈文龙在兴化被俘，传说有诗与次子诀别，中有“未闻烈士竖降旗”一句。这句丹心诗作，既是陈文龙自身写照，也是崖山宋人的归宿。

崖山位于今广州新会以南八十里的海上，南北绵延二百余里。与崖山相对，西为汤瓶山，中间水道狭长，二山之间如同一半开半掩的门，称为崖门。崖门一带为珠江的一个入海口，海水、淡水相汇，故而海水经常分为清、浊两色。崖门只有一里多宽，每当南风剧烈，海水从外排闼灌入，海浪滔天，狠狠拍打到崖门，非常壮观。崖山西北为港口，有南、北两个出入口，但北面水浅，只能借助涨潮才能进入。退潮之后，只能从南面入港。七百多年后的今天，由于逐渐泥沙堆积，崖山已不是海岛，而与陆地连成一片。因此，当我们在电子地图上搜索崖山、崖门时，看到的不是海岛，而是海边的陆地。

张世杰觉得崖山易守难攻，可以作为根据地，朝廷无须再流亡。1278年六月二十三日，最后的朝廷来到崖山。张世杰派人建了一千多间营房和三十多间宫殿。九月初，端宗赵昰的灵柩从香山转移到崖山寿星塘下葬，名“永福陵”。

跟随朝廷的官兵、民兵及其家属共有二十万，其中战斗人员可能不到十万。他们大部分居住在船上，流亡状态下，后勤补给是个大问题。所需粮食、舟船、武器等物，多依赖附近州县和今海南岛。朝廷又招募附近百姓，建造房屋，制造船只和兵器，持续三个月，百姓苦不堪言。

崖山朝廷兴建之时，元朝成立了新的南征军，要彻底消灭南宋。有元朝官员得知南宋流亡朝廷躲在了广东沿海一带，上奏元世祖招降张世杰、陆秀夫等人。元世祖认为南宋残存的那些人，没有招降的必要，派兵剿灭即可。张弘范面见元世祖，提出彻底歼灭的建议。

1278年六月，元世祖任江东宣慰使张弘范为蒙古汉军都元帅，南下征讨残宋。汉人没有指挥蒙古军的先例，张弘范心存疑虑，元世祖赐给他宝剑和盔甲，告诉他可用此剑处置不听命令的人，以打消其顾虑。张弘范推荐江西行省参知政事李恒为副手，元世祖同意，命李恒为蒙古汉军副都元帅。李恒是西夏皇族后裔，征讨江西之事已见前章。

按照预定计划，元军三路南下，张弘范率水军从海路走漳州、潮州南下，李恒率骑步兵从江西出梅岭入广东，湖南行省平章阿里海牙率军南下征服海外四州（即今海南岛）。

阿里海牙一路征服海外四州，是要断绝宋廷的补给。他率军经柳州南下，派部将马旺招降南宋宗室、琼州安抚使赵与珞。赵与珞不肯投降，反而率领谢明、谢富、冉安国、黄之杰等部义军，守在白沙口（又名白沙津，位于今海南省海口北），阻挡元军。据《读史方舆纪要》，白沙口与雷州徐闻县相接，舟行一日可抵岸边。帆船行三天，到崖山。阿里海牙见劝降不成，发兵白沙口。赵与珞率军拼死抵抗，元兵出击，久久不能登岸。阿里海牙命人偷偷上岸，买通了不少琼州当地人。十一月十四日，这些琼州人将赵与珞等人抓了起来，交给元军。赵与珞被俘，大骂不止，宁死不屈。阿里海牙下令，将抵抗的几大领头人车裂。

琼州被元军占领，其余南宁军（今海南儋州西北）、万安军（今海南万宁）、吉阳军（今海南三亚崖城镇）没有反抗，乖乖投降。

张弘范南下前，浙东、湖南、福建的反元义军再次掀起一轮小高潮。1278年六月，处州青田县（今浙江青田）季文龙、章焱起兵，攻占了处州城和永康（今浙江永康）、浦江（今浙江浦江）等七个县城。处州路总管府达鲁花赤赵赍亨率军进抵处州城下，义军出战，被元军击走。季文龙、章焱率两万义军反攻处州，赵赍亨坚守，万户忽都台率军来援，义军再败，季文龙在撤退时落入水中溺亡，章焱被俘。七月，浙东多路义军相继被元军消灭。

七月，在湖南，张烈良号称湖南制置使、刘应龙号称湖南提刑，和周隆、贺十二起兵反元。潭州行省调兵平叛，张烈良、刘应龙等人战死。

张弘范先到扬州，并挑选了一万五千名汉军水兵、一千蒙古兵、四千汉军步兵，多是元军精锐，向南进发。十月，朝廷增兵四千。张弘范南下元军，以其弟张弘正担任先锋。临行前，张弘范告诫弟弟："选你做先锋，不是因你是我兄弟，而是看你骁勇。军法严明，我不敢因私废公，你要自勉。"此后，张弘正身先士卒，屡立战功。

南下路中，大小反元武装占据大城小寨，张弘范军先要平叛。他们先攻下了一个叫三江寨（今地不详）的地方，接着向福建漳州进攻。上年冬天，元军攻克被反元义军占领的漳州，如今再次被占。十一月，张弘范军轻松拿下漳州，又扫平了附近一百五十座山寨。张弘范平定漳州一带时，原南宋将领、建宁府政和县（今福建政和）人黄华联系了建宁、括苍（今浙江丽水东南，有括苍山）和畲族许夫人等多路武装力量，共计四万人，起兵反元。邵武人高日新、高从周也组织义军，起兵反元。这两路反元势力被建宁行都元帅府事高兴接连消灭。

十一月，南征军副都元帅李恒从江西进入广东，先占领英德和清远，再向广州进军。闰十一月初，负责守卫广州的凌震、王道夫逃离广州，十四日李恒军占领广州。稍后，李恒派军讨平梅、循等地。十二月四日，王道夫率军进攻广州，战败被俘。凌震也率军来攻，被元军击溃。南宋降卒戴宝向李恒汇报了南宋朝廷的动态："益王死在硇洲，广王现在新会的崖山，他们修建了宫殿和一千多间房屋，有船七百艘，士兵还有很多。从海上去，两昼夜就能到达。崖山在海上，除了船，没有其他工具能够抵达。"李恒军的初步任务完成，没有贸然行动，而是静待张弘范前来会师。

闰十一月十五日，张弘范得报，文天祥正在潮州潮阳。他急忙派张弘正、总管囊加歹率领五百轻骑兵，飞奔潮阳。文天祥自知难敌元军，十二月十五日领兵向海丰撤退。一直以来，文天祥和部下营养不良，多患疾病，又缺乏补给，战斗力极为低下。

潮阳东郊，有座双忠庙，文天祥前去拜谒。这双忠庙，纪念的是唐朝将领张巡、许远。安史之乱时，乱军要经睢阳南下江南，被张、许二人率军阻挡。当时城无粮草，外无援军，坚持数月，城陷被杀。虽然睢阳城破，但正是由于张巡、许远的坚守，使江南避免战祸，这是唐王朝的财赋重地、立命之本。想到这二位忠勇之士的事迹，文天祥感慨万千，吟词《沁园春》。沉吟刚止，坐骑忽然倒地身亡，文天祥忍痛埋葬。后文立碑纪念，名曰“文马碣”，成为潮阳古迹。

邹㵯率领数千民兵从江西赶到潮阳，请文天祥再入江西，说有十万人可以响应。文天祥觉得时机不成熟，没有答应他。另一部将刘子俊也带残部来到潮阳，充实了文天祥的队伍。他们与文天祥会合，先到潮阳以西的和平市，去攻打陈懿的党羽，斩杀刘兴，准备再入南岭。陈懿、刘兴原是强盗，被张世杰招安，后占据潮州。元军来攻，陈懿降元。凌震、王道夫收复广州后，陈懿又反元归宋。在文天祥的举荐下，任潮州知州。听说元军将至，陈懿率先投降元军，很快成为元军追击文天祥军的向导。文天祥行军较慢，以为元军不会很快追来，不承想陈懿成了元军向导，迅速追了上来。

十二月二十日中午，他们走到海丰以北二里的五坡岭。午餐之时，张弘正率领的元军从四面八方突至。宋军惊慌，元军屠杀，七千多宋人成为刀下之鬼。文天祥被捕，吞下早已备好的冰片，等待死亡。他趴在马背上，用手从地上取积水喝下，以为能加速死去，不想却患上严重腹泻。

元军突袭，文天祥猝不及防，并非由于他没有安排侦察、断后的人员，而是由于战斗力实在太差，先被元军击溃。邹㵯率军负责断后，见到元军，迅速被击溃，引颈自刎，十天后死去。为了保护文天祥，刘子俊被俘后，自称文天祥，等元军押来文天祥，二人好一番争执。刘子俊被识破后，大骂元人，被扔进滚烫的油锅，悲惨死去。部下陈龙复、萧资、林琦等人遇难，他的两个仅存的女儿监娘、奉娘也死于乱兵刀剑之下。

文天祥军几乎全军覆没。杜浒当时不在五岭坡，而是奉命去了富场，后来去了崖山。前锋赵孟溁在文天祥之前十里，侥幸逃命。

从1276年七月南剑起兵到1278年十二月五岭坡被俘，文天祥领导的抗元斗争，转战江西、福建、广东三省，辐射湖南、湖北、浙东等地区，声势浩大，屡屡成为元军的心腹之患。然而，国势如此，文天祥虽满怀拳拳报国之心，竭尽全力，终究无法完成其复兴大业。文氏自己叹道："自临安国难之后，我等白手起兵，辗转患难，跋涉东南一万余里，怎奈时运不济，作为臣子，我已尽心。成败由天，奈何奈何！"将一切归之天命，是古往今来悲剧英雄的心灵归宿。

文天祥没有死成，先被送到张弘正营中。一见面，他就大骂张弘正，只求速死。张弘正笑道："大丈夫岂能被死吓住？"十二月底，文天祥被送到潮阳张弘范大营。元兵强迫他跪拜，他说："我能死，不能跪。"张弘范称赞他为"忠义人"，予以松绑，待之以客礼。在此后的崖山之战中，文天祥被软禁在元军战船上，目睹了南宋的末日焰火。

二、大战前夕：一字长蛇倚崖山

大战之前，宋元两军兵力情况大致如下：崖山官兵和民兵共有数万，有船一千余艘，且多是大船；张弘范水陆两军有两万四千多人，到广州增补两千五百人，李恒所率江西军恐怕也有数千人，大小船只约五百艘；相比元军，宋军更为熟悉海洋，也相对比较熟悉海战。相比之下，宋军胜算好像更大一些。

双方劣势比较明显。宋军方面，张世杰弃守海口，采取守势，处于被动挨打位置，战端未开，气势上已处下风。表面上看，宋军人数虽比元军较多，却多是临时征召而来的民兵，战斗力值得怀疑。最可怕的是，如同张世杰的部署，宋军自视猎物，视敌方为猎人，心态不佳。

元军方面，据文天祥所述，元军多是北人，初次登船，晕船，眩晕呕吐，连弓箭都无法使用。元军主力是精挑细选出的一万五千人的水军，怎么可能会晕船？一方面可能文天祥看到的是元军的骑步兵，另一方面这些所谓的水军，只见识过大江大湖，第一次面对海洋。文天祥还指出，元军对海路不熟悉，战船舵手经常进退失据。

张世杰先下令将行宫和营房焚毁，做破釜沉舟之势。又集结一千艘大型战船，停泊在崖山以西。战船一字排开，以绳索相连。船上再立木栅栏，垒起楼台，如同一座海上城寨。与焦山之战相比，张世杰对宋军将领、士卒更是缺乏信心，只好再次将他们捆绑在一起。否则，元军来攻，必将一哄而散。

1279年正月二日，张弘范率军从潮阳出发，先到甲子门，俘获宋军斥候都将都统刘青、顾凯。从他们口中，元军得知南宋朝廷驻扎在崖山西面，东南为海，西北为港口。张弘范先率三百艘战船入海，计划与李恒相会于崖山附近海域。张弘范军先到崖山东北，因水浅，战船无法通行，又从崖山东面转向南，控扼崖山海口。元军控制海口，利用山势、海路上的限制，以较少兵力几乎是包围了宋军。这既封堵了宋军的退路，又切断了宋军的海上补给。

正月十三日，张弘范军率先抵达崖山海域。元军三百艘战船在崖山西面一字排开，与宋军战船相对。元军船只全是海船，不够灵活，缺乏轻型快船。张世杰先派轻型快船小规模出击，获得几次小胜利，甚至夺取数艘元军船只。宋军快船不时到崖山西岸砍柴取水，肆意在元军战船面前行驶，元军却无可奈何。张世杰将心思全放到了军心士气上，却没花力气研究如何战胜元军，一心决战赴死，使元军轻易完成包围，造成宋军指挥上的最大失误。

李恒军尚有一百二十余艘船没有赶到对峙海域，若张世杰此时全力出击，有可能会先战胜张弘范。比如有学者指出，若张世杰利用李恒军没到的时间差，趁着涨潮的机会，派出部分舰队东北口驶出，再绕道西南，即可以夹击元军。然而，张世杰一贯谨慎，坚持采取守势，错失良机。听说李恒军中有轻型快船，对宋军的淡水、柴薪补给会造成威胁，张世杰派出小船，前去阻挡李恒的水师。不过，张弘范用船将骑步兵运到崖山上，设立营寨，不停骚扰宋军砍柴、取水的船队。

文天祥在元军船上，观望着宋军的防卫布局。他指出宋军的几大失误：一、不守崖山海口；二、船队依山，如长蛇形，捆绑在一起，失去机动性，容易遭火攻击；三、没有乘胜追击。文天祥认为，元军当中不少福建、浙江水手，其心莫不向宋，若宋军乘胜冲锋，张弘范军中的闽浙水手必定倒戈，有全歼张弘范军的可能。这不过是文天祥的想象，其后，元军皆异常卖力，哪有反水的可能。况且对于下层水手来说，南宋君臣已是穷寇，迟早要被消灭。

前去阻挡李恒船队的宋军不战而逃，正月二十二日，李恒顺利来到崖山。他先派小型哨船阻拦宋军的后勤补给。张世杰派军来攻，都被李恒击败。元军陆上、海上的阻截行动，使得宋军后勤补给出现大问题，特别是淡水的缺乏真是要命。可怜的宋军，到岸上取水越来越难，只有等每天海水退潮时，陆地淡水流到，才能汲水使用。然而，原本宋军依靠海潮退后，珠江流出的淡水作为补给，李恒军占据崖山东北出口，即珠江入海口，完全断绝了宋军的水源。同时，李恒在崖山东北布下战舰，与张弘范控制西南出口，形成南北夹击之势。而仅仅依靠快船来往，船队后勤补给没有得到重视和解决，这是张世杰的一大失误。

更要命的是，宋军在船上准备了半年的干粮，每天吃着干粮，却没水下咽，想想都干渴难耐。渐渐地，有的士兵渴得实在受不了，就取海水来喝，如中毒般上吐下泻。为何喝海水会上吐下泻？现代科学指出，海水含盐量奇高，会导致人体水分向浓度高的海水中流失，引发身体脱水症状。

而且海水中有氯化镁、氯化钙、硫酸镁和不少杂质，会打破电解质平衡，引起代谢紊乱。宋军极度缺水，严重影响了身体素质和战斗心态。退路被堵，柴薪无法获取，淡水补充不上，大战之前，宋军已陷入绝境。面对坐以待毙的宋军，即使元军不发一箭一炮，只靠围困，宋军也将崩溃。

当初，张弘范一到崖山，即唤张世杰对话，对方没有应答。张世杰归宋前，曾隶属于张柔军中，而张弘范是张柔之子，二人也算是有渊源。张世杰有个外甥姓韩，正在崖山元军中，张弘范派他去招降张世杰。韩氏晓以祸福，张世杰自知一降即可富贵，但他有忠臣之志，决不投降。韩氏再劝，张世杰笑道："如果你们真心想让我降，那就退兵撤围，让我们出去。"元军又多次派使者劝降，张世杰每次都隆重招待，不过他从不谈投降之事，反而请元军退兵，将广东留给宋朝立足。

元军一再劝降不成，张弘范叫来李恒，让他请文天祥前去劝降。文天祥对李恒说："我自己没能救父母，难道要去教人背叛父母吗？"这是以父母比喻南宋国家。他抄录前天所写的一首诗，交给李恒。李恒见诗，知道不能改变文氏气节，不再强求。张弘范看到李恒带回的文天祥诗，连称"好人！好诗"。这首诗即文天祥最为知名的《过零丁洋》：

辛苦遭逢起一经，干戈落落四周星。山河破碎风飘絮，身世飘摇雨打萍。
皇恐滩头说皇恐，零丁洋里叹零丁。人生自古谁无死，留取丹心照汗青。

有读者可能会觉得，文天祥完全可以趁机逃跑，为什么不呢？恐怕他觉得此非君子所为，更或者，哀莫大于心死。

元军对宋军喊话：“你们的陈丞相（陈宜中）已经逃跑了，文丞相（文天祥）已经被我们俘虏了，你们还抵抗什么呢！”没有激起任何波澜。

张弘范命人在崖山上架起炮台，对准帝昺所在的舰船发射炮石，船体坚固，毫无破损。张世杰派出一千艘渔民平时所用的乌蜑船，去保卫帝昺。夜色降临，张弘范派出一批小船，行驶到乌蜑船队的北面，迅即展开攻击。元军战船也突入乌蜑船队之中，横冲直撞。乌蜑船上的宋军，都是沿海渔民，根本没有实战经验，乱作一团，很快被元军歼灭。张世杰眼瞅着乌蜑船队覆灭，而不敢前去救援。

这些乌蜑船却很快被元军利用。他们在乌蜑船上放上茅草，浇上油脂，点上火，这些小船都顺风漂向宋船。张世杰料到元军会重演火烧焦山之计，预先在船身涂满湿泥，悬挂着无数水桶。船上备有长竿，一旦起火，推水桶倒水即可灭火。元军的火攻计划宣告失败。

看着宋军的海上堡垒，很多将领主张用炮攻击。张弘范认为不妥，理由是：“如果用炮攻，敌人必作鸟兽散，我们还得分兵追击，不如用计聚而歼之。而且皇上下了命令，要求我等必须在此将其歼灭，如果让他们逃跑，如何复命？”李恒提议：“我军虽然围着敌人，敌船占有海港，每天随着潮水漂动，应当迅速出击。不然，等他们的柴和水用完，就无法立足，恐怕会乘风浪逃跑。到那时我军白白费力，却无法成功。”张弘范与众将商议攻击良策，决定与宋军船队相对，一字排开，分别以船头攻向宋军船队。

进入二月，宋军明显有些耐不住了。一日，宋军统制陈宝降元。二日晚，宋军都统张达率领快船出击元军北侧的哨船，战败，死伤甚众。

三、生死一搏：炮火雷飞箭星落

崖山海战可分为三个阶段：第一阶段，自张弘范正月十三日兵临崖山到正月二十二日李恒军前来会师；第二阶段，正月二十二日到二月五日，双方小规模对战；第三阶段，二月六日全天，崖山大决战。

二月五日夜，张弘范召集将领开战前动员会，会后元军战船开到宋军船队对面。六日拂晓，张弘范下令：宋军东面依附崖山，潮水退后必定南逃，南军须急速攻击，不能让他们得逞；西北方向的元军，听到军乐声即刻出战；敌军西南面难以攻克，听说是左太在防守，此人骁勇，由张弘范亲自攻取。过了一会儿，有黑气从崖山以西方向升起，漫天飞雨。张弘范视之为吉兆，鼓舞士气。

令下，元军分四路出击：张弘范率军攻打宋军西南，与宋军相距只有一里多；李恒军攻打宋军的北面及西北角；剩余将领率军分别攻击宋军西面和南面。宋军大船动弹不得，四路元军像狼群一样张开利齿咬向猎物。

早潮退去，海水南流，李恒军趁机从北面顺流向南，突入宋军船阵。李恒命部下船只掉头，船尾向宋军战船冲去。船尾比船头高，元军站在高处，俯视宋军，士气顿时高涨。千户林茂率先跳上宋船，千户曾胜、百户解清追随，越来越多元军跳到宋军船上。元兵切断宋船相连的绳索，与敌人展开白刃战。李恒还在每艘船上安排了七八名神射手，瞄准宋军狂射。

宋军也不甘示弱，竭力防御，殊死拼杀。到巳时（上午九至十一时），李恒军夺了宋军三艘船，双方杀伤相当。到中午时分，宋军西北面被李恒军击溃。

此时，潮水向北流去。战场上响起一阵军乐声，宋军以为这是元军撤退、就餐的讯号，以为终于能喘口气了。没想到，张弘范指挥南面的元军顺流向北，向北面宋军攻了过来。李恒军顺流北去，继续攻击宋军。宋军南北腹背受敌，士兵疲劳应战。张世杰一边调兵增援北面，一边用火炮向南面驶来的元军船队射击。元军用湿毡子覆盖船身，宋军火炮用尽，元船无尺寸之伤。然而，由于宋军顽抗，张弘范军战果并不理想，张弘范继续增兵，才夺下一艘宋船。

为了麻痹敌人，张弘范要起了心机。他命人将舰船用布围起来，让宋人看不到。宋军听到元军船上传来乐器声和欢笑声，以为是元人在宴饮作乐，疲惫的身躯有所懈怠。张弘范下令调转方向，船尾驶向宋将左太所乘之船。左太见元军冲撞过来，命宋军放箭，很快，元船布障上、桅杆上都插满了箭。张弘范觉得宋军箭已用完，遂撤去布障，元兵纷纷现身，箭矢、炮石、火炮齐发，夺下了左太的舰船。然后，张弘范又率军与夏御史（不知其名）率领的宋军交战，夺船七艘，宋军战败，有些人跳水自杀。

因为潮汐的关系，元军虽然分成四路，却不能同时攻击，只能发动一路或两路。这一弱势宋军却无法利用，因为战船相连，机动性差，不能互相救援。元军兵力明显占优，宋军舰队一处被攻击，没有被攻击的宋军只能相顾而不能救。在这种情形下，宋军舰队犹如被圈养的羊群，被狼群肆意撕咬。

到六日下午，双方战至正酣，已成混战之势。战争极其惨烈，参战将士头顶来往的弓箭、炮石、火炮遮天蔽日，攻防双方的呐喊声、受伤将士的喊叫声，响彻云霄。战事逐渐进入尾声，元军将领身先士卒，频频胜利，宋军被夺战船越来越多，死伤宋军的数量也在攀升。

张世杰知道败局已定，急忙抽调精锐护卫舰队中枢。其他宋军战船已无人听令，陷入溃乱。宋军招抚使翟国秀、团练使刘浚缴械投降。元军继续进攻宋军舰队中枢，此刻海上兴起浓雾，能见度极低，又刮起大风，下起了大雨，波浪汹涌。张世杰与苏刘义、张达、苏景瞻等十九艘船斩断绳索，乘着风浪突围东走。

帝昺所在的船船体巨大，在众多船的中央，动弹不得。张世杰派了一只小船来接，可是陆秀夫怕帝昺跟着张世杰也没有出路，可能被元军抓去，拒绝帝昺前去。末日已临，陆秀夫要先将妻子沉入海中。陆夫人死死拽着船，不肯跳水。陆秀夫对她说：“你先去，我稍后就来。”说罢，将妻子推入波涛汹涌的海中。然后，他跑到帝昺的船上，说道：“国事至此，无法挽救。当初谢太皇太后受尽侮辱，皇上应该为国而死，千万不能再遭大辱！”他身着宋朝官服，将玉玺挂在帝昺的腰上，抱着九岁的宋朝末代皇帝跳入海中。

张世杰逃脱，李恒和张弘范率军追至崖山口，但天色已晚，风雨不停，大雾之中看不清方向，再追下去，元军自己怕会迷路，得不偿失。张弘范派李恒率军继续追击，自己和众将回到崖山战场。几天后，张弘范等元军将领在崖山刻石纪功。石上文字曰："镇国大将军张弘范灭宋于此。"两百多年后的明嘉靖年间（1522—1566），广东督学陈垲将其磨平，改刻："宋少帝及其臣陆秀夫死国于此。"

四、流尸漂血：十万健儿浮血尸

从正月十三日张弘范抵达崖山、宋元两军对峙开始，到二月六日决战胜负，崖山海战历时共二十三天。虽然宋元双方对峙二十余天，其间小战数十次，但是真正意义上的崖山决战在一天内结束。文天祥目睹了崖山海战的全过程，自述："崖山之败，亲所目击，痛苦难耐，无以为甚。本想跳海自尽，身陷囹圄而无法出舱。"他痛心疾首地作了一首长诗。诗前自注："二月六日，海上大战，国事不济，孤臣天祥坐北舟（指元船）中，向南恸哭为之。"

从文诗可知，崖山海战激烈异常，双方大规模使用了火药武器，这在中国古代战争史上具有双重意义。一、"古来何代无战争，未有锋蝟交沧溟"，是说海战规模大，前所未有。二、"炮火雷飞箭星落"，说明双方使用了大量火炮（投掷火药包，非后世管状火炮），这在古代战争史上也是极为罕见的。

战争结果清晰可见，宋人泪尽元人尽笑。大战之前，"昨朝南船满崖海"，海上漂的绝大多数是宋军战船；战后，"今朝只有北船在"，宋船不是被消灭就是被虏获，如今海上都是元家战船。"昨夜两边桴鼓鸣，今朝船船鼾睡声"，战时海上擂鼓喧天，战后船上鼾声如雷。只是这鼾声，属于胜利者。胜利者“椎牛釃酒人人喜”，失败者“流尸漂血洋水浑”。

“流尸漂血洋水浑”，说明崖山海战死者之多，连海水都成了红色。死在海里的，十之八九都是宋人。在海战尾声，很多官员、婢女腰缠黄金，跳入海里自沉，有数万人之多。第二天，元军打扫战场，除去沉没烧毁的，缴获宋船八百多艘，浮在海面上的尸体有十余万。元朝末年，诗人张宪到崖山访古，写下《崖山行》：

三宫衔璧国步绝，烛天炎火随风灭。间关海道续萤光，力战崖山犹一决。
午潮乐作兵合围，一字舟崩遂不支。樯旗倒仆百官散，十万健儿浮血尸。
皇天不遗一块肉，一瓣香闻海舟覆。犹有孤臣卧小楼，南面从容就胡戮。

根据五德终始说，赵宋自定火德。临安三宫北行，表示南宋已亡。然而，赵宋遗孤尚有二王，沿着海岸流亡，最后兵败崖山，十万宋人成为海上鬼魂，元朝终于一统江山。孤臣文天祥目睹了宋亡之战，北上之后从容就义。

众多尸体当中，有士卒发现了一具少年之尸，穿着黄色衣服，身上有颗“诏书之宝”的印玺。那士卒没管少年尸首，只将印玺上报。张弘范问降元的宋将尹都统是何物，答曰帝昺所用之玺。再问被俘的众多近侍，皆答帝昺之物。张弘范这才下令去寻找印玺的主人，却没能再找见。

端宗生母杨太后随同张世杰一并逃离，等她听到陆秀夫怀抱帝昺自杀的消息，悲痛欲绝，不愿再活。她自言道：“我一直忍辱偷生，正是为了护佑赵家的一块骨肉，现在毫无希望了！”说罢，毅然跳海。张世杰将她葬在海滨。张宪“皇天不遗一块肉”，引的即这个历史典故。

张世杰一行本来要去占城，却被部下逼迫，返回广东。张世杰又在广东沿海收集散兵游勇，并寻找赵宋宗室成员，打算立为皇帝，再做抗争。元廷命广东宣慰使帖木儿不花为都元帅，率军消灭这股残军。1279年夏，张世杰的军队在恩州海陵港（今广东阳江以南海陵岛附近）遭遇台风，部下劝他登陆避风，但陆上有元军追击，张世杰怕被叛徒出卖，不肯上岸。张世杰和随行将领三十多人站立船头，望着翻滚的海浪，心中不是滋味。

听说有元军追来，驾船的船夫纷纷偷乘小船逃遁。海风愈加猛烈，浪高数米，船体剧烈颠簸。张世杰等人所乘舰船倾覆，大多数人落水被淹死。临死前，张世杰交代部下：“为了赵家，我已尽力了。一君亡，再立一君，如今又亡。我今若不死，等敌兵退去，我要再去找赵氏宗室，延续赵宋国脉。沦落到今天这个份儿上，难道都是天意吗！”张世杰死后，元军焚烧了张世杰的尸体，收其骨灰，埋葬在湖居里赤坎村。另一种记载，说部下打捞起张世杰的遗体，葬在螺岛东端的力岸村。关于张世杰的功过，文天祥评价道：“世杰得士卒云，每言北方不可信，故无降志。闽之再造，实赖其功。然其人无远志，拥重兵厚资，惟务远遁，卒以丧败。”苏刘义、曾渊子逃到海上，被部下所杀。后来周文英带着张世杰枢密副使的印信和数千残部，到广州向元军投降。

至此，宋朝彻底灭亡。国破家亡，文天祥有切肤之痛，《南海》一诗可见：

> 朅来南海上，人死乱如麻。腥浪拍心碎，飙风吹鬓华。
>
> 一山还一水，无国又无家。男子千年志，吾生未有涯。

第六章

◎

忠臣遗民

一、浩然正气：文天祥命丧大都

三月十三日，文天祥随张弘范来到广州。张弘范找来文天祥原来的奴仆，继续服侍他，以示礼遇。张弘范在广州大摆庆功宴，邀请文天祥出席。席间，他对文天祥说：“你的国家已经灭亡，为国尽忠尽孝的义务已经完成。丞相何不改变心意，以事大宋之心继续为大元服务，到时大元的贤相非丞相莫属。”文天祥眼含热泪地说：“眼看国亡却不能救，为人臣者死有余罪，怎么敢苟且偷生而改变初心呢？”张弘范继续说道：“国家都亡了，你为国而死，谁会记载你的事迹呢？”这是暗讽文天祥有青史留名的沽名念想。文天祥没有恼怒，回应道：“商朝灭亡，伯夷、叔齐不食周粟，为的是满足自己的心愿，谁会管它是否留名史册呢？”文天祥油盐不进，气得张弘范脸色都变了。元将庞钞赤儿向文天祥敬酒，遭到忽视，破口大骂。文天祥毫无惧意，也起身厉声大骂，满口求死。

张弘范将文天祥的表现，向元世祖汇报，等待后续处置。听到文天祥所作所为，元世祖感叹道："哪朝哪代没有忠臣啊！"四月十一日，元世祖的旨意传到广州，令张弘范护送文天祥到大都。

二十二日，张弘范派都镇抚石嵩和囊加歹一道，押送文天祥北上。陪伴文天祥北上的，共有八人，有名有姓的只有刘荣、孙礼、徐臻三人。同时被押解北上的，还有文天祥的同乡邓光荐。

邓光荐是景定三年（1262）进士，晚文天祥六年。宋度宗朝曾任吏部侍郎，临安降元时逃往福建。1277 年追随行朝到广东，出任宗正寺主簿。元兵攻陷广州，邓光荐避难香山的黄梅山。是年冬天，全家被土匪抓获。邓光荐孤身逃出，邓氏正妻、三妾以及四个儿子、四个女儿被活活烧死。第二年到崖山。崖山海战失败后，邓光荐跳海自杀，被元军从海里抓了起来，成了俘虏。邓光荐被捕后，不肯投降，张弘范待以宾客之礼，与文天祥一道送往大都。从此，邓、文二人沿途相伴，成为知音。

离开时，战后广州的凄惨景象映入眼帘，文天祥所作《越王台》诗中有这样两句："烟横古道人行少，月坠荒村鬼哭哀。"他们先走的是陆路，石嵩、囊加歹对文、邓比较优待，并不催促，边走边歇。文、邓二人则一边赶路，一边赋诗，一边谈论国事、倾诉心声。

五月二十五日，到江西南安军。文天祥开始绝食，《南安军》一诗中说："饥死真吾志，梦中行采薇。"商朝灭亡后，伯夷、叔齐不食周粮，隐居首阳山采薇以食，终于饿死。南安距文天祥家乡庐陵有七八天的路程，他想到家乡时正好饿死。《黄金市》诗中说："闭蓬绝粒始南州，我过青山欲首丘。巡远应无儿女态，夷齐肯作稻粱谋。"《礼记·檀弓上》："古之人有言曰：'狐死正丘首，仁也。'" 后人以"首丘"代指归葬故乡。巡、远，即前文提到的唐朝张巡、许远。

江西是文天祥的故乡，也是他起兵抗元的大本营。石嵩、囊加歹担心有人半路营救，封锁消息，改行水路，二十八日到赣州。赣州北上，船在赣江快行，六月一日到了家乡庐陵（吉州治所），比计划早到了一天。文天祥绝食已五天，写下《发吉州》诗，有两句云："首阳风流落南国，正气未亡人未息。"到了家乡，人却没死成。六月四日，绝食已八天，文天祥还没死。说来奇怪，文天祥是有辟谷的绝招吗？绝食八天还能不死？

没能死在家乡，文天祥放弃了绝食的念头，计划到建康时，再伺机逃跑。此后，北上队伍先后经过隆兴，穿过鄱阳湖，进入长江，历经安庆、鲁港、采石等地，进入建康。广东、江西是文天祥战斗过的地方，长江沿线则是宋金、宋元大战的战场，文天祥一路感慨万千，留下不少诗句。比如《江行第八十六》："江水东流去，浮云终日行。别离经死地，饮啄愧残生。"当年没能在长江建功立业，自觉惭愧。宋朝不保，百姓遭殃。沿途所见，残破是永恒的惨景。"连山暗烽燧，川谷血横流。""萧萧白杨路，死人积如丘。"

六月十二日，文天祥在建康登岸，居住近两个半月后离开。在建康，他作有《金陵驿》诗二首，其一曰：

草合离宫转夕晖，孤云飘泊复何依。山河风景元无异，城郭人民半已非。满地芦花和我老，旧家燕子傍谁飞？从今别却江南日，化作啼鹃带血归。

故国远去，旧宫荒芜，漂泊无依。风景依旧，城郭依然，人非宋民。芦花凋谢，我将老去，旧民失所。告别江南，归日无期，化作杜鹃。对江南的依恋，文诗中多处可见，比如之前在庐山脚下所作《南康军和东坡酹江月》，有一句："庐山依旧，凄凉处，无限江南风物。"

八月二十四日，文天祥告别人生中最后的江南，去向江北。留居建康期间，两淮义士有救文天祥的举动，张弘范亲自赶到建康部署，元军严阵以待，营救没能进行。邓光荐因病暂留建康，文天祥继续北上，身边人走的走、死的死，只剩下刘荣一人。邓光荐后来跟随张弘范北上大都，再后来元廷将他放归庐陵故里，终其天年。从广州到建康，文、邓二人一路唱和，共成《东海集》。"东海"之意，是指齐国鲁仲连宁肯跳入东海也不降秦。行前，二人依依惜别，邓光荐写有几首离别诗词，中有一句"愿持一寸丹，写入青琅玕"，告诫文天祥保持丹青初心，不可变节。另有《念奴娇·驿中言别》一词，表达了对老友离去的不舍。文天祥和词一首，与邓光荐辞藻幽怜不同，文辞豪气飒爽，读来令人沸腾：

乾坤能大，算蛟龙元不是池中物。风雨牢愁无着处，那更寒蛩四壁。横槊题诗，登楼作赋，万事空中雪。江流如此，方来还有英杰。

堪笑一叶飘零，重来淮水，正凉风新发。镜里朱颜都变尽，只有丹心难灭。去去龙沙，江山回首，青山如发。故人应念，杜鹃枝上残月。

又见杜鹃，这是告诉故人，此去北上，有去无回。

建康以北，经过故地真州、扬州、高邮，九月一日到达淮安，看到“累累死人家”。渡过淮河，到了他乡。他作诗云：“北征垂半年，依依只南土。今晨渡淮河，始觉非故宇。”九月二日从淮安出发，路途满目荒芜，“烟火无一家，荒草青漫漫”。经过桃源（今江苏泗阳西南）、宿迁、邳州，九月八日到徐州。游览徐州古城一日，再经沛县、鱼台、潭口（今山东济宁西南潭口集）、济州、汶阳、郓州、东阿、高唐（今山东高唐）等地，十八日路过平原（今山东平原）。

颜真卿曾为平原太守，与其兄常山太守颜杲卿共同抵御安史叛军，是历史上有名的忠烈兄弟。文天祥平原留长诗，歌咏颜氏兄弟。颜杲卿常山兵败被擒，怒骂反贼，被安禄山割舌杀害。颜真卿逃过安史灾祸，却在德宗朝遭卢杞暗算，死在叛将李希烈手中。文天祥为颜家兄弟的忠勇感动，同时以忠义古人砥砺自己，杀身成仁者尤为耀眼。南宋已亡，他与颜氏兄弟、张许二人的成仁完全不同，他的死也不会获得再造赵宋的功业，但他却在执着地寻死。有人可能会说，这有什么意义呢？为国尽忠而死，死得其所，哪怕白白“浪费”一条性命，这是文天祥的执念。儒家义利之辩，以义为先，不问回报。

平原以北，经陵州、献州，九月二十日渡过滹沱河，到达河间。在河间，文天祥偶遇家铉翁。家铉翁不肯在大都为官，元廷不愿放他归江南，将他安置在河间。家铉翁在河间开馆讲学，为北方学子传授《春秋》，讲学过程中屡屡谈及宋朝兴亡故事。文天祥留下《河间》诗三首，都与家铉翁有关。

二十一日到保州（今河北保定），停留八天。赵宋出自涿州（今河北涿州），祖庙在保州。祖庙有三座，一般称“宋三陵”，位于今河北保定清苑县，即宋僖祖赵朓的钦陵、宋顺祖赵珽（曾祖）的康陵、宋翼祖赵敬的靖陵，依序分别是宋太祖赵匡胤的高祖父、曾祖父和祖父。在保州停留期间，文天祥想到宋陵去瞻仰进香。囚徒如何有这般自由？他只好写诗诉胸臆：“办香欲往拜，惆怅临长空。”不能进香敬拜，只好仰天长叹。

二十九日离开保州，经梁门（今河北徐水），渡过白沟，夜宿涿州。白沟原是辽朝北宋的界河，靖康之变后，大臣张叔夜被掳北上，在白沟绝食而死。文天祥熟知国史，到白沟思念故国往事，想起了张叔夜的忠烈。文思泉涌，诗意迸发，写下《白沟河》。诗中提及“昔时张叔夜”，“绝粒不遄死，仰天扼其吭”，又反观自身处境：“今我为公哀，后来谁我伤？……文武道不坠，我辈终堂堂。”

如今站在白沟河畔的文天祥，即是一百五十多年前的张叔夜，同样的命运，慷慨赴死。不过，文天祥觉得他比张叔夜更可悲，至少同为宋人，他能在此缅怀先烈。可是宋已亡国，以后不再有宋人缅怀文天祥了。当然，文天祥所说这个后来人不一定须是宋人，也可能后世同等境况的人，甚至是任何后世之人。只是在此强调后来宋人，更能体味文天祥撕心裂肺般的亡国哀伤。

十月一日清晨，文天祥渡过琉璃河。北方已是晚秋、初冬时节，清早天气冷飕飕，文天祥自叹“游子衣裳如铁冷，残星荒店野鸡啼”。再渡卢沟河，于这天黄昏抵达大都。四月二十二日从广州出发，十月一日抵达目的地，纵贯南北，估计辗转六七千里。

到大都当晚，石嵩将文天祥送到会同馆，但人家不让他住，说只接待降臣，不羁押囚犯。元兵将文天祥带到一个小驿馆偏房住下，没有派人照顾。第二天，元人来了个三百六十度大转弯，在丞相博罗的吩咐下，将文天祥接到会同馆上房，供给上好菜肴，派有仆人。文天祥很是警觉，觉得这是元人要感化他，于是身着宋朝官服，正襟危坐，不寝不食。

留梦炎先来劝降，告知文天祥会受到元朝重用。临安降元之前，文天祥已对留梦炎露出鄙夷之色，居然还敢前来，没等废话讲完，当面唾骂他无耻之徒。留梦炎走后，文天祥还是怒气难消，作诗发泄。诗中有两句：“黑头尔自夸江总，冷齿人能说褚公。”江总，先后在南朝梁、陈和隋朝为官，是历史上没有气节的一个代表。杜甫有《晚行口号》诗：“远愧梁江总，还家尚黑头。”侯景之乱时，江总躲避广州十四年，后继续在陈朝为官，时年五十四岁，头发尚黑，故称“黑头”。褚公即褚渊，娶南朝宋武帝之女，后助萧道成建立齐，也是没气节的人。文天祥这是在骂留梦炎好比江总、褚渊，毫无气节。

留梦炎碰了一鼻子灰，元朝又搬出瀛国公，这可是文天祥念念不忘的效忠对象，元人要利用九岁的赵㬎逼迫文天祥就范。文天祥看到旧主，立刻跪拜，请求瀛国公快回。

元人目标还是没达到。元朝重臣阿合马来到会同馆，召见文天祥。回回人阿合马是中书平章政事，臭名昭著。文天祥看到阿合马，作揖就座。阿合马傲慢地说："你以为我是谁？"文天祥答："刚才听人说，宰相来了。"阿合马逼问："知道我是宰相，为何不跪？"文天祥理直气壮地反问："南朝宰相见北朝宰相，哪有跪拜的道理？"阿合马对左右随从说道："这人的生死，捏在我手中。"文天祥不怕，说道："亡国之人，要杀便杀，还废什么话！"阿合马是夸大其词，没有元世祖的命令，他哪敢私自做主。

丞相博罗看文天祥油盐不进，说干脆杀掉算了，元世祖和一众大臣都说不可。张弘范回到大都，向朝廷说了文天祥不肯屈服的种种情形。朝廷见文天祥敬酒不吃，那就改送罚酒。他们将文天祥戴上木枷，押送到兵马司的牢狱之中。元人封存了文天祥自带的衣物钱粮，每天给他元钞一钱五分的生活费。关押时，文天祥戴着刑具，半月后生病，元人去除木枷，但脚系铁索。

十一月九日，博罗端坐枢密院大堂，提审文天祥，张弘范陪审，另有枢密院属官数人。文天祥只对堂人长揖，便昂首挺立。翻译官大喊："跪！"文天祥："南朝的作揖，如同北朝的跪。我是南朝人，行礼已毕，还需要再跪吗？"博罗见状，大怒，命人强行摁倒文天祥，必须让他跪拜。翻译说道："你有什么要说的？"一场元朝众官员企图从精神上打倒文天祥的口水战开始了。

文天祥说道："天下之事，有兴有废。自古以来，国家灭亡，帝王将相被杀被戮，历朝都有。我忠于宋朝社稷，才到今天的境地，快点杀了我吧！”翻译再问：“还有什么要说的？就这些？”文天祥继续说：“作为宋朝宰相，国家灭亡，我有义务去死！如今被抓捕到此，按你们的律法，我也当死！无须再言！”博罗厉声发问：“你说有兴有废，那你说说从盘古到今天，经历了多少帝王？我数不清楚，你给我一一说来！”文天祥怒声说道：“一部十七史，从何处说起？我今天又不是考博学鸿词科，懒得废话！”

博罗继续说：“既然你说到兴废，我才问你古今有多少帝王。你既不肯说，那你就说说古时可有人臣将宗庙城郭土地丢给别人，只顾自己逃走？”这是在讥讽文天祥逃亡之事。文天祥自辩道：“你这是说我之前作为宰相，将国家奉于他人，然后自己逃跑？将国奉于他人，是卖国之臣。卖国的人，图的利益，必不肯离开；离开之人，肯定不是卖国者。之前朝廷命我为宰相，我没有答应，稍后出使伯颜军中，随即被扣押。后来，贼臣献国。国家灭亡，我本当死。之所以没死，是因为度宗二子在浙东，老母亲在广东，因而苟存性命以待将来。”

博罗再逼问：“德祐皇帝（宋恭帝，瀛国公），不是你的君主吗？”又要设套。文天祥答：“是。”博罗继续问：“放弃君主，去拥立二王（益王、广王），也算是忠诚？”文天祥答：“德祐皇帝确是我的君主，但他不幸亡国。依当时的情形，国家社稷为重，君主为轻。我另立新君，是为赵氏宗庙和国家着想，所以是忠臣。跟随西晋怀帝、愍帝北去的臣子并不忠诚，跟随东晋元帝南下的臣子才是忠臣；跟随北宋徽宗、钦宗北上的臣子也非忠臣，与宋高宗南下建国的臣子才是忠臣。”众所周知，社稷为重、君主为轻，是孟子的思想主张。文天祥以此化解博罗的问题陷阱，博罗一时语塞。

有一人出面帮腔，问道："晋元帝、宋高宗皆有受命，二王所受何命？"张弘范也插话："二王是逃走的人，得位不正，实为篡位。"文天祥振振有词地反驳道："景炎皇帝（端宗）乃宋度宗长子，德祐皇帝亲兄长，怎么能说得位不正？景炎皇帝即位时，德祐皇帝已失去皇位，怎么能说是篡位？陈丞相（陈宜中）奉迎二王出宫，这是太皇太后的命令，怎么能说是没有受命？"元朝诸官坚持二王是私自登极，没有合法性的授权。文天祥继续辩解道："天命人心所向，即使没有授权，众人推戴拥立，有何不可？"仍然没能说服对方，文天祥不想再纠缠这个话题，只说："仁者见之谓之仁，知者见之谓之知，各是其是即可。"

博罗则继续打击他："你既是丞相，若将三宫接离临安，就是忠臣。如果不行，就率兵出城，与伯颜决一胜负，也算是忠臣。"博罗好像不清楚临安降元前的南宋朝堂动向，也不记得文天祥前番言语，才提出此等愚蠢的问题。因为临安降元前，文天祥就被伯颜扣押了，如何带三宫逃亡，如何与伯颜交战？所以文天祥风轻云淡地回应："你这说法可以去责骂陈丞相，不可以责骂我，我那时又不在临安执政。"

博罗接着问："你拥立二王，算得什么功劳？"文天祥答："国家不幸丧王，我立新君，可以存宗庙，延续国家。宗庙存在一天，则臣子须尽一日之责，谈什么功劳？"博罗问："明知国家不能存续，何必强求？"文天祥答："人臣事君，如子事父。父亲不幸患有疾病，虽明知不能救治，难道就不用药了吗？尽心而为，不可救药，则是天命。文天祥沦落至此，唯有一死，何必再言！"

博罗大怒，大声说道："你要寻死，我偏不让你死，就关着你！"文天祥说："我死于大义，关押又能奈我何？"听此，博罗大骂不止，翻译官没有转达，文天祥没听懂，也就不再说话。既然文天祥自诩为国尽忠，那么博罗等人就偏要说文天祥不忠卖国，妄图从精神上击垮他，进而收服他，可惜愿望再次落空。过了一会儿，博罗下令："带他下去，等候发落！"

元世祖想在南宋降臣中继续发掘人才，降臣王积翁上言："南宋人才没有比得上文天祥的。"于是，元世祖派王积翁去传达旨意。文天祥对王积翁说："国家灭亡，我有为国而死的义务。如元朝能将我释放，以道士身份回归故乡，将来以方外之人备为顾问，那我就答应。如果非要我马上做官，不仅亡国士大夫无法和元朝共存，而且平生志业都被抛弃，那要我何用？"

既然文天祥一心求死，怎么会有当道士求生的念头？《宋史·文天祥传》的这段记载令后世崇尚他杀身成仁的人很是不解，被斥为伪说。有研究者指出，文天祥想当道士的想法并非毫无根据。1279 年十二月，有个叫灵阳子的道士到狱中看望文天祥，二人谈道许久。文天祥写两首诗赠予灵阳子，其一《遇灵阳子谈道赠以诗》有句"一针透顶门，道骨由天生"，其二自述"遇异人指示以大光明正法，于是死生脱然"。与之前的刚烈不同，二诗表现出强烈的洒脱避世的思想。

当然我们不能据此判断，牢笼中的文天祥已经意志消沉。相反，他后来的诗作依旧刚烈有余，最为著名的即《正气歌》。

这首诗歌创作于 1281 年五月，正是文天祥所居囚室最艰苦之时。五月十七日深夜，大都暴雨，雨水灌入牢狱。水漫过了文天祥的囚床，被水灌出的老鼠哀嚎不断，狱卒也听不到文天祥的呼喊声。暴雨过后，垃圾遍地，鼠尸满屋，恶臭呛鼻。就是这种种恶气，让文天祥想到以浩然正气抵御邪气入侵。

在中国古代思想史上，“气”是一个关键的范畴，时常被视为世界的本原。根据《正气歌》的内容可知，文天祥理解的正气，存乎天地，比如河山、星辰。人处天地之间，也具有浩然正气。国家政清人和，正气之人尽职尽责；国家处于危难，正气之人忠贞不贰。文天祥《正气歌》中列举了历史上正气满满的十二个人，分别是齐太史、董狐、张良、苏武、严颜、嵇绍、张巡、颜杲卿、管宁、诸葛亮、祖逖、段秀实。最后数句则是表明自己丝毫不惧死亡，终将练就浩然正气。

王积翁计划联合南宋降臣谢昌元等十人请求释放文天祥，让他做道士。留梦炎不同意，他说：“一旦释放文天祥，他回江南一呼百应，起兵反元，那我们这些人还有好下场吗？”此话一出，无人再敢附和王积翁。王积翁组织不起营救队伍，便自己上书元世祖：“文天祥是宋朝的状元宰相，忠于职守。若释放不杀，以礼待之，可充为我朝人臣的模范。”元世祖回复：“还是令牢狱的千户好好招待吧。”

文天祥不降，元廷不杀他，更不敢给他自由，还是怕他兴风作浪。张弘范在广东染上瘴疠，回到大都后疾病缠身，1280年正月去世。张弘范临死前，建议朝廷释放文天祥，不能杀害。后来，元世祖看文天祥没有投降的可能，和大臣商议释放之事。有大臣明确反对，说一旦释放，文天祥就会重蹈反元覆辙，到时后悔莫及。释放之事也就没有下文。

1282年三月，发生了大臣阿合马在大都被杀事件。阿合马以理财之能博得元世祖信任，但他极尽刻薄，聚敛无数，又贪婪骄横，臭名远扬。1282年三月，元世祖到上都开平避暑，阿合马留守大都。益都人王著、高和尚等人秘密起兵，聚集了一万多人。近万人向居庸关行进，企图控制居庸关。近千人控制了太子真金的仪仗，声称太子回京做佛事，潜入大都。三月十七日深夜，王著等人到东宫南门，矫令太子让阿合马出迎。阿合马急忙去迎，被王著杀死。这下乱军露了馅，大都里的禁卫军迅速出动，将王著、高和尚抓捕。听闻大都有变，元世祖即刻派亲信大臣回去平叛。

一般认为，阿合马被杀，是元廷内部汉人官僚和色目人权贵的矛盾。为了稳定统治秩序，元世祖杀了受牵连的枢密副使张易，并且令人刨开阿合马墓穴鞭尸，以缓和双方的矛盾。

福建僧人妙曦深谙星变，阿合马被杀不久，他上书元世祖："十一月，土星犯帝座，疑有变。"简言之，天象告诉世人，今年的十一月，有人会危及元世祖的皇位。后来，中山有个叫薛宝住的人，聚集数千人，自称"真宋幼主"，要到大都救文丞相。大都内有传单流传，一言"两卫军尽足办事，丞相可以无虑"，一言"先焚城上苇子，城外举火为应"。这要救的丞相是谁？不少元朝大臣认为是文天祥。

这一连串的事情，令朝廷不得不防。于是，元世祖下令将瀛国公等人迁到上都居住，并且最终杀掉了文天祥。

处决文天祥之前，十二月八日，元世祖亲自召见文天祥。文天祥长揖不跪，宫廷卫士强迫他跪，他不为所动。元世祖问他有什么说的。文天祥答:“宋朝没有不道之君，没有待救之民。不幸的是，权臣误国，用人不当。北朝用宋之叛将叛臣，攻入宋都，亡其国家。天祥任相于危难之际，宋已灭亡，天祥当速死，不愿苟活。”这话是说，除了权相害国，南宋朝廷没有什么大的过错，人民也没有生活在水深火热之中，而元朝灭亡南宋是缺乏正义性的。元世祖说:“你在此地已久，如能改变心意，像忠于宋朝一样对我，那么我将任命你做中书省的宰相。”文天祥回答:“天祥受宋朝三帝厚恩，号称状元宰相。现在要我改投门庭，这不是我的选项。”元世祖再说:“你不想做宰相，那就做枢密使。”答:“愿赐一死，足矣！”元世祖遂了他的愿，第二天，文天祥在柴市被斩。据说元世祖后悔下达处决文天祥的命令。九日刑决之时，有飞骑出宫，奔向刑场，传令再候圣旨，可惜人头已落地。这一幕，如同影视剧中大喊“刀下留人”的套路，可惜文天祥已命赴黄泉。

文天祥死时，已是忠义满天下，此后更是一发而不可收，历朝历代均视其为忠臣的代表，近代以来更是成为爱国英雄的典范。

关于文天祥的身前、身后事，本丛书中有一本专门介绍，本书点到为止，读者可阅是作，相信更为精彩全面。

二、慷慨赴死：谢枋得绝食尽忠

前文讲到过谢枋得的故事。与文天祥相似，他也起兵抗元，却没有形成气候，早早失败。名望虽远在文天祥之下，但他持续抗元，坚决不与元朝合作，最后绝食而死，成为南宋灭亡后仅次于文天祥的忠义宋臣。

1276年铅山兵败之后，谢枋得先回乡与老母、妻儿、兄弟告别，然后化作算命先生，逃往福建追寻端宗朝廷。元军进入他的家乡弋阳，冲入他的家中，八十三岁的母亲桂氏卧病在床，被元军抓捕。他的妻子李氏和儿女以及两名婢女逃到贵溪山（位于今江西贵溪）中，三弟谢君烈、四弟谢君泽两家逃往别处。李氏生有三男二女，长子夭折，长女葵英已嫁给安仁通判周铨，次女名字不详，与二子熙之、三子定之尚未成年。

1277年冬，元兵进入贵溪山中，搜捕李氏一家六口。同时，谢君烈、谢君泽也被抓获。他们被送入信州监狱，一番番严刑拷打，元兵也没从他们口中获得谢枋得的下落。在审问谢君泽时，他宁死不屈，不仅不肯透露谢枋得的下落，而且大骂主审的王世英和元朝，被杀。

次年春，李氏等人被押到建康，关押在建康宣慰司的监狱。一天，有人来传话，说要将李氏充官。宋元之际，南宋很多被捕的官员家属被罚为奴婢，沦为贱民。李氏知道后，看着三个子女默默哭泣。有人宽慰她说："虽然充了官，但也可能成为元朝官员的妻子，有什么可哭的呢？"李氏并没有得到慰藉，说道："我怎么能嫁给二夫呢！"转头吩咐两个儿子道："你们如果幸运生还，要孝敬祖母，我是没机会侍候她老人家了。"夜深之时，李氏解下裙带，悬梁自缢。

有记载说李氏虽已步入中年，却丰姿绰丽，擅长诗文书法。建康宣慰使廉下默海雅看上了她，想与她结婚，或是纳为妾室。李氏假装答应，婚礼前夕，狱卒来要带走李氏，发现她和女儿以及两个婢女都自缢身亡。

谢君烈和三个子侄也死在狱中。建康官员发现闯了祸，将谢枋得的两个儿子解送到江淮行省的首府扬州，说他们坚决不降，建议处死。行省左丞崔斌看了建康送来的案卷等公文，下令提审熙之、定之。

崔斌看到这两兄弟虽久在狱中，但样貌不失伟俊。问："你们是谢提刑的儿子？"答："是。"崔斌命人拿来纸砚，叫二人作诗。过了一小会儿，但见这两兄弟已经完成。崔斌对手下人说道："他们父亲为国尽忠而逃亡，孩子有什么罪！"于是，下令释放，交给身边的陈姓镇抚照看。陈镇抚将两兄弟带回家中，教他的孩子们读书。六年之后，熙之、定之离开陈府，到福建去找他们的父亲。

话说谢枋得离开家乡后，隐居在福建建阳。元军南下福建，追击残宋势力，一时间福建也不安稳，谢枋得只有不停躲藏，靠卜算为生。1280年三月，即崖山海战结束后的第二年，谢枋得进入武夷山，成了一名隐士。南宋已经彻底灭亡，对元朝来说，谢枋得恐怕也构不成太大威胁，不过他还是非常谨慎。

武夷山位于江西、福建的交界，风景秀丽，空灵寂静，人文荟萃。特别是南宋理学宗师朱熹曾在武夷山修身养性、讲学布道，有武夷精舍留存。朱熹作有《武夷棹歌》十首，其一："武夷山上有仙灵，山下寒流曲曲清。欲识个中奇绝处，棹歌闲听两三声。"因此，于理学后人谢枋得来说，武夷山有着圣洁的味道，是近在咫尺的绝佳去处。

谢枋得在武夷山找到一个僻静之地桃源洞，隐居了下来。不过这桃源洞并非全部都是荒山野岭，而是有几户农家，偶尔有山外人进来，害得谢枋得心惊。《庆全庵桃花》一诗描绘了个中心境："寻得桃源好避秦，桃红又见一年春。花飞莫遣随流水，怕有渔郎采问津。”

谢枋得的《武夷山中》一诗更为知名，被赞为谢枋得高尚节操的代表作：“十年无梦得还家，独立青峰野水涯。天地寂寥山雨歇，几生修得到梅花？”为了抗元，梦里都不曾有家，人如山野挺立的青峰，天地寂寞人间苦雨，向往那高洁的梅花。

1283年初，谢枋得离开武夷山，去向弋阳附近的龙虎山。龙虎山是道教正一道天师派祖庭，天师府位于此，历代张天师在此布道修仙。1284年正月，元世祖大赦天下，颁布“轻刑诏书”，宣布免去不降元的故宋臣民的罪。这一宽大诏书迅速贴满南宋故地，谢枋得看到后，决定走出大山，定居福建建阳。

在建阳，他公开活动，并与姓史的县尹交好。史县尹是中原人，两人一起畅谈南宋后期四十年的往事，比如臧否宰相的为人、将帅的智愚，说起军民的苦乐，论及财政、兵员的多寡，品评晚宋士大夫人品的高下。史县尹三年任满，离开建阳赴京述职时，谢枋得受邀与建阳官宦聚会，为史县尹践行，并撰有《送史县尹朝京序》。文中透露，建阳素来难治，但史县尹治县有方，礼贤下士，赢得士民欢心。谢枋得请史县尹北上之后，代他探问留梦炎、谢昌元、家铉翁、吴坚等人的下落，并代以问好。

五十九岁的谢枋得住在茶坂，位于云谷山下。云谷山附近有朱熹讲学的云谷书院和蔡元定的西山精舍，是闽学的重要阵地。谢枋得在人数较多的建阳驿桥附近开了算卦摊，上书“依斋易卦”，当地人都知道这是大名鼎鼎的谢枋得。这一年，熙之、定之来到建阳，告诉父亲在建康、扬州发生的事。谢枋得让熙之回到弋阳，去照顾年届九旬的祖母。并告诫他，回乡可以做个教书先生，坚决不能应举、做元朝的官。定之留在谢枋得身边，编织些麻鞋到市场上卖，好维持父子的生计。

靠卜算、编鞋生活，着实困难。小小建阳城，虽说是理学圣地，那此时的谢枋得也算是个大人物，只是算卦岂不浪费？很多官宦富户请他出山讲学。学堂设在茶坂一大户的祠堂，四周青少年都慕名而来。谢枋得乐在其中，既教授文化，又传播理学精神。他讲学不要学费，一些学生家长经常给他送去粮食、布匹、药物等生活必需品，生活总算是有了着落。

1285 年（至元二十二年）冬，谢枋得去武夷山拜访名士熊禾。熊禾并不是个老者，而是个三十九岁的中青年学者。熊禾，建阳人，字位辛，一字去非，号勿轩，晚年号退斋，时人称之勿轩先生，是朱熹的再传弟子。1274 年中进士，宋亡之后，辞官回乡，拒绝入仕，在武夷山建洪源书堂，传道授业，成为元初著名的理学家。短短十余年，熊禾的气节和学问名声远播，成为远近首屈一指的学者。熊禾也是“建阳七贤”之一，其他六人是朱熹、黄榦、蔡元定、刘爚、游九言、叶味道，由是可见其在家乡的名望。

洪源书堂与昔日朱熹的武夷精舍旧址相邻，熊禾撰文评述朱子学的发扬光大，文章开端为朱熹学问定调：“宇宙间三十六名山地未有如武夷之胜，孔孟后千五百余载道未有如文公之尊。”文公，即朱文公朱熹。这两句豪迈的文字，直白公允，赢得后世学人赞许，后来成为武夷精舍门楣上的一副对联。武夷山中，谢枋得与熊禾相见恨晚，成为忘年之交的知音，他们共诉亡国之恨，同研理学大义。

1286 年二月二十六日，谢枋得母亲桂氏去世，享年九十三岁。当初桂氏被元军抓捕，因年老多病，又被释放。二月二十八日，谢枋得回到故乡，送了母亲最后一程。谢枋得六十周岁，一贫如洗，先将母亲遗体停柩，然后居家守孝。

这一年，为了缓和南宋旧地对元朝的仇恨，平定各地的大小叛乱，元世祖接受翰林集贤直学士程文海的建议，兴建儒学，遣使搜访隐逸，吸收南人到中央机构任职。程文海被任命为侍御史、行御史台事，专门招募江南隐逸名士。程文海是江西建昌军人，亲自到信州上饶，命令地方官下公文到弋阳，征召谢枋得。名单上共有二十二人，都是“至诚无伪、以公灭私、明达治体、可胜大任之才”。有愿意应召者，朝廷给予厚赏，按照官员待遇由各驿站负责接待，直到大都。

谢枋得无意应召，十月一日，在给程文海的拒信《上程雪楼御史书》中，谢枋得直言：“大元制世，民物一新，宋室孤臣，只欠一死。所以不死者，以九十三岁之母在堂耳。”又说母亲已经去世，他在人世间再无眷恋。谢枋得赞扬朝廷礼贤下士，专门遣使招揽人才，真是清明盛世之举。然他并非朝廷征召之才，不符合上述四个条件，而且母亲刚过世，须守孝三年，不能出门。大元以孝治天下，戴孝之人也不能为官。而且，“亡国之大夫，不可以图存”，“为人子、止于孝，为人臣、至于忠”。最后，他希望程文海能成人之美，不成人之恶。

北宋著名学者李觏的后人李宗海也在名单上，同样拒绝了程文海的征召。谢枋得拒信发出后，知道李宗海拒召，心中暗喜，即刻给老友修书一封。信中说他已经拒绝程文海，只欠宋朝一死，鼓励李宗海坚持本心，共守气节。

1287 年，元朝官员派林樵、谷春两位道士劝说谢枋得，被严词拒绝。

朝廷列举的隐逸高人当中，当数谢枋得名望最高，若能归顺元朝，意义不言而喻。1288 年四月，江淮行省丞相忙兀台带着圣旨，亲自到谢家邀请。谢枋得还是不肯，他说："自古以来，上有尧舜，下有巢由；上有成汤，下有随光；上有周武，下有夷齐。我谢枋得不是什么隐逸高人，请朝廷放过，让我静心隐居，于国家有什么不好？况且母亲逝去，尚未安葬，孝服在身，也不敢奉召。"忙兀台无法强求，只好作罢。

忙兀台走后，江西行省参政管如德又派人前来征召。管如德，本书第一章提到过。其父管景模原是蕲州守将，先投靠元军，管如德时为江州统制，步父后尘。父子皆降将，无疑令谢枋得不耻，又怎么会答应他呢？

家乡没有净土，谢枋得不待母丧守孝期满，六月又躲到福建建阳，寄居在乡下的寺庙后山堂。在元朝官员拉拢谢枋得之际，远在大都的礼部尚书、翰林学士承旨留梦炎也向元朝举荐昔日门生谢枋得。有人告诉谢枋得留梦炎举荐的消息，七月，谢枋得撰写《上丞相留忠斋（留梦炎号）书》，托友人吴直夫转达，谢绝留梦炎的"好意"，切莫再荐。

留梦炎虽是谢枋得当年的座师，却是投降分子，本就令他瞧不上，但也不能充篇怒斥、字字咒骂。如何措辞，是门大学问。《上丞相留忠斋书》长达 2869 字，措辞委婉，又不失尊严，是古代散文名篇，屡屡编入中学语文的阅读理解试题中。

谢枋得将他与留梦炎的不同道路抉择、与元朝的国恨家仇和自身的前途，展露无遗，慷慨激昂，令人动容。试想一下，留梦炎看到这封情真意切的信，心中是什么滋味？怕是没脸再去举荐谢枋得了。

然而，令谢枋得没想到的是，与程文海、忙兀台、管如德相比，福建行省参政魏天祐异常野蛮。魏天祐是福建人，1276年元军攻打福建时，他主动降元，被任命为管军总管兼知邵武军，后来不遗余力爬上福建参政的高位。谢枋得是朝廷指名道姓、急欲拉拢的对象，如今到了福建地界，魏天祐要抓住机会，立此大功。

他先派谢枋得的友人赵孟迎去劝，结果谢枋得大骂："魏天祐在福建没干一件好事，反而大肆设立银矿，祸害百姓，现在又想利用我等掩盖他的罪过吗？"元朝发行纸钞，强迫百姓拿出白银去兑换，元世祖继续穷兵黩武、到处征战，导致库存减少，纸钞贬值。为了表示效忠，解皇上之所急，魏天祐在福建开设银矿，强迫一万多百姓去冶炼，民间苦不堪言。

九月，元世祖特意降旨福建行省，由魏天祐负责将谢枋得带至大都。魏天祐派建宁路总管撒的迷失到建阳，改派建阳张县尉去后山堂礼请谢枋得。谢枋得继续以母孝在身，难以奉命。张县尉回报，撒的迷失想了个办法，请谢枋得到建宁城卜算，逼迫他出行。谢枋得知道撒的迷失葫芦里卖的什么药，不肯去，结果被一众元兵硬生生威胁着上了去建宁的船。

魏天祐见到谢枋得，言行上非常尊敬，谢枋得懒得理他，出言不逊。魏天祐热脸贴了冷屁股，很是恼火，对满口忠孝的谢枋得吼道："你要做宋朝的忠臣，守城之臣当死于职守，当年安仁战败，你为什么不死去！”谢枋得不急不慢，引经据典给魏天祐上课：“程婴、公孙杵臼都忠于赵氏，前者为赵留后，后者死于气节，前者死于十五年之前，后者死于十五年后。万世之后，二人都是忠臣。王莽篡汉十四年，龚胜饿死，也不失为忠臣。司马迁说：‘死有重于泰山，轻于鸿毛。’韩愈说：‘盖棺事始定。’参政怎么会懂得这个道理？”和降人魏天祐谈古时忠臣，这不是在打脸吗？

魏天祐被怼，说不过，夺口而出：“你这是强词夺理！”谢枋得继续说：“张仪曾经对苏秦说过：‘当苏君得势时，我怎么敢言？’如今参政有权有势，我百口不能自辩，还有什么好说的！”魏天祐哑口无言，只有靠权力说话。

在魏天祐的命令下，建宁路录事司将谢枋得软禁在崇真道院。离开建阳时，谢枋得开始绝食，到建宁后继续，让建宁官员很是头疼，一边强迫谢枋得进食，一边向魏天祐汇报。魏天祐派人专程慰问。谢枋得回信魏天祐，即现存《与参政魏容斋书》，又给魏天祐讲了一番忠君如一、只有一死的大道理和他如何践行忠臣所为。信的开头自称宋室逃亡之臣，只欠一死。继言“忠臣不事二君，烈女不事二夫”，此乃天地间的常规。

魏天祐怕谢枋得逃走，安排了十多人监管。谢枋得觉得可笑，自称：“某事男儿，死即死耳，不可为不义屈服，何必逃走？”并说自己自从九月十一日离开建阳，就开始绝食，只求速死，青史留下忠名。魏天祐派人送来一些慰问品，然谢枋得以死自期，无以为报，故而退回。

虽被监管，魏天祐并没有拒绝亲友探望他，以期有助于谢枋得改变心意。熙之、定之赶来建宁探望绝食的老父，谢枋得不见，自称“大丈夫无儿女情，不见”，写《示儿》诗两首，告诫儿子多读诗书，让人递出门。

天气越来越冷，好友刘洞斋、刘华甫（或是二人字、号，名暂未知）送来冬衣，绝食数天的谢枋得拒绝友人的馈赠，作《辞洞斋、华甫二刘兄惠寒衣》一诗，说明自己将死之人，无须添衣。好友张苍峰再探，谢枋得作诗《崇真院绝粒偶书，付儿熙之、定之，并呈张苍峰、刘洞斋、刘华甫》，再诉心境：

西汉有臣龚胜卒，闭口不食十四日。我今半月忍渴饥，求死不死更无术。
精神常与天往来，不知饮食为何物。若非功行积未成，便是业债偿难毕。
太清群仙宴会多，凤箫龙笛鸣瑶瑟。岂无道兄相提携，骑龙直上寥天一。

绝食半月，依然头脑清醒，尚能写出如此诗句，比文天祥还要神奇，难道果真是他自己所说的辟谷功夫？诗中也说自己水米不进半月，日日精神恍惚，却还没有完成死的愿望，真是焦急万分。绝食期间，看押人员可能多次强迫他进食。另有记载表明，谢枋得绝食过程中间断进过些蔬菜、水果。

二十多天过去了，魏天祐要押送谢枋得到大都，谢枋得还是没把自己饿死，他决定开始进食。离开建宁前，谢枋得自知难逃虎口，临别留诗一首，告别二子及诸友：

雪中松柏愈青青，扶植纲常在此行。天下久无龚胜洁，人间何独伯夷清。
义高便觉生堪舍，礼重方知死甚轻。南八男儿终不屈，皇天上帝眼分明。

出发前，谢枋得开始绝食，因而此诗常被视为绝笔遗言。松柏坚贞长青，伯夷气节高远，男儿宁死不屈，这是熟悉的文天祥的味道。

少数友人、门生前来送别，有几篇临别赠诗。门人张子惠《送叠山先生北行》云：

打硬修行三十年，如今订验是儒仙。人皆屈膝甘为下，公独高声骂向前。
此去好凭三寸舌，再来不值一文钱。到头毕竟全清节，留取芳名万古传。

这首诗对谢枋得的描绘可谓形象，甚合心意，他看到后很是喜欢。

十月十八日，在魏天祐的安排下，谢枋得启程北上。十二月十日，抵达江西龙兴（元改隆兴为龙兴），行省左丞吕师夔原来与谢枋得相好，送来一身冬衣。谢枋得作诗谢绝，诗中有两句："身不系绵二十年，后山冻杀分宜然。"吕师夔的冬衣应该比较华丽，二十年来，谢枋得穿的是麻布粗衣，消受不起。

后山即北宋著名诗人陈师道，苏门六学士之一，曾与赵挺之友好。赵挺之是新法派官员，屡次弹劾苏轼及其门人，令陈师道极为厌恶。一年郊礼，天气寒冷，陈师道贫穷，缺乏御寒的棉衣，妻子就到赵挺之家借了一件。陈师道问衣服从哪里来，妻子如实相告，他坚决不穿，后来挨冻参加完仪式，得寒疾而死。谢枋得用意明显，宁可冻死，也不穿仇敌之衣。

次年二月十四日，行至长江江畔的采石，谢枋得继续绝食，每天只吃五颗枣。在采石，留《绝粒偶书》诗二首。后历经建康、扬州，进入大运河，一路北上，寒食节抵郓州。谢枋得留下一首《寒食郓州道中》词，回想起十五年来寒食节都在外奔波，不能准备麦饭、纸钱、鸡和酒去拜祭祖先，然而男子汉大丈夫要报效君王，大可不必白天衣锦还乡。

1289年四月一日，谢枋得到达大都。从采石到大都，谢枋得只食用少量的蔬菜、水果，身体极为虚弱。他先打听谢太皇太后坟茔及瀛国公所在，向这两个方位祭拜、恸哭。路过柴市时，有元朝官员恫吓他，说："此是文丞相斫头处。"谢枋得说道："当年我们同在集英殿下唱名，如今又能与同年伴游地下，岂非幸哉？"

四月五日，元朝官员将谢枋得安置在悯忠寺。他看到有东汉孝女曹娥碑，泪流满面，哭道："你这小女子都敢去死，我难道还不如你吗？"并在当天夜里去世。吕师夔正好在大都，帮着入殓，暂存于大都城外。后来，定之来到大都，在谢枋得门人李思衍和南宋降臣谢昌元的帮助下，将尸骨运回江西老家安葬。

得知母亲死在建康狱中，父亲在大都绝食而死，远在江西的谢家女儿、周铨寡妻葵英变卖全部嫁妆，用来造桥造福乡里。桥修成之后，葵英从桥上投水而死。乡邻深为感动，将此桥命名为"孝烈桥"。不完全统计，宋元改朝之际，谢家殉国、殉节者至少有七人，几乎满门忠烈。

崖山海战之后，谢枋得一介布衣，只想做南宋遗臣、大元逸民，却不能如愿。元朝无法容忍这样的一个旗帜性人物继续留在南宋故土，倒不是怕他掀起多大的波澜，而是要他彻底降服，在形式上成为元朝统治阶层最外围的一分子。只有那样，大元灭宋及其统一大业才算完美。谢枋得偏偏要较真，士可杀不可辱，宁可一死了之，不做敌国之官。在历史上，谢枋得没有文天祥名气大，二人共同为南宋殉葬，堪称忠臣模范，受到后世官方、士大夫的敬仰。

谢枋得死后，门人私自给他定了谥号“文节”，意即文章、气节都是绝品。这一谥号直到明朝得到官方认可。学生周岳撰《祭叠山先生文》，开篇即给谢枋得冠以极高的评价。他说：“自商夷齐、汉龚胜至先生，不食异姓之粟而死者，仅四人。”“不食异姓之粟”，说的是不食新朝俸禄。夷齐即伯夷、叔齐，前文已叙。谢枋得的诗中，常以龚胜自比。龚胜是西汉末年人，名冠一时，王莽建立新朝，特派使者授予他高官显秩，被他无视，最后绝食而死。

其实，谢枋得不只是著名的爱国人士，因长期闲居，其学术、诗文也很杰出。前文提到谢枋得靠占卜为生，他用的是《易经》方法，由此可知他的易学功夫恐怕不一般。在易学上，他撰有《易传注疏》《易说》《十三卦取象》《十三卦启蒙》《易诗书三传》。其中有传统的易学解读，也有易学卦象的研讨，可见其在易理易学、象数易学两方面均有造诣。

易学之外，谢枋得还撰有《诗传注疏》《书传注疏》《注解四书》《大学解义跋》《礼经讲意》《五经珍抄》等经学著作。

除此之外，谢枋得自撰诗文杂著等六十四卷，可惜现存不多。谢枋得比较著名的一项工作，是对历代文章的研究。他撰写有《批点陆宣公奏议》和编有《文章轨范》。《陆宣公奏议》是唐朝名相陆贽的奏议集，陆氏奏议闻名于唐宋，擅长骈文，兼顾文笔和说理，是后世官员奏疏写作的典范。谢枋得的批点多见眉批，比较简单，内容多为“辞婉而切”“灼见人情”之类。

相比之下，《文章轨范》更为著名，历来为学者所重。《文章轨范》又名《叠山先生批点文章轨范》，选文以唐宋时期的散文为主，如韩愈 31 篇，苏轼 12 篇，柳宗元、欧阳修各 5 篇，苏洵 4 篇，另有诸葛亮、范仲淹、王安石等人，共计 69 篇。他搜集范文，加以评点归纳，意在教人写文章。然而，这文章主要是科举的场屋时文，而非道德文章，因此《文章轨范》是一部科举辅导书。此书非常实用，据说学习之后立竿见影，提升飞快，深得学子青睐，流传甚广。写作技巧之外，对后世学者而言，意义可不止于此。谢枋得的选文标准、对文章结构的分析、评注水平都可圈可点，在文学批评史上占有重要地位。清康熙三十三年（1694），吴楚材、吴调侯选编的《古文观止》被奉为古文圭臬，风靡至今，家喻户晓，但它明显受到《文章轨范》的影响。

谢枋得自己的文章也十分了得，时人评价他：“谢枋得平生无书不读，为文章高迈奇绝，汪洋演迤，自成一家，学者师尊之。”俨然成为宋元之际的道德楷模、文章一宗。正所谓道德文章，谢枋得如同是活着的文天祥，是行走的道德模范，甚至当时有传言：“谢枋得是道德之宗主。他所赞赏的人，世人也都称佳士。”清代修《四库全书》的馆臣称赞谢枋得文章：“枋得忠孝大节，彪炳史册，却聘一书，流传不朽。虽乡塾童儒，皆能诵而习之。”却聘一书，又称《却聘书》，实为《上丞相留忠斋书》，被视为不朽名篇。另有《上程雪楼御史书》《与参政魏忠斋书》《与李养吾书》《与杨石溪书》等也是后世推崇的散文佳作。明朝刘隽总结道：“公之文，一字一语悉忠孝之所发，即是足见公之德而能感人于千载之下。”古人重道德胜过辞藻，程朱理学家更是如此，如同人们熟知的文以载道口号。

三、遗民象征：汪元量终得南归

宋元鼎革之际，遗民是一个文化群体，遗民诗词文是一大文化景观，在中国文学史上占有重要地位。他们沉潜于新朝权力暗影之下，无心经世，作诗，填词，撰文，吐露心声。那么，什么是遗民？这个群体有多少人呢？遗民自古有之，却无固定的概念。有学者总结，遗民或称逸民，有时指皇室后裔，有时泛指旧朝百姓或亡国之民，或者特指怀念故国而不愿出任新朝官职的人。

如何界定南宋遗民，也有这个麻烦。明清以来，最严格的界定，是将担任元朝官员或者享用元朝俸禄的人统统排除在遗民群体之外。按此标准，宋元之际能称为遗民者少之又少，只剩下少量的隐逸之人。不少专门研究南宋遗民的学者认为，这样的限定过于狭隘，因为遗民多是士人，彻底离开政权很难存活。

南宋灭亡后，元朝多次在以江南为中心的南宋故土征召人才，采取多种方式引诱亡国的士人出任官职。细分之下，大致而言，这官职有两种，一是具有实权的政府官员，二是游离于政府之外的低级学官。后者类似今天的公办教师，有山长（校长）、教授、学正等职位，并没有重要行政权力，只在靠教书育人填饱肚子，或以延续中华文明为己任。这群人不主动与元朝政府合作，多被视为遗民。

当然，遗民最主要的特色在于，满怀着对逝去宋朝的深沉眷恋，有亡国之恨，有故国之思。比如汪元量做过元朝翰林的官，也曾出任过山岳河渎后土孔庙之类的祭祀官，但他坚持辞官南返，不曾一刻忘却故国。虽然汪元量出仕元朝看似有争议，却成为南宋遗民的代表人物。

明初洪武四年（1371），无名氏编《宋遗民录》，收录谢翱、方凤、廼贤、李吟山、王学文、梁栋、林景熙、王炎午、黄溍、吴师道、韩性、唐肃等十三人的诗文作品。黄溍、吴师道生于南宋灭亡之后，不恰当，故此书不为人共识。

明成化十五年（1479），程敏政编有《宋遗民录》收录王炎午、谢翱、唐珏、张毅父、方凤、吴思齐、龚开、汪元量、梁栋、郑思肖、林景熙等十一位遗民的作品。这十一人，也因此成为南宋遗民的代表。

清初顾炎武《广宋遗民录序》上说，明朝灭亡之后，明遗民朱明德扩充《宋遗民录》为《广宋遗民录》，记有宋遗民四百多人。朱书如今不见，其内容大概却因顾炎武《广宋遗民录序》这一散文名篇留存于世。这从侧面也反映出，南宋遗民虽无固定标准，却有一定之规。

王国维说汪元量“以宋室小臣，国亡北徙，侍三宫于燕邸，从幼主于龙荒”。但这“小臣”，“本以琴师出入宫禁，乃倡优卜祝之流，与委质为臣者有别”，却心怀大忠大义。与文天祥、谢枋得不同，汪元量只是南宋禁宫里的琴师，不是什么经世救国的大臣，连小小的芝麻官都不是，却留下最为浓重的故国诗篇。

文学史研究者称汪元量的诗风，在德祐之变（即 1276 年临安降元）前后迥然不同，之前风流明快，之后凄凉哀怨，令人泣下，写尽遗民心声。

1276 年秋天，汪元量跟随谢太皇太后一行到了大都。在大都，他与南宋故相吴坚、家铉翁、王昭仪、文天祥等人有交往。次年，汪元量与吴坚（号实堂）同游黄金台，有诗《黄金台和吴实堂韵》，头四句为：“把酒上金台，伤心泪落杯。君臣难再得，天地不重来。”借黄金台的典故表达故国已逝的心怀。

又与家铉翁（号则堂）同游蓟门，有诗《登蓟门用家则堂韵》：

蓟门高处小凝眸，雨后林峦翠欲流。车笠自来还自去，笳箫如怨复如愁。
珍珠络臂夸燕舞，纱帽蒙头笑楚囚。忽忆旧家行乐地，春风花柳十三楼。

金元有“蓟门烟树”之景，为燕京八景之一，“雨后林峦翠欲流”说的应该就是这个意境。无奈景虽美人却愁。亡国囚徒，身在故国之都，遥想故国春风花柳，要比这蓟门美上数倍。

在大都，汪元量不只这一次想念江南，另有《蓟北春望》一诗：“江南二月蕨笋肥，江北客行殊未归。怕上西楼洒乡泪，东风吹雨湿征衣。”想想二月的大都，虽已入春，却寒风依旧。可是在家乡江南，已是春风醉暖，生机勃勃，正是吃蕨笋的好时节。一个小小的蕨笋，再次勾起诗人的思乡之情，不禁令诗人泪目。

汪元量与王昭仪有多次唱和。王昭仪，名清蕙（或清惠），小名秋儿，是度宗嫔妃，位至昭仪。王昭仪熟悉经史，善作文，传说宋度宗的不少奏章是王昭仪批阅的，很受器重。宋度宗曾在经筵（皇帝听讲经史）上，问经史疑义及古人姓名，权臣贾似道摇头不知，参知政事江万里代答。王昭仪在场，应该知道答案，宋度宗看着她会心一笑。关于王昭仪的历史记载极少，却留有数首诗词佳作，不难看出是个不一般的才女。前面说过，汪元量在宋宫中，以琴师身份侍奉谢太后、王昭仪。抚琴的同时，恐怕也有不少唱和诗词。

南宋灭亡后，王昭仪作有《满江红》词，在当时广为流传，引发不少遗民的共鸣。词云：

太液芙蓉，浑不似，旧时颜色。曾记得，春风雨露，玉楼金阙。名播兰簪妃后里，晕潮莲脸君王侧。忽一声，鞞鼓揭天来，繁华歇。

龙虎散，风云灭。千古恨，凭谁说。对山河百二，泪盈襟血。客馆夜惊尘土梦，宫车晓碾关山月。问嫦娥，于我肯从容，同圆缺。

故国不再，故人顾影自怜，满纸怨词。文天祥在建康时，读到这首《满江红》，感同身受。唯独对下阕最后一句有些微词，为何？因为文天祥觉得人间事不能求诸天仙，要直面苦痛，大丈夫宁为玉碎不为瓦全。文天祥再作《满江红·代王夫人作》：

试问琵琶，胡沙外，怎生风色？最苦是，姚黄一朵，移根仙阙。王母欢阑琼宴罢，仙人泪满金盘侧。听行宫，半夜雨淋铃，声声歇。

彩云散，香尘灭。铜驼恨，那堪说。想男儿慷慨，嚼穿龈血。回首昭阳离落日，伤心铜雀迎秋月。算妾身，不愿似天家，金瓯缺。

上阕宫人哀怨如旧，下阕丈夫怒发冲冠。

北上之后，汪元量诗作中常见王昭仪的身影。汪元量也有和王昭仪《满江红》的词，当作于初到大都之时，词云：

天上人家，醉王母，蟠桃春色。被午夜，漏声催箭，晓光侵阙。花覆千官鸾阁外，香浮九鼎龙楼侧。恨黑风，吹雨湿霓裳，歌声歇。

人去后，书应绝。肠断处，心难说。更那堪杜宇，满山啼血。事去空流东汴水，愁来不见西湖月。有谁知，海上泣婵娟，菱花缺。

比王昭仪的词还要哀怨十分。

在大都，汪元量有诗《秋日酬王昭仪》，另有《卢沟桥王昭仪见寄回次韵》，王昭仪也有与汪元量唱和的诗词存世。

1280年正月初一，汪元量有《庚辰正月旦早朝呈留忠斋》诗，其中有两句："三祝圣人寿，一忠臣子情。"留忠斋即留梦炎，曾任南宋宰相，在衢州降元，时任翰林学士承旨，号称“内相”。与留梦炎谈“忠”，露出讥讽之色。

有研究者注意到，汪元量能与留梦炎共列朝班，说明他也做了元官。汪元量诗中有多次或隐或显地提到出任元官，究竟做了什么官，他没有明说。王国维等学者推测，汪元量出任翰林供奉之类的官。对故国故乡满怀深情，却为何出任敌国官员？汪元量自言“只今对客难为答”，即有难言之隐。有了元朝官员身份，倒是为汪元量与南宋故人的交往提供了便捷。比如他多次去探望文天祥，可能对宋室也有照顾。

1279年十月，文天祥进入兵马司监狱，次年中秋，汪元量到狱中探望。在昏暗狭小的监舍，汪元量抚琴，弹奏《胡笳十八拍》，指法精巧，琴音婉转。汪元量提出，由文天祥以此为题赋诗。因时间仓促，文天祥未能写就。《胡笳十八拍》是中国古代历史上的名曲，相传由蔡琰（字文姬）所作，反映的是“文姬归汉”的故事，其中深刻描述了蔡文姬思念汉朝、想念家园的迫切归汉之心。汪元量弹奏此曲，抒发的是他们二人共同的思宋情感。

十月，汪元量再探望文天祥，后者从杜甫诗中集成《胡笳曲（十八拍）》。与相传蔡文姬《胡笳十八拍》拍数相同，主题相近，意境相异。文天祥拿给汪元量看，二人共同磋商词句。汪元量对此作满意，向文天祥提出书写出来，他想收于家藏。文天祥欣然听命，书写了长篇的《胡笳曲》。

此后，汪元量多次去看文天祥，二人互赠诗篇，共谈往事。汪元量有《妾薄命呈文山道人》一乐府诗，以一位妻子的口吻，自言“誓以守贞洁，与君生死同”，劝说郎君“君当立高节，杀身以为忠”，然后“岂无《春秋》

笔，为君纪其功”。杀身为忠，方可青史留名。

汪元量不是第一个劝说文天祥杀身成仁的人，当初文天祥路经江西时，即有故乡人写出劝文天祥成仁的书信，只是没有送到文天祥手中。文天祥也有和诗《集杜句和韵》留存，用杜甫的诗句组成新乐府，其中有“丈夫誓许国”“壮士血相视”等句，吐露为国尽忠的大义。

汪元量还作有《拘幽》歌，文天祥作曲唱和，可惜不存。二人还谈论起文天祥当初在镇江化名刘洙逃脱的往事，汪元量专门有诗记之。汪元量带来自作《行吟》诗，文天祥为他作跋，堪称为汪诗作跋第一人。

1283 年农历十二月九日（公历 1 月 9 日），文天祥在大都柴市就义，汪元量作《浮丘道人招魂歌》九首，为故人致挽。浮丘道人是文天祥的别号，每首诗都满怀敬意和悲鸣。第一首有“我公就义何从容，名垂竹帛生英雄”两句，敬佩文天祥永垂不朽。第二首有“孤儿以忠报罔极，拔舌剖心命何惜”两句，实现了汪元量等人对忠臣文天祥的愿望。第三首有“天生男儿硬如铁，白刃飞空肢体裂”，形容文天祥死得壮烈。第八首有“我公笔势人莫及，每一呻吟泪痕湿”，体现了文天祥的文笔卓越，文字痛国，令人泪眼。

其实，汪诗写尽赵宋皇室和他自己的亡国悲凉，虽称“诗史”，但多不纪实，观此读者不禁生憾。与此相比，文天祥留下的诗词文，以自身经历为主，却多有地点、时间和事件这三大历史要素，读来不至昏沉，更符合“史”的要求。另外，汪氏诗词虽有豪迈，但多是哀怨；文氏诗词虽有哀鸣，但多显悲壮。因此，虽然文、汪二人所作，都体现了“每一呻吟泪痕湿”的主旨，但是格调不同，前者更为大丈夫，后者更为小女子。

文天祥就义之时，瀛国公及全太后、宗室赵与票、赵与芮等人被迁到上都开平府，王昭仪、汪元量一并北行。汪元量的诗作中，有九首对北上见闻和上都生活进行了记录。西北出居庸关，汪元量作《出居庸关》：

平生爱读书，反被读书误。今辰出长城，未知死何处。
下马古战场，荆榛莽回互。群狐正从横，野枭号古树。
黑云满天飞，白日翳复吐。移时风扬沙，人马俱失路。
踌躇默吞声，聊歌《远游》赋。

《远游》是屈原的作品，反映的是作者远离尘世、在想象中远游天堂的各种奇闻。春日的长城之外，有曾经战火纷飞的塞外古战场，原野上有奔跑的群狐，古树上有嚎叫的野枭。黑云遍布，飞沙走石，遮天蔽日，如同末日。诗人自恨被读书所误，不知未来生死，不禁唱起上古的屈原《远游》赋。

另有《长城外》一诗咏古，叹息秦时长城“尽是骷髅骨”，始皇早已远去，长城也没阻挡住北方民族南下的铁蹄。《寰州道中》描述了行途中的艰辛：

穷荒六月天，地有一尺雪。孤儿可怜人，哀哀泪流血。
书生不忍啼，尸坐愁欲绝。鞞鼓夜达明，角笳竞於邑。

此时人骨寒，指堕肤亦裂。万里不同天，江南正炎热。

寰州是幽云十六州之一，位于今山西朔州东北，农历六月也是一年中最热的夏季，虽较为凉爽，也难会“地有一尺雪”。读来不禁令人生疑。若是遇到极端天气，倒也可能。其实这六月飞雪更是作者心情的外现，天气寒冷，塞外之地如同鬼门关。呆坐愁苦之际，又想起了故乡江南，那儿正值艳阳高照。冰火两重天，塞北寒甚，江南热甚，诗人泪流。

《开平雪霁》《草地》《开平》《草地寒甚毡帐中读杜诗》四首诗刻画了南宋人在上都的凄苦生活。前番寰州已是令南人难耐，更何况气候更加残酷的开平。与南宋祈请使们所见到的塞外寒天相似，汪元量笔下的《开平雪霁》，也将开平府的冬天描写得异常惊奇，一副没见过世面的样子。诗中写道：“顷刻片云生，雪花大如席。伟哉复伟哉！造物真戏剧。”

如果说这首诗表现了作者的略微惊喜的表情，那么其余三首却是大风雪之中的苦寒和不适宜人类生存。《草地》云：

齷齪复齷齪，昔闻今始见。一月不梳头，一月不洗面。

饥则嚼干粮，渴则啖雪片。困来卧毡房，重裘颇相恋。

故人衣百结，虮虱似珠串。平明猎阴山，鹰犬逐人转。

呱呱冻欲僵，老娃泪如霰。忽有使臣来，宣赐尚方膳。

一群曾经衣食无忧的皇亲国戚，一帮曾经生活精致的江南士人，如今在塞北苦寒之地，过起了传闻中的龌龊生活。头不梳脸不洗，嚼干粮就雪片，卧毡房梦皮裘，衣裳尽是补丁，虮虱遍布全身，这本是塞外百姓的日常，却成为江南人的噩梦。想想看，对这些宋人来说，此时此刻，即使江南的下层百姓的生活也如同天堂。“呱呱”代表瀛国公，“老娃”代表全太后，十几岁的往日锦衣少年挨冻，母亲看在眼里疼在心里。还好元朝皇帝派来使臣，送来御膳，最起码能吃个饱。

《开平》描述的依然是大风雪、天酷寒，所谓“须臾大如席，风卷半空走”，“万木舞阴风，言语冰在口”，真是形象，给人切身感受。“母子鼻酸辛，依依自相守”，说的是瀛国公母子相依为命。

《草地寒甚毡帐中读杜诗》也是对恶劣生存环境的揭露，诸如“炎天冷如冰，碛地不生草”。有对自己艰苦生活的记录：“我马跑砂石，我饥面苍昊。人马不相离，冻死俱未保。”诗人自述少年不知愁滋味，厌恶杜甫诗句无聊，经历了亡国奴的生活，才看懂杜子美的好。

上都待了不到一年，1284 年二月，元世祖下令将南宋宗室及其官员从上都迁往内地。想想看元朝的疆域范围，他所说的“内地”，与今天截然不同，宋人被迁徙到了大西北。汪元量有几首诗展现了其中的点滴。《苏武洲毡房夜坐》《居延》以怀念西汉苏武为主旨，表达作者的归宋之心。大漠戈壁或茫茫草原之上，几顶宋人的毡房在寒风中飘摇，汪元量身着貂裘，头戴“蒙头帽毡笠”，比《草地》诗中的装备好了许多，但“凄然绝火烟，阴云压身湿”，好在“赖有葡萄醅，借暖敌风急”。已有人指出，居延位于今内蒙古额济纳旗东南，并不是苏武牧羊所在。汪元量错认为苏武曾在此处，抑或是他只是看到这番域外景象，想起了当年一心归汉的苏武。《居延》正是这份心思的展现，其中有云："日夕望汉君，恨不生羽翼。"

如题所见，《天山观雪王昭仪相邀割驼肉》描写的是祁连山上的一顿驼肉美餐："美人塞边来，邀我分豆粥。手持并铁刀，欣然割驼肉。勿诮草堂翁，一饱死亦足。""草堂翁"即杜甫，《茅屋为秋风所破歌》有"吾庐独破受冻死亦足"一句。

1285年，汪元量跟随宋室迁回大都，当年做了翰林官，《万安殿夜直》写他在万安殿值夜班时的思考。"宫衣屡赐恩荣重"，"却忆玄都人去后"，元朝皇帝皇恩浩荡，恩重如山，礼遇有加，汪元量心里挂念的还是玄都临安。

次年，元世祖令中书省选使，到各地代他祭祀五岳四渎等地，以重臣领衔，选派熟悉祭祀事务的汉人名儒及道士。汪元量被选中，此后，他到达北岳恒山、西岳华山、中岳嵩山、南岳衡山、东岳泰山以及四川青城山、济水、曲阜孔庙等地，行程一万五千里。汪元量足迹遍布恒山、华山、嵩山、洛阳、马嵬坡、天坛山、华清池、函谷关、终南山、潼关、凤州、剑门、成都、青城山、衡山、开封，七月七日渡过黄河，到济水、曲阜、泰山等地，留下数十诗篇，大多是景致流露，可见心情豁然许多。

也有少量的故国忧思。在《孔子旧宅》中，汪元量低吟："屋壁诗书今绝响，衣冠人物只堪伤。可怜杏老空坛上，惟有寒鸦噪夕阳。"到了宋都开封，难免不睹旧物思故国，留下《夷山醉歌》两首。看到北宋京城遗址，汪元量淌出："遥看汴水波声小，锦棹忘还事多少。昨日金明池上来，艮岳凄凉麋鹿绕。麦青青，黍离离，万年枝上鸦乱啼。二龙北狩不复返，六龙南渡无还期。”金明池、汴水犹在，艮岳凄凉，乌鸦乱啼，二帝死在北方。

说完北宋，难免涉及南宋。“东南地陷妖氛黑，双凤高飞海南陌。吴山日落天沉沉，母子同行向天北。”临安降元，帝后北上，二王南下。聊起故国，诗人又自嘲：“关河万里雨露深，小儒何必悲苦心。”自认元朝现在待他不薄，好像没有悲苦的必要，然而他又赋一首，继续悲苦。

最后一首《降香回燕》：“一从得玉旨，勒马幽燕起。河北与河南，一万五千里。”

回到大都这一年，谢太皇太后去世，汪元量有挽诗，已见前文。王昭仪也很快去世，汪元量作《女道士王昭仪仙游词》。王昭仪回到大都后，做了女道士。约一年后，赵与芮去世，汪元量作《平原郡公赵福王挽章》：“大王无起日，草木尽伤悲。生在太平世，死当离乱时。南冠流远路，北面幸全尸。旧客行霜霰，呼天泪湿麾。”福王赵与芮入元后，被降为平原郡公，汪诗字句含泪，充满哀伤。

1288 年，汪元量四十八岁，经过多次上书请求，元世祖准许他以黄冠南归。离开大都前，南宋旧宫人及燕赵士人为他饯行。汪元量南归，自蓟门出，有《出自蓟门行》诗，自道“书生尔何为，不草相如檄。徒有经济心，壮年已斑白”。西汉书生司马相如对建立汉与西南夷的联系有功，撰有《喻巴蜀檄》，汪元量自叹不如，空有经世之心。

离开蓟门，南向涿州，作诗《涿州》。离开涿州，到真定，作《真定官舍》，由此可知汪元量南归沿途走的是元朝的官家驿站。真定以南，依序是赵州、卫州、封丘、汴京，再到扬州，均有诗句留存。从扬州过江，到建康，溯江而上经采石、鲁港到江西星子县。沿路都是宋元战场旧地，汪元量少不了诗意大发。《鲁港》诗有云："博徒无计解其纷，夜半鸣钲溃万军。"贾似道丁家洲大败后，汪元量有《鲁港败北》诗，已见前文。此番亲身经历此地，不禁再次怒骂亡国的贾似道。

星子南下，经豫章、临川，年底到信州，次年春经衢州、钓台到杭州。回到家乡，汪元量泪眼叹《钱塘》：

> 踯躅吞声泪暗倾，杖藜徐步浙江行。青芜古路人烟绝，绿树新墟鬼火明。
> 事去玉环沉异域，愁来金碗出佳城。十年草木都糜烂，留得南枝照浅清。

别离十余年，看到家乡，不是欣喜，而是更为沉重的悲伤。尘埃落定，短短十年，曾经的繁华变得荒芜。诗人含泪沿着钱塘江挪步，古路人烟稀少，绿树新坟鬼火，好是悲凉。妖僧杨琏真迦盗掘南宋陵墓，陪葬的玉环、金碗如今都成为敌人的桌上物。家乡依旧在，乡愁却只属于过去的临安。

重返江南，汪元量与遗民文友徐宇、林昉、周方、李珏等人来往唱和，共结诗社，同诉悲喜。1290 年秋，汪元量携琴游潇湘，访岳阳、长沙，重访衡山。次年进入四川，在巴蜀游历两年。四川带给汪诗人的，不光是哀愁，也有快意、洒脱之作。

入剑门关，《隆庆府》诗云："雁山突兀插青天，剑阁西来接剑泉。如此江山快人意，满船载酒下潼川。"

到戎州（今四川宜宾），有《戎州》诗五首。其一云："豪士家园为我开，树头树底锦堆堆。书生大嚼真快意，不枉戎州走一回。""大嚼"者何物？其二诗交了底："锦荔戎州第一奇，大如鸡子压枝垂。金刀剪下三千颗，对客从容把酒卮。"原来是大如鸡子的极品荔枝。

不管如何思念，汪元量深知故国不再回来，《后主庙》诗有云："东南无霸气，恢复恐难行。"

1293 年秋，汪元量沿江东下，回到杭州。他在丰乐桥附近建了五间小楼，名为"湖山隐处"。此后诗词渐少，只有几首交往诗，死亡时间也不确定。他并没有一直在杭州隐居，而是周游河山，南方有人称为"汪神仙"，甚至有人挂像祭拜。

四、终身宋民：书生守志定难移

陈文龙诗"未闻烈士树降旗"，已用来描述崖山海战的宋军精神状态。借用"书生守志定难移"，来归纳南宋遗民的精神世界，应该也是恰当的。

笼统说来，有忠贞不贰的宋臣，亦有心怀故国的宋民。严格来说，"遗民"包括曾经的"官"，也包含曾经的"民"。只是这官、民都是读书人，都是士人。再者说，前朝是官、新朝为民也大有人在。遗民二字，体现的不只是身份象征，主要是亡国情怀。接下来，我们主要讲述南宋灭亡之后，曾经位极人臣的宰执大臣以及普通官员或士人的遗民故事。他们以前政治身份悬殊，入元之后都是南宋遗民、大元逸民。这是前述谢枋得的夙愿，因树大招风，元朝不给他机会，却有不少人得以实现。

南宋士人为何成为遗民，与元朝的统一战争和统治方式也有莫大关联。灭亡南宋过程中，杀人屠城的一幕幕不曾被宋人忘却。元初虽然有优待南宋士大夫的措施，但是宋元之际，读书人的社会地位一落千丈，科举被废，读书人几乎没有出路。民间有所谓“九儒十丐”的说法，儒户也需交税服役。四等人制的统治政策之下，原有的南宋人民被视为南人，地位低、赋税重，长期被元廷敌视，受到的压迫最烈，反抗斗争也最频繁。江山换了主人，延续儒家文明成为不少遗民的责任担当，因此谢枋得将教育视为“扶持世道、兴起斯文第一义”。

另一方面，元朝对士人的思想控制比较放松，若按清代文字狱的标准，不仅汪元量要头颅落地、满门抄斩，那些江南遗民恐怕没几个人能逃脱，因为他们的诗词对亡宋的依恋、对新朝的敌视直截了当。士人无所事事，聚集吟诗，“聊以写悲辛、叙危苦”。正如清人赵翼所说：“南宋遗民故老，相与唱叹于荒江寂寞之滨，流风余韵，久而弗替，遂成风会。”

作为北上祈请使之一的家铉翁，元朝想授给他高官，让他臣服。家铉翁以“义不二君”为由，表示拒绝。文天祥的妹妹文懿孙被俘北上，充为官奴。家铉翁得知后，用尽家财，将她赎出，交给文壁。1278 年，家铉翁从大都去往河间，仅有的财产在半途被劫去大半。一贫如洗的家铉翁，只好在河间租房住，多次迁徙。一开始家铉翁水土不服，多次患病。然而家虽贫却有高尚的追求，他要在河间传播学术。他说：“河间自古是文化之地，好学之风浓厚。汉代有毛公、董仲舒，而今士人尊名教而贵礼让，远功利而谈诗书，所到之处都在兴学校、崇教化。”

在元朝官员的看管下，家铉翁在河间开馆传学，讲《春秋》之学，并为学生讲授南宋旧事、痛陈宋朝兴亡的道理。逐渐地，家铉翁声名远播，河间人都知道他来头不小、学问上乘，很多人对他施以援手，前来问学、请教者更是络绎不绝。元朝高官刘容、田忠良到河间后，也曾专门拜访家铉翁。

传道授业之外，家铉翁潜心著述，完成了《春秋集传详说》三十卷。1294 年六月，元成宗即位，打算授给家铉翁高官，他再次拒绝，自称年已八旬，希望能死在家乡。元成宗赐给“处士”称号，放还眉山。就这样，北方停留十九年后，年过八十的家铉翁才得以南归，他不接受元朝的官驿恩赐，徒步还乡。

南归之后，江南遗民领袖林景熙、谢翱等人寄诗相赠，称赞他为国如一的美德。林景熙有《闻家则堂大参归自北寄呈》一诗称赞他：“衣冠万里风尘老，名节千年日月悬。”家铉翁在河间时，谢翱即有诗怀念。谢翱临终前一年，家铉翁已南归，病榻之上再作《怀峨眉家先生》。

1295 年九月，家铉翁来到杭州，游扩建后的洞霄宫。元朝官员请他撰写记文，家铉翁作《洞霄宫记》，署名前的官职为“前端明殿学士、中奉大夫、签书枢密院事兼参知政事”，这是他在宋朝所担任的最后一职。数年之后，家铉翁去世，佳名传世。元朝史官在《宋史·家铉翁传》后的论中说：“家铉翁义不二君，足为臣轨。”

文及翁，生卒年不详，字时学，号本心，原籍绵州巴西（今四川绵阳），后迁居湖州。1253 年（宝祐元年）中进士，高居一甲第二名，出任昭庆军节度掌书记。后历任秘书郎、著作佐郎、著作郎、知漳州、知嘉兴军等职。1270 年冬，文及翁参加由贾似道主办的瑞雪唱和，担任起居舍人，步入最高权力圈的外围。后升任权户部侍郎兼直学士院兼同修国史、实录院同修撰、兼侍讲，1275 年再升为礼部侍郎、签书枢密院事，成为宰执大臣。伯颜大军虎视临安，文及翁逃出临安，谢太皇太后下诏切责。南宋灭亡之后，文及翁退隐山林，闭门著书、校书，研读《易经》。元世祖多次征召，都被文及翁拒绝。

宋元之际最博学多才的学者当数王应麟，入元之后不做元官，潜心学术，成就巍然。王应麟，字伯厚，号厚斋，后改号深宁，自称深宁居士、深宁叟、深宁老人。祖籍开封祥符县，南宋初年南迁，定居鄞县（今浙江宁波）。因祥符县名改自浚仪，入元后王应麟自号浚仪遗民。王应麟少年聪颖，传说九岁即通六经，是一位神童。1241 年（淳祐元年），十九岁的王应麟中进士，十五年后再中博学鸿词科。二十一岁时开始做官，任衢州西安县主簿后历任添差浙西安抚司干办公事、太常寺主簿、秘书省著作佐郎等官职。1271 年（咸淳七年），在贾似道的主张下，王应麟被任命为秘书监兼权中书舍人，力拒不许，后兼任侍讲。宋恭帝即位后，兼任礼部尚书等要职，按职责封驳诏书、上书论政，宰相均不加理会，王应麟怒而辞官。宋亡之时，王应麟五十四岁，闭门著述。成书三十多种，知名者如《困学纪闻》《词学指南》等，卷帙浩繁，涉及经学、子学、史学、地理、文学、天文学等方面。宋亡之前，已有《玉海》成书，是一部博学鸿词科应举的教科书，涉及广泛，学术价值极高。

家铉翁、文及翁、王应麟曾经位居高位，一般被称为南宋遗老，而非遗民。

谢翱，字皋羽，号晞发子，福建长溪（今福安）人。文天祥在江西、福建抗元时，谢翱拿出全部家财资军。两年后，文天祥被俘，谢翱藏匿民间，颠沛流离。后来他跑到遗民中心地的苏杭一带，与唐珏、王英孙、林景熙、郑朴翁等遗民诗人相交，组建诗社，大肆抒发亡国的悲愤之情。他们先后成立汐社、月泉吟社等遗民组织，携手行吟，哭恋故国，痛责新朝。1290 年（至元二十七年）冬天，谢翱与吴思齐、冯桂芳、翁衡登上桐庐（今浙江桐庐）西台绝顶，自作楚歌，为故国招魂，祭酒恸哭，以竹击石，声震山林。事后，谢翱自撰《登西台恸哭记》讲述了上述过程。谢翱等人西台恸哭影响很大，有很多遗民仿效，并影响了宋元之际的遗民诗风。1295 年十一月，谢翱在桐庐去世，终年四十七岁。

林景熙与谢翱齐名，同为遗民领袖。林景熙，一名景曦，字德阳，号霁山，浙江瑞安府平阳县（今浙江平阳）人。林景熙年少即有诗名，二十岁左右进入太学读书。三十岁太学上舍毕业，等同进士及第，出任泉州州学教授。入仕之初，南宋已是末日黄花，林景熙弃官回乡。二王南下福建、广东，林景熙有追随之意，却因联系不上、道路受阻不能跟随。《商妇吟》中，他以商妇的口吻表达对南宋行朝的深深挂念："良人沧海上，孤帆渺何之？十年音信隔，安否不得知。……妾身不出帏，妾梦万里驰。"林景熙居住在平阳县城的白石巷，与一些南宋旧臣、遗民来往频繁，如郑朴翁、林千之、陈则翁、曹稽孙等。崖山海战失败的消息传到平阳，陈则翁做了宋皇的牌位，林景熙等人日夜哭奠，作诗抒发亡国之痛。

在得到元朝丞相桑哥的默许后，江南佛教总管杨琏真迦以恢复旧寺为名，盗掘南宋六陵（高宗、孝宗、光宗、宁宗、理宗、度宗），金银珠宝被洗劫一空，遗骨散落。有研究者指出，这是元朝的压胜之术，妄图借此彻底征服南宋旧疆。不过此举引起江南士人的极大愤慨，江南某些地方的遗民诗社，与杨琏真迦盗掘南宋诸帝陵寝息息相关。林景熙极为愤慨，和同乡郑朴翁假扮成乞丐，背着竹箩，手拿竹夹，带着银两贿赂看管僧人，潜入陵区捡拾遗骨。他们拾得高宗、孝宗遗骨，装成两函，称为佛经，悄悄移葬兰亭。他们在坟上栽种了冬青，作为日后祭拜的标志。另一位遗民唐珏变卖家财，出资招募少年，趁夜去收集尸骸。

1298年，林景熙从平阳出发，经天台、新昌，重游杭州。然后到嘉兴、松江、苏州、镇江，再折返丹阳，回到故乡。此次吴越之行，林景熙自称“汗漫游”，游览江南十座名城，作诗五十余首。1308年，林景熙最后一次出访归来，患上疾病，1310年去世，终年六十九岁。

刘辰翁，1232年生于江西庐陵，十岁时父亲去世，在母亲的管教下，继续学业。1241年（淳祐元年），江万里就任知吉州军，创办白鹭洲书院。次年，江西理学大儒欧阳守道出任庐陵白鹭洲书院山长，刘辰翁与文天祥同守业其中。1260年，刘辰翁成为临安太学生，江万里时任国子祭酒，二人交往频繁。1262年（景定三年），刘辰翁中进士。1275年江万里在上饶投水自杀，对刘辰翁触动很大。文天祥江西起兵时，他一度参与。南宋彻底灭亡后，刘辰翁以遗民自居，从事诗文点评和诗词创作，成为宋元之际首屈一指的词作家和文学评论家。入元二十年后，刘辰翁去世。

郑思肖，字忆翁（一作亿翁），号所南。名、字、号都是宋亡之后改的，深刻反映了他的遗民色彩。思肖是思赵的意思，忆翁、所南都是体现了不忘故国的意思。他原籍福建连江，1241年在临安出生。其父郑起一生从事教学，为人正直，曾激烈反对史弥远之侄史嵩之起复（父亲史弥忠去世，史嵩之不去按制守孝，反而要求夺情起复，继续为相），后来登门大骂宰相郑清之是无耻的误国败相，为此锒铛入狱。

十四岁时，郑家从临安迁到平江（苏州）。二十二岁时，父亲去世，据说母亲要他以父亲为模范，并有狠话："汝不行汝父之言，汝不如死！"元军攻入平江之后，郑母忧愤而死，出嫁的妹妹因家庭不和谐愤然出家为尼，这家子怎一个"烈"字了得。

父子禀性极为相似，元军大肆南侵时，郑思肖是一名太学上舍生，叩宫门上疏，痛斥当权者，言辞极为激烈，令时人为他命运着急。宋亡之后，郑思肖隐居苏州，改名、字，命名所居为"本穴世界"，以"本"之"十"放到"穴"下，即"大宋"。此后，他的为人处世、行文赋诗都深深地打上了近乎癫狂的遗民烙印。他也是个书画家，好画兰但不画根与土，因为故土已被敌国夺去。路上听到有人讲北方话，他会捂住耳朵，急匆匆地离去，好像那声音会玷污他那精神洁癖。元初著名书画家赵孟頫出自赵宋宗室，北上之后做了元朝的官，这令郑思肖极为不齿，拒绝与他会面。每年夏季的伏月和冬季的腊月，郑思肖都要跑到野外，朝着临安方向，大声痛哭，时刻不忘故国。

郑思肖的诗充分展露了他的心境。1275 年（德祐元年）十二月，元军和平占领平江，郑思肖作《陷虏歌》(又名《断头歌》)。他先痛斥那些卖笑的读书人："蚩蚩横目无所知，低面卖笑如相识。彼儒衣冠谁家子，靡然相从亦如此？不知平日读何书，失节抱虎反矜喜！"他郑思肖断然不肯与这些人为伍，继续写道：

有粟可食不下咽，有头可断容我言。不忍我家，与国休戚三百十六年。阅历凡几世，忠孝已相传。足大宋地，首大宋天，身大宋衣，口大宋田。……我忆我父教我者，日夜滴血哭成颠。我有老母病老病，相依为命生余生。欲死不得为孝子，欲生不得为忠臣。痛哉擗胸叫大宋，青青在上无宁闻！……

临安降元前夕，郑思肖作《德祐二年岁旦二首》，自注"时逆虏未犯行在"。"逆虏"指元军，"行在"指临安。其一有云："一心中国梦，万古《下泉》诗。"其二有云："此地暂胡马，终身只宋民。"

《下泉》是《诗经·曹风》中的一首诗，写的是曹国臣子感叹周室衰微、诸侯征伐，思念周初安定。"一心中国梦"，希望南宋能够渡过此次亡国之劫。南宋领土多被占领，身在其中，但心只属于宋，正所谓"终身只宋民"。

1280 年，郑思肖在《中兴集序》中写道："五六年来，梦中大哭，号叫大宋，盖不知其几。此心之不得已于动也！"虽已入元，诗文中仍奉南宋正朔，用的是“德祐”年号。

除早年所作散佚之外，他的诗文大多收入《心史》当中，如同写给自己的悄悄话，不敢公开。1283年，郑思肖四十三岁，把《心史》放到锡匣中，外面套有多层铁盒，重重密封之后，悄悄沉入苏州承天寺的一口古井中。三百五十五年之后的1368年（明崇祯十一年），苏州大旱，井水干枯，承天寺僧人疏浚古井时，打捞上来一个铁盒，封条上写着“大宋孤臣郑思肖百拜封”，盒内即《心史》手稿，完好无损。自《心史》发现以来，清代不少学者斥为明末士人伪作，经过近现代多位学者研究，基本确定是郑思肖的作品。郑思肖被称为“奇人”，《心史》被称作“奇书”。

1318年，入元四十二年后，郑思肖在苏州去世，享年七十八岁。他一生未娶，无儿无女，孤零零地死去。临死前，他对友人留下遗言：“我死之后，劳烦做一牌位，上写‘大宋不忠不孝郑思肖’。”

遗民们同怀故国，深恨元朝，以诗会友。有研究者总结说，在南宋旧地形成多个遗民团体，如在南宋的统治中心故都临安、绍兴、台州、庆元、浦阳、桐庐等地方分布多个遗民诗社，抗元重心江西以庐陵为中心也有很多诗社，福建则以理学圣地建阳、崇安为中心形成多个遗民团体，南宋灭亡地广东以赵必豫所在的东莞为中心。遗民数量很多，知名者也不少，限于篇幅，难以具述。

结束语

与北宋极盛骤亡不同，蒙古（元）征服南宋的过程非常漫长，真是前无古人、后无来者。何以如此漫长？一方面是由于南宋军民的死守。明代许炯说南宋之亡：“宋亡于夷狄，古今之大变；君臣士卒同死社稷，古今之大节……夷狄之患，自古有之，未有如宋之甚者。然元虽灭宋，而宋之国君、大臣，鏖战不屈，随踬随奋，不可降服。忠臣义士，如李庭芝、姜才、谢枋得、罗开礼辈，皆誓不顾身，以死扞敌，计其杀伤，亦略相当。百战之余，仅能得志。”这段话主要说的是，由于南宋忠臣义士的坚守，元朝虽然取得南宋，却为此付出惨重代价。比如四川泸州、涪州、万州，福建漳州、广东广州，在宋元手中几经反复。

元朝大臣许有壬所撰《文丞相传序》，算得上是古文名篇。他赞许文天祥是“宋三百年养士之功”的代表人物。这个“士”，可简单理解为读书人，也可理解为“学而优则仕”的官员。他写道：“宋朝养士三百年，人才之盛，远超汉唐。国家兴盛之时，人人自比忠贤，人人都要为国效力。待天命已去，国将不存，人心离国，自寻出路。然有人挺然独立，心怀天下亿万生民，托举将坠之国，续其生命。这些真正的忠臣义士，令当世之人、后世之人，洞晓君臣大义不可放弃，人心天理未尝泯灭。”忠义文官不少，忠勇武将更多。事实上，在南宋灭亡的过程中，我们有时分不清守城的是文官还是武将，但见他们或投降，或奋起反抗。五尺书生，伸展腿脚，拿起刀枪斧戟，冲入茫茫前进的人海。

绝大多数文臣、武将、城市、乡镇投降蒙古（元），只有极少数的大宋臣子坚守到最后一刻。可就是这极少数，却创造了多起蒙古（元）屠城的惨象，成为南宋灭亡过程中的一抹血色。试问前朝汉唐，后世明清，有多少人愿意为旧王朝陪葬？可能有人质疑甚至指责这些“忠臣”，为了保卫腐朽的王朝，白白牺牲了不少生命，间接地摧毁了多少城市文明。有人说，这些忠臣事迹，是程朱理学的实践表现。正是因为那些人受了理学教育，才展现出令人敬仰的爱国忠义。此话固不全对，却说明“忠臣”们践行了他们的日常所学、所言，而不仅仅停留在道德说教、忠君爱国的口号之中。

另一方面，蒙古（元）后方不稳，争权夺利，牵扯了大量精力，使得南宋有喘息之机。有一种说法，1259 年蒙哥汗命丧钓鱼城，南宋因而多苟延残喘了二十年。再者，如果蒙古军队一开始就全力灭宋，战争的进程肯定要迅捷得多。幸运的是，忽必烈登上大位之后，改变了之前的灭宋战略，迟滞了南宋的灭亡进程。

就南宋政权的苟延残喘而言，降将破坏力巨大，其中刘整、吕文焕最令宋人疾首蹙额。刘整为敌人出谋划策，献出灭亡南宋的诡计，此后战局果如其说，即使这样的战略早有人提出。襄阳战后，吕文焕成为元军的招降先锋，吕家人迅速靠拢，效仿者众。然而，这两个人虽收获了一些同情，却也是针锋相对的仇敌。刘整战功不小，被吕文德迫害，走投无路之下才投降。他的目的是要复仇，既然吕家是南宋倚重的脊梁，那么他就要通过灭亡南宋摧毁吕家。让他没想到的是，元朝不仅阻止他血洗襄阳，吕文焕反而成为元朝的座上宾，立下了比他更大的功劳。以吕文德为首的吕家，战绩卓著，吕文焕坚守襄阳，抗元达六年之久，仅此言之，南宋无人能与之比拟。临安陷落之后，元军对江西、福建、广东等地的占领和平叛，有相当比例是南宋降将的功劳。投降者有几种情形：一、守城主将，先坚守后投降，如吕文焕；二、参战将领，先勇战后投降，如程鹏飞；三、守城主将，直接投降，如吕师夔、范文虎；四，朝廷降即降，如夏贵、方回。

在不少通史或断代史著作中，将元朝取代南宋视为新生代替腐朽，是历史的进步。恐怕在很多方面，元朝统治者要比南宋统治者更加腐败、腐朽、荒淫，更加横征暴敛，更加视人命如草芥，或者更加野蛮。这不是为南宋统治者开脱，而是或许我们应该跳出这种腐朽导致灭亡的思维定式，继而探察腐朽共性下王朝兴亡的多样性、复杂性。

后　记

南宋亡国史其实是一部精彩卓绝的战争史，攻守双方皆有可圈可点之处。本书虽只写最后六年，然史料、史实头绪繁多，又互相牵涉，令人头大。幸运的是，这一领域有着比较丰富的研究成果。参考和获益最多的，当数李天鸣先生的宏著《宋元战史》、陈世松先生的《宋元战争史》和胡昭曦先生主编的《宋蒙（元）关系史》。三大知名著作各有千秋，或以年月叙事、总结军事经验，或从大处着眼、条理分明，令人惊叹。然三者在细节上多有取舍，歧见也有不少，因此在涉及某一具体研究课题时，除深入史料之外，又会参考相关论著，比如孔凡礼等先生的汪元量研究，俞兆鹏等先生的文天祥、谢枋得研究，以及方勇等先生的南宋遗民研究，总计不下几十种，难以罗列具述，谨致谢意。

著名学者蔡美彪先生多次谈到“叙事最难”，通过这两本通俗著作的写作，我深有体会。以史料为基础，结合现有的研究成果，将事情的来龙去脉讲清楚，又要脱离枯燥无聊的学究气，语言生动，着实不易。从这个标准看，我还有很长的路要走。

本书写作过程中，小儿出生，喜悦之余，挑战日增。虽昼夜头昏脑涨，天天如同梦游，但观小子缓缓绽开的笑容，想来真是矫情。

最后，感谢河南大学耿元骊老师和辽宁人民出版社蔡伟老师的再次信任，使我有幸继续“宋朝往事”的写作。

2022 年 1 月 28 日于太原陋室